島薗進
末木文美士
大谷栄一
西村明 編

近代日本宗教史 第5巻

敗戦から高度成長へ

敗戦～昭和中期

春秋社

巻頭言

時代はどこに向かっていくのだろうか。近代的価値観が疑われ、「戦後」の理念は大きく揺らいでいる。災害や新たな感染症といった、人類史上幾度となく経験したはずのことがらが、しかし未知の事態を伴って、現代の人々の生活を脅かしてもいる。歴史の進歩という夢は潰え、混迷と模索が続いている。こうした状況の中で早急に解決を求めることは危険であり、遠回りであってももう一度過去を確かめ、我々の歩んできた道を問い直すことこそ、真になさねばならぬことである。近年、近代史の見直しが進められつつあるのも、そのような時代を反映するものである。

近代史の中で、もっとも研究の遅れていたのは宗教史の分野であった。近代社会において、宗教はともすれば前近代の名残として否定的に捉えられ、社会の合理化、近代化の中でやがて消え去るべき運命のものと見られてきた。それ故、宗教の問題を正面に据えること自体が時代錯誤的であるかのように見られ、はばかられた。これまで信頼できる近代日本宗教の通史が一つもなかったことは、我々関連研究者の怠慢という面もあるが、いかにこの分野が軽視されてきたかをありありと物語っている。

しかし、今日の世界情勢を見るならば、もはや何人も宗教を軽視することはできなくなっている。プラス面であれ、マイナス面であれ、宗教こそが世界を動かす原動力のひとつとして認識されつつある。日本においても、今日の政治や社会の動向に宗教が大きく関わっていることが明らかになっている。翻って日本の近代史を見直せば、そこにも終始宗教の力が大きく働いていて、宗教を抜きにして日本の近代を語ることはできない。そうした問題意識が共有されはじめたためであろうか、さいわい、最近この分野の研究は急速に進展して、従来の常識を逆転するような新たな成果が積み重ねられつつある。宗教から見た近代や近代史の問い直しも提起されている。

そのような情勢に鑑み、ここに関連研究者の総力を挙げて、はじめての本格的な近代日本宗教史を企画し、刊行することにした。その際、以下のような方針を採ることとした。

1、オーソドックスな時代順を採用し、幕末・明治維新期から平成期までカバーする。近代日本の宗教史を知ろうとするならば、まず手に取らなければならない必読書となることを目指す。

2、一面的な価値観や特定の宗教への偏りを避け、神道・仏教・キリスト教・新宗教など、多様な動向に広く目配りし、宗教界全体の動きが分かるようにする。

3、国家政策・制度、思想・信仰、社会活動など、宗教をめぐる様々な問題を複合的な視点から読み解くようにする。そのために、宗教学研究者を中心にしながら、日本史学・政治学・思想史学・社会学など、関連諸学の研究者の協力を仰ぎ、学際的な成果を目指す。

4、本文では、主要な動向を筋道立てて論ずるようにするが、それで十分に論じきれない特定の問題をコラムとして取り上げ、異なった視点から光を当てる。

以上のような方針のもとに、最新の研究成果を生かしつつ、しかも関心のある人には誰にも読めるような平易な通史を目指したい。それにより、日本の近代の履歴を見直すとともに、混迷の現代を照らし出し、よりよい未来へ向かっての一つの指針となることを期待したい。

編集委員　島薗　進　大谷　栄一
末木文美士　西村　明

近代日本宗教史　第五巻　敗戦から高度成長へ——敗戦～昭和中期

目次

近代日本宗教史　第五巻　敗戦から高度成長へ

——敗戦〜昭和中期

第一章　総論——体制の転換とコスモロジーの変容

西村明

一　「戦後」宗教史という枠組み

「敗戦から昭和中期」という時代

シリーズ第五巻にあたる本書が扱うのは、アジア・太平洋戦争（一五年戦争や大東亜戦争とも呼ばれる）における日本の敗戦から昭和中期、すなわち一九四五（昭和二〇）年から一九七〇（昭和四五）年頃までである。もちろん、章によっては必ずしもこの時期区分に収まらないテーマを扱うため、前後の時代に射程を延ばして前後の巻を補ったところもある。

この時期は、日本国内においては、敗戦に伴う連合国軍最高司令官総司令部（ＧＨＱ／ＳＣＡＰ）によるいわゆる「神道指令」にはじまり、日本国憲法による政教分離・信教自由の規定、宗教法人法の制定といった一連の法制度の大改革によって、現在にまでおよぶ「戦後」の宗教政策の骨格が整備された。それとともに、国家体制の基本枠組みそのものが根底から変化することによって、「宗教」という概念が適用される射程も広がった時期でもある。それについては二節で説明したい。

国際情勢に目を向けると、戦時期に日本の勢力下に置かれたアジア諸国と太平洋諸島域で国家の独立や再編成が進み、枢軸国対連合国という第二次世界大戦の国際対立構造から、西側の資本主義・自由主義体制と東側の共産主義・社会主義体制との冷戦構造へと推移した時期でもあった。日本は敗戦後武装解除されて、新たな憲法の下で軍隊を持たない「平和国家」へと再生したはずであった。しかし、米国とソ連の核開発を中心に据えた軍備拡大と国際政治の駆け引きに巻き込まれ、韓国や台湾とともに極東地域における共産圏への防波堤の役割を担った。「冷戦」とは言え、朝鮮戦争やベトナム戦争などの具体的な戦闘も生じ、日本の主権回復後も米軍統治が続いた沖縄を中心に国内にも米軍基地が置かれて、日本全体も言わば兵站として機能した。むしろそれゆえに、戦後復興から高度成長へと急速に経済力を高め、二〇世紀後半の国際社会における先進国の一つとして新たに参入を果たしたのである。

こうした国内外の大きな状況の変化にさらされながら、当時の人々はかつての戦争の経験にどのように向き合い、眼前の現実に対処していったのであろうか。個々人を取り巻く価値観や社会関係が変化し、女性の社会的役割の変化や大規模な人口移動を伴った都市化、大衆メディアの台頭が、人々の「宗教」との付き合い方や信仰生活にどのように影響を及ぼしたのであろうか。こうした問いを中心に本巻は構成されている。「宗教」という概念をめぐる問題意識は、本シリーズの他の巻とも共有しているが、巻の性格が若干異なる部分は、「敗戦から昭和中期」という時期区分であろう。昭和という時代の枠にすっぽりと覆われた四半世紀に焦点を当てており、始まりと終わりのいずれにおいても元号による輪郭を明確には持たない。

第四巻との区分は「敗戦」に置かれているが、これは日本の近代史上の大きな画期と見てよい。明治後半以降の対外戦争の連勝とは異なり、第二次世界大戦の一部をなしたアジア・太平洋戦争は、日本の敗戦という政治的結末ばかりでなく、国内外に人的にも物的にも大きな犠牲をもたらした。現人神《あらひとがみ》（現御神《あらみかみ》）・大元帥としての昭和天皇裕仁（一九〇一～一九八九）の下で、前線と銃後の総動員体制で臨んだ「聖戦」が敗北に終わったことで、外国勢力による占領に甘んじることとなる。政治体制の転換を余儀なくされたばかりではなく、前提としていた規範意識やコスモロジー（世界観や価値観の総体）の再考・再構築を迫られた事態であった。本巻では、そこからの再起、復興を目指した人々を宗教史からとらえ返すことになる。

第六巻との区分は昭和四〇年代半ばに置かれている。フォーディズムに象徴される大量生産・大量消費型の資本主義の展開が、第二次世界大戦後から西側先進国で見られるが、日本もそうした世界システムの産業構造に改めて参入し、昭和三〇年代から昭和四〇年代の前半にかけて高度経済成長期を迎えた。敗戦からの復興と都市化などの社会変動によって、人々の生活様式はそれまでとは大きく変化する。本巻が扱う時代は簡潔にはそのようにとらえることができる。しかし、一九七三（昭和四八）年のオイルショックを一つの転機として、工業化社会の負の側面が顕在化し、個人化傾向が強まっていくなど後期近代とも呼ばれる状況へと推移していく。

戦後宗教の研究史

日本宗教史の叙述の上で、本巻が対象とする敗戦から高度経済成長期に及ぶこの時期は、どのように論じられてきたであろうか。例えば、一九五四（昭和二九）年から五五年にかけて刊行された『現代宗教講座』全六巻（創文社）は、第五巻を「日本人の宗教生活」、第六巻を「現代日本の精神状況」にあてている。一九五九年刊の『日本宗教史講座』全四巻（三一書房）では、第四巻を「現代の宗教問題」にあてている。笠原一男編『日本人の行動と思想』（評論社）は、一九六九年から八〇年にかけて刊行され、四〇巻におよぶ一大シリーズとなったが、古代から近代までの宗教思想や信仰実践の叙述を取り上げたものとともに、桜井徳太郎『民間信仰と現代社会』（九巻）、笠原『現代人と仏教』（二一巻）、藤井正雄『現代人の信仰構造』（三二巻）、森岡清美『現代社会の民衆と宗教』（四九巻）が並んでいる。これらはいずれも、同時代的状況を

「現代」という枠で論じているが、必ずしも敗戦以降に限定があるわけではなく、明治以降を射程に入れた論もある。執筆者の特徴としては、宗教社会学者や宗教民俗学者、宗教人類学者が調査成果を踏まえて論じるものが多い。笠原一男のように、同時代への関心を持つ歴史学者の存在も皆無ではないが、歴史学よりも他分野のアプローチが目立つのは、時代の近さから来る史料の体系的収集や歴史学的な対象化の難しさが要因として考えられるだろう。こうした傾向は同シリーズに限らず、敗戦後から現在に至る日本の宗教の動向については、宗教社会学者を中心に、政治や法制度との関わりや新宗教の台頭などをめぐって議論されてきた。

こうした「現代」史というとらえ方に対し、二〇〇〇年前後から、「戦後」の宗教動向や宗教を取り巻く研究動向などをとらえる研究が現れてくる。例えば、一九九八年石井研士『戦後の社会変動と神社神道』（大明堂）、二〇〇三年中野毅『戦後日本の宗教と政治』（大明堂）、二〇一〇年安丸良夫・喜安朗編『戦後知の可能性——歴史・宗教・民衆』（山川出版社）、二〇一五年島田裕巳『戦後日本の宗教史』（筑摩書房）、二〇一六年井上順孝編『リーディングス 戦後日本の思想水脈 第6巻 社会の変容と宗教の諸相』（岩波書店）、同年オリオン・クラウタウ編『戦後歴史学と日本仏教』（法藏館）、二〇一九年堀江宗正編『宗教と社会の戦後史』（東京大学出版会）などが代表的である。ただし、それぞれに想定されている「戦後」の時期の長さは必ずしも一致しない。敗戦後から数十年の時間的枠組み、あるいは「時期区分としての戦後」として使用しているものもあれば、敗戦から三四半世紀を経た現在まで「戦争と武力行使の永久放棄」（日本国憲法第九条）の状態が継続しているという認識で「戦後的状況」を指しているものも混在している。本巻では、シリーズの前後の巻との関係から扱う対象としては前者の用法に立ちつつ、それが現在の宗教のあり方や現在のわれわれの世界観・価値観にいかなる影響を及ぼしているのかという問題関心に沿って、この時期を見ていく。

二 「敗戦後」の出現と「宗教」の再編成

戦前の三重構造

敗戦に伴って戦前から戦後への大きな体制の転換が起こり、一連の民主化政策や宗教政策に沿って新たな戦後的「宗教」の枠組みが登場する。何がどう変わったのかを理解するためには、まずそれまでの状況についても押さえておかねばならない。

戦前においては、神社は「宗教」のカテゴリーには含まれていなかった。神社は「国家の宗祀」として、各自の信仰のいかんに関わらず崇敬されるべき国民道徳であるとされていた。一九〇〇（明治三三）年の内務省官制の改正により、神社を含む宗教関連行政を担っていた内務省社寺局が、内務省神社局と宗教局に分けられたことでそれが明確になる。宗教局は一九一三（大正二）年以降文部省に移管され、神社局は一九四〇（昭和一五）年に神祇院に昇格した。

宗教局が管轄する「宗教」の法制度的位置づけについては、長らく統一法が制定されず、関連法規が約三〇〇を数えた。そのため宗教法案が一八九九年と一九二七年の二度にわたって国会に提出されたが、教義や信仰実践への管理統制の強化を危惧する仏教者やキリスト者らの反対もあって成立しなかった。その後、信仰の中身を統制する目的ではなくあくまで組織面を法的に位置づけることが強調され、かつ戦時の総力戦体制下における国民精神の振作更張のために宗教団体の強化が必要という趣旨から、宗教団体法が制定された（一九三九年公布、翌年施行）。「宗教」として認可されたのは、教派神道と仏教とキリスト教であったが、仏教の宗派は五六から二八に、キリスト教の教団は日本天主公教（カトリック）と日本基督教団（プロテスタント）の二つに再編されて政府の監督下に置かれたものの、固定資産税などが免除された。

公認を得られなかった信仰共同体は、それまで「類似宗教（団体）」や「淫祠邪教」として扱われ、社会秩序を乱しかねない集団として警察が目を光らせたが、宗教団体法の下では「宗教結社」として届け出ることとなった。とは言え「宗教団体」として認められる道が開かれたわけではなく、届出がないものは処罰対象となり、免税措置もなかった。

このように戦時期までの宗教界を取り巻く法制度は、神社／宗教（教派神道・仏教・キリスト教）／類似宗教という三重構造に規定されていたのである。

敗戦後における「宗教」の枠組み

敗戦直後の占領政策によって、こうした戦前の宗教構造が根本的に改編されることとなる。同年一〇月四日に出されたいわゆる「人権指令」（正式名称は、連合軍最高司令官発日本政府宛覚書「政治的、社会的及宗教的自由ニ対スル制限除去ノ件」）によって、宗教的自由を制限したり、その状態を維持させているものを除去するために、宗教団体法が廃止されることとなった。しかし、法令の廃止によって宗教団体が解散することになってしまっては、むしろ信教の自由を阻害することになるため、それに代わるものを用意する必要に迫られた。人権指令直後に文部省が用意した案は、依然として政府の認可と統制を温存する意図があるとしてＧＨＱ側から廃案とされる。一九四五年一二月二八日、ポツダム命令（ポツダム宣言受諾に伴う勅令による緊急措置）として、宗教法人令が制定された。宗教団体法との大きな違いは、設立法人の詳細を記した規則を登記することによって、これまで公認がなく類似宗教とされた宗教結社にも、免税措置を伴った法人化への道が開かれたことである。

他方、宗教法人令が出された二週間前の一二月一五日には、連合国軍最高司令官総司令部参謀副官発第三号日本政府ニ対スル指令「国家神道神社神道ニ対スル政府ノ保証、支援、保全、監督並ニ弘布ノ件」（以下「神道指令」）が出される。それを受け、一九四六年一月末に神祇院は廃止されて、神社は国家管理を離れることとなる。全国の多くの神社は同年二月三日に設立された包括宗教法人の神社本庁に属することとなり、また神社本庁は同年六月二日結成の日本宗教連盟に加盟した。

したがって、先述の神社／宗教／類似宗教という戦前の三重構造はその法制度的基盤を失い、いずれも宗教（法人）として再出発したのである。現在のわれわれが「宗教」に含まれると考えるような教団の範囲は、この時に形作られた新たな枠組みとほぼ重なる。

天皇の脱神話化

戦中から戦後へのコスモロジーの変容をとらえるために注目すべきは、教団としての「宗教」の制度的転換ばかりではない。先述のように、現人神である天皇を大日本帝国陸海軍の統帥権を持つ大元帥として戴き、「聖戦」として戦われた戦争は、日本の敗北に終わった。天皇がポツダム宣言を無条件に受諾したことは、

「聖断」と見なされ、「万世一系の天皇が統治権の総攬者であることが「神勅」によって先天的かつ永遠に決定されているという建て前」に立つ「神勅的正統性にとって「肇国以来」の大事件」と表現される事態であった（丸山真男「闇斎学と闇斎学派」『日本思想大系三一　山﨑闇斎学派』岩波書店、一九八〇、六六二頁）。戦争の遂行だけでなくその終結も、神聖なる存在としての天皇の意向によるものという認識が、一定程度共有されたのである。

敗戦翌年の一九四六（昭和二一）年の年頭詔書は、のちに天皇の「人間宣言」と呼ばれたものである。「神道指令」が発せられた直後の文書であり、多分にその趣旨を意識して準備されたものだろう。「神道指令」の目的には、神道の教理と信仰を歪曲して日本国民を欺き、侵略戦争へ誘導するために、神社神道を「軍国主義的乃至過激ナル国家主義的」宣伝に利用することの再発防止が謳われており、その内実として日本の天皇・国民・国土の神話的起源に基づく他国・他民族への優越思想に基づいた戦争遂行の正当化などが想定されていた。「日本人を狂信的な戦闘にかりたてる魔術の種」（岸本英夫「嵐の中の神社神道」『岸本英夫集』五、渓声社、一九七六、一〇頁）として、国家神道に照準が当てられていたわけである。

コスモロジーの変容という視点から「人間宣言」を見れば、敗戦に伴って戦前の神聖性を帯びた天皇像から戦後の日本国憲法における「象徴天皇」への移行を図った転換点において、権威の連続性を担保し、他方で断絶（再生）を強調した両方の側面が確認できる。

「人間宣言」では、冒頭で明治天皇が国是として下した「五箇条の御誓文」を引き、そこに民主主義のルーツを見出すという体裁をとる。そこでは、敗戦に至る状況は「旧来の陋習」としてとらえ返され、戦後目指すべき民主主義・平和主義・文化や民生の向上という方向性は、むしろ明治天皇の示した理念に戻ることであるとの正当化が図られる。そして、これまでの家や国に対する愛を拡充した先に人類愛の完成を置き、教育勅語など戦前の道徳観を全否定せず、その軌道修正や延長によって戦後体制への移行ができると見なされている。

他方で、戦時期の「聖戦」状況を取り巻いていた神聖性の雰囲気（オーラ）は、次のように否定された。すなわち、天皇と国民とは信頼と敬愛によって結ばれているのであって、神話や伝説から生じたものでも、天皇を「現御神」としたり、他民族に対する優越性や世界を支配すべき運命をもつといった架空の観念に基づくものでもないとされた。

島薗進は、「人間宣言」が天皇自身の神格否定を謳うことで、天皇制廃止を求める国際的声を抑えて国際的に天皇制維持を受け入れやすくしたこと、他方で、天皇が神の子孫であるのは架空ではないという考えを否定しなかったことや、聖性を強調する儀礼を伴って下された「五箇条の御誓文」を引くことで、天皇の神的な権威を再認する効果を含んでいたことを指摘している（島薗、二〇一七）。したがって、戦前から戦後への体制の移行を、コスモロジカルな危機を最小限に留めつつ軟着陸させようとした試みとして見ることもできるだろう。

三　新しい神々と、伝統宗教の再出発

「神々のラッシュアワー」が意味するもの

とは言え、一般の国民にとって敗戦は、それまで前提としていたものが根底から覆るような体験であったはずである。戦時期までに不敬罪に問われたような天皇に対する批判的態度に立った少数の者たちに対して、国民の多くは、天皇への崇敬の念を維持しようとする者もいれば、大きな失望とともに別の形でのコスモロジーの回復を目指した者たちもいた。

戦前において「類似宗教」として宗教の扱いは受けなかった新宗教の中にも、宗教法人令によって信教の自由が保障されることで、新たに宗教法人として活動を始めたものもあった。しかし、同法令はそうした既存の団体への制度的承認の道を開いたばかりではなく、戦後新たに教団を設立する機運をもたらした。設立に当たっては、組織の目的や名称、所在地といった基本的な事項を記載した規則の登記をもって成立したため、比較的容易に宗教法人となることができた。そのため、「雨後の筍のように」、あるいは「神々のラッシュアワー」と形容されるほど、多くの教団が登場した。

文部省宗務課編『宗教年報　昭和二五年版』（財団法人文教協会、一九五一）所収の「戦後の教宗派団体増加状況」では、宗教法人令施行後の四年間で、どのように教団数が変化したかがうかがえる。前節で見たように宗教団体法制下にあった神道一三、仏教二八、キリスト教二に神社を一団体として数えた四四から、四三〇に推移しており、単純に一〇倍となっている。法人数では、九四九一に及ぶ。もちろん、この数は社寺教会の総数約二〇万に対して五パーセントにすぎず、この新設法人のなかでも「所謂新興宗教団体に所属するものはその五％の中のさらに数パーセントにしか当たらない」。

とは言え、それまでの宗教状況から目に見えて変化したことは明らかである。本巻第二章や第八章で触れられる璽宇や天照皇大神宮教のように、新聞報道などを賑わせる動きもあった。璽宇の璽光尊（長岡良子）

は、天皇の「人間宣言」を受けて、独自の元号「霊寿」を制定し、住居を「璽宇皇居」と称するなど、天皇に代わって日本を統治することを主張した。天照皇大神宮教の北村サヨも一九四六年を「神の国の紀元元年」と定め、天皇をはじめとしたこれまでの権威を激しく批判した。西山茂は「日本の敗戦と天皇制国家体制の崩壊というアノミー状況に対する教祖の宗教的な応答が埋め込まれている」と述べている（西山茂「新宗教の展開」『新宗教事典』弘文堂、一九九〇、三四頁）。すなわち、こうした動向は、既存の権威や秩序が当たり前ではなくなった無規範（アノミー）状況の中で、混迷する人々に、それに代わる世界観を、教えや実践を提供する試みと見ることができる。

ホレイス・ニール・マクファーランドは、一九五〇年代半ばと六〇年代半ばの二度の日本滞在に基づいて、「現代の大衆の宗教運動」としての「新興宗教」に注目して、『神々のラッシュアワー』を刊行した。そこでは、こうした敗戦直後の新宗教の台頭を、「日本史上初めての宗教的自由放任政策に対する熱狂的な反応」ととらえ、人々がもはや既成宗教に救いを見出せず、社会運動も未成熟な絶望的状況下で、「手傷を負った日本国家の中で、一般大衆は、新興宗教というものが手近になかったなら一体何を選べば良かったのだろうか？」と、その積極的な側面を評価している（マクファーランド、一九六九、二五・一〇二頁）。同時期に新宗教を論じた高木宏夫によれば、戦時期に「天皇制宗教」によって国民精神が総動員されていたものの、それは「神風」や「御稜威《みいつ》（天皇の威光）」という現世利益をもたらすことができず「神通力のないことを実証したために衰微」したのに対し、経済的・思想的混乱が新教団の形成と成長に絶好の地盤を提供したととらえている（高木宏夫『高木宏夫著作集①　日本の新興宗教』フクイン、二〇〇六、二四九・二七二頁）。

信教の自由の観点からは、これまで宗教と認められなかった信仰共同体の社会的地位を保障したところに宗教法人令の画期的な意義が認められるが、同時にその簡便な手続きに乗じて、宗教的目的ではなく金儲けのために所得税・法人税・地租の免税措置を濫用する者も現れていた。一九五〇年の法人税法の改正で、宗教法人を含む公益法人も、収益事業から生じる所得については、法人税が課されることになった。そして、翌五一年三月には、宗教法人法案が国会に提出され、翌月公布・施行されることとなった。

宗教法人令から宗教法人法への大きな変更点として、文部大臣または地方長官への届出だけでは済まず、設立・規則変更・合併・任意解散などの場合に所轄庁からの認証を受け、かつその事実や財産処分等の重要なことがらを信者や利害関係人に周知するために機関紙や掲示場などで公告の必要があること、さらに、主管者と三名以上の信者の総代を置くだけでは済まず、代表役員を含めた三人以上の責任役員を置き職務権限を規則で定める必要があることなどが挙げられる。こうした規制強化は信教の自由の妨げになる懸念もあったが、国会への法案提出に際して文部大臣からなされた提出趣旨の発言によれば、自由と自主性、責任と公共性という二つの要請を骨子として全体系が構成されているとし、また、文部省に宗教法人審議会を置いて、認証拒否・再審査・訴願などに際して意見を求めることとした（第一〇回国会衆議院文部委員会第四号　昭和二六年二月二八日）。

幕末から登場してきた日本の新宗教の入信動機は、貧（経済問題）・病（心身の健康問題）・争（人間関係の問題）の三点にまとめられて論じられるが、それはこの時期にも当てはまる。霊友会や立正佼成会、世界救世教やＰＬ教団、創価学会や生長の家などが教勢を拡大し、それまで教派神道として活動して大教団となっていた金光教や天理教に並ぶ、あるいはそれをしのぐ数十万、数百万人規模の大教団へと成長していった。これらの中には、戦前から活動していたものも、戦後になって新たに登場したものもあり、その教えのヴァリエーションも主な信者の社会階層も必ずしも同じではなかった。これらの教勢拡大の要因は、アノミーへの対応ばかりに帰すことはできない。敗戦直後には、市部と郡部の人口比はおよそ三：七であったものが、都市部への人口流入によって四半世紀後の一九七〇（昭和四五）年には、ちょうど逆転して七：三となった。さらに、核家族化も同時に約六割から七割へと進んだ。つまり、後述するように伝統的な直系家族や村落共同体に根ざした仏教寺院や神社との関わりを離れて都市に移り住んだ「宗教浮動人口」の受け皿になっていった側面もある（藤井、一九七五）。そうした教団が多くの信者を獲得していったことは、敗戦後の混乱とその後の高度成長による社会変動の反映でもあり、また好景気に沸く段階にいたっても、その恩恵に与ることが難しかった人々の状況を表していたと言える。

キリスト教の積極的な伝道と文化的影響

敗戦がもたらした体制の転換は、キリスト教にとっても大きな転機であった。一八七三（明治六）年のキリシタン禁令の高札撤去で事実上解禁され、一八八九（明治二二）年発布の大日本帝国憲法によって信教の自由が認められたとはいえ、一九三〇年代以降の戦時体制の中で、天皇崇敬とは相容れない、敵性の宗教として逆風にさらされていたためである。

一九四四年三月に米国の極東地域関係諸省庁協同委員会から出された「信教の自由に関する勧告書」において、翌年末の「神道指令」に結実する占領上の宗教政策の方針が出されたが、「国家主義的神社」の認定にあたっては、「プロテスタントおよびカトリックの宣教師から助言を受けることが望ましい」とされた。占領を通して日本を民主化し、自由主義的な政策を定着させることは、米国の対外政策の背景にあるキリスト教文明の理想の実現という大きな理念と、反共産主義の推進という同時代の国際情勢からの要請でもあった。連合国軍最高司令官として一九五一年四月まで占領政策を指揮したダグラス・マッカーサー（一八八〇～一九六四）は、日本のキリスト教化推進を図り、本国に宣教師の大量派遣を要請していた（中野、一九九三）。

その結果として、アメリカやカナダなどから宣教師が多く来日する。敗戦後のアノミー状況に新宗教が応答していったように、キリスト教界も積極的な宣教活動を展開する。一九四七（昭和二二）年四月、北米の八つの宣教団が日本宣教のための連合委員会を組織し、八月には日本基督教団と内外協力会議を実施した。他方、ちょうど米国本土社会の主流に参入し、海外ミッションにも積極的に展開していたカトリックの宣教修道会の宣教師の方がプロテスタントより多く来日していた（寺西みどり「二〇世紀中期におけるアメリカ・カトリックの海外ミッション」『宗教研究』八一（四）、二〇〇八）。

戦前のキリスト教は都市部を中心に布教が行われていたため、敗戦後は戦災による教会の消失や聖職者・信徒の困窮や離散状況からの出発であった。しかし、占領期には上記のような積極的な宣教活動が全国的に展開され、「キリスト教ブーム」と称される状況が生じた。一九五〇年にはキリスト教の信徒数が、プロテスタント約二〇万八千人、カトリック約一四万千六百人、ハリストス正教会約三万二千八百人にのぼった。プロテスタントの諸教会は戦時期に一本化を迫られ日本基督教団として活動していたが、そこを離れ独自の教会（教派）として独立する動きも見られた。文部省宗務課編『宗教年鑑　昭和二五年版』では、一九四九年末段階のデータとして、一八の分派した教会とそれ以外の一三の教会が挙げられている。一九六〇年代後半になると、伝統的主流派よりも福音派の教勢が強まる傾向も見られた（土屋博「日本におけるキリスト教の宣教」『東アジア文化交渉研究』別冊六、二〇一〇）。

とは言え、総人口からすればキリスト教全体としての信徒数の割合はその後も伸び悩み、新宗教の教団規模の成長に比べれば、その教勢面での影響は限定的であった。しかし、初等教育から高等教育におよぶミッション・スクールが、戦前から継続して近代日本社会の知識面にもたらした影響や、欧米文化への憧れとも相まって、キリスト教文化がさまざまな形で戦後日本社会におよぼした影響は無視することができない。芸術や文学への影響も大きいが、社会的影響の例としてはキリスト教式の結婚式が挙げられよう。一九五〇年代までは信者以外の挙式は認められていなかったようだが、高度経済成長を背景として六〇年代末から教会外のプロテスタント系施設に本格的式場が登場し、教会堂での非信者にも条件付きで門戸を開くようになった。全体の割合では神道的な神前式が圧倒的に多かったが、芸能人の挙式が話題ともなり、社会的な認知・人気が高まっていった（濱田陽「「無宗教」への「対話」——チャペル・ウェディングと、日本のキリスト教」『宗教と社会』七、二〇〇一）。

都市化に対する仏教教団の対応

一九四四年後半から、米軍機による本土への戦略爆撃（空襲）によって、キリスト教会ばかりではなく、寺院や神社のなかにも焼失したものがあった。しかし、それは範囲や数から見れば都市部を中心として限定的なものであった。戦災者となった檀信徒が離散することによる経済的影響は、戦火を免れた寺院にもおよんだ。しかし、戦後復興に伴い、人口規模によっては幼稚園・保育園や駐車場経営などの事業収益が見込まれるところもあり、そうした形で維持（さらに立地条件などがよければ余裕のある経営）が図られた。さらには人口流入の多い都市部では、寺院境内墓地の購入を機に檀信徒が増加することもあった。ただし、檀信徒の増加は、葬儀法要への対応に僧侶の多くの時間を割く結果にもつながり、教化や救済に宗教本来の姿を見る立場からは、そうしたあり方が「葬式仏教」として批判されることにもなった。

他方で農村部で生じた敗戦に伴う影響として大きかったのは、占領政策下で進められた農地改革（農地解放）によるものであった。寺院所有の農地（小作地）を失ったばかりではなく、大口の布施によって寺院経営を支えていた旧地主層が没落して、僧侶の専業が難しくなった。例えば、一九六五（昭和四〇）年実施の『曹洞宗総合調査報告書』（曹洞宗宗務庁、一九六六）によれば、一万四千近い全国の曹洞宗寺院のうち、檀家戸数三〇〇未満が九四・四％を占め、約半数が兼業を強いられており、農林漁業地帯では寺務専業者の割合が一四・六％に止まっている。

そこに檀信徒の離村がさらなる打撃を与えた。当初は家や墓を継承した長男は村に残り、次男以降が村を離れ都市に移住する場合が多かったものの、中山間など条件不利地域では挙家離村も見られ、廃寺を迫られるような場合もあった。

こうした都市化の社会変動は本巻第七章で詳述されるが、ここでは、その動向に呼応する形で起こってくる教団の再編成運動を見ておきたい。一九六〇年代から七〇年代初頭にかけて、寺院経営と教化活動の練り直しが課題として認識されはじめた動きである。一九六一（昭和三六）年の浄土真宗本願寺派「門信徒会運動」をはじめ、真宗大谷派「同朋会運動」、浄土宗「総本山知恩院護寺会」・「おてつぎ運動」、浄土宗西山禅林寺派「みかえり運動」、日蓮宗「護法運動」、曹洞宗「三尊仏運動」、臨済宗妙心寺派「花園会運動」、天台宗「一隅を照らす運動」、高野山真言宗「合掌運動」、真言宗大覚寺派「写経運動」、真言宗豊山派「光明曼荼羅運動」、真言宗智山派「つくしあい運動」などがある。藤井正雄は、これらの運動が「共通の危機意識が踏まえられ、しかも〈家からの宗教から個人の信仰へ〉の共通のスローガンを掲げて、現代人に即応する教団の体質改善をめざしていること」を指摘している。しかし実情としては、そうした理念に沿って浮動化する個の救済の受け皿となろうとする「開かれた教団」へと脱皮する志向と、本山末寺関係や寺檀関係を強化する「わが教団」という宗派意識へと収束する志向とのあいだに、それぞれの宗派の運動が位置づけられることを説明している（藤井、一九七四、七八・八六頁）。鈴木晋怜が指摘しているように、こうした運動は、高度成長による社会変動と宗派・寺院という二者関係からばかりではなく、戦後における新宗教やキリスト教が個の救済に向かっていったことや、創価学会を支持母体とする公明党の政界進出、靖国神社の国家護持運動などが、「社会生活全般への危機として身近に逼迫した」ということも背景として考慮しておかねばならないだろう（鈴木晋怜「つくしあい理念の矛盾と曖昧」『現代密教』八、一九九六、七八頁）。

四　神社と祭の変容

神社と神棚の戦後

敗戦までは非宗教とされた神社神道が、「神道指令」を経て、神社本庁のもとで宗教法人として再編されていったことについては、二節で触れたとおりである。占領政策が神社に与えた影響はこうした法制度上の位置づけばかりではなく、神社をめぐる地域社会における実践にまでおよんでいた。

戦時期の総動員体制では、町内会・部落会やその下部組織としての隣組が、大政翼賛会の末端組織として機能していた。政治的な上意下達の連絡系統や相互監視の役割ばかりではなく、神社の奉納金・祭典費の徴収や伊勢神宮の神札（大麻）の配布などを、全戸に半強制的に行っていた。一九四七年五月にこれらの地域組織は解散させられたが（ただし主権回復後には全国で復活の機運が高まる）、それに先立って、四六年八月に「神社の奉納金、祭典費について」の通達が文部省と内務省の連名で出され、公的機関と考えられる隣組が神社祭祀に関わることは禁止であるとの注意喚起がなされた。

また、同年一一月には「町内会、隣組等による神道の後援および支持の禁止に関する件」が出されたが、その際GHQの民間情報教育局（以下ＣＩＥ）宗教課では、先述のような行為が「神道指令」に違反するということを、日本政府の各機関が周知徹底させているかについて、第八軍（進駐軍）に監視させた（ウッダード、一九八八、一五三頁）。伝統的な地域共同体の多くで、行政的な権力構造と神社の氏子組織とが重なり合っていたために、慣例的におこなわれていた行為が問題化したものであった。戦後にはそれを同調圧力や信教自由の侵害と考える住民の不満があり、占領軍に意見が上がっていた。したがって、一一月の通達においては、「慣行の氏子区域による氏子組織を改め、新たに、その神社を崇敬する者を以て氏子崇敬者の団体を結成せしめるやう勧奨すること」とされた。

石井研士が指摘するように、戦後の神社神道におよんだ影響は、こうした民主化や他の近代化の側面の影響もさることながら、都市化・過疎化と家制度の変化が直接的で大規模なものであった。その点で、仏教宗派・寺院が置かれた状況と共通する部分がある。都市化による移動の増加に伴い、一地域の居住年数が短くなると氏子意識・氏子行動が低下し、都市が大規模化することによって、核家族の増加や新たな居住形態の登場で、神棚の保有率や家庭祭祀が昭和三〇年代から減少していった（石井、一九九八）。

祭の変容

敗戦を契機として祝祭日にも大きな変化が見られた。一九四八（昭和二三）年七月に、「国民の祝日に関する法律」が制定された。当初ＣＩＥ宗教課は日本政府に対し同年五月の発令を目指して、「国家神道の神話、教義、活動、儀式、祭典、および執行に起源と意義づけを有する祝祭日の廃止」の指令案を準備していた。結果的には上記の法律の制定に落ち着くが、その過程で戦前にあった祝日の取捨選択と新たな祝日の制定をめぐって衆参両院の文化委員会で議論された。二月一一日の紀元節（神武天皇の即位日）をめぐっては、世論調査でも「建国祭」という名称で、元日、天皇誕生日、お盆、平和記念日に次ぐ支持率（七一％）であった。しかし、ＣＩＥ宗教課からは認可できない旨が再三政府に伝えられていた（ウッダード、一九八八、一六九頁）。結局、一九六六（昭和四一）年の法律改正で「建国記念日」として復活することになり、同時期の靖国神社国家護持法案とともに反対運動を引き起こすことになる。この他、案として上がったもので興味深いものは、四月八日の「花祭り」（仏陀誕生日）、八月一五日「招魂祭」・「お盆」、一二月二五日「国際親善日」（クリスマス）などがあり、宗教学者で元貴族院議員であった姉崎正治（一八七三〜一九四九）の熱心な勧めと一千名ほどの署名活動で、聖徳太子が「文化国家」日本を確立したとして、その忌日を「文化の日」にする案も存在したことが国会の議事録からうかがえる。

戦前の祝祭日は、四大節（元日の四方節、紀元節、天長節、明治節）の他、新嘗祭や明治天皇祭（崩御日）など、ほとんどが皇室祭祀と関連の深い「祭日」であった。それが、天長節と明治節を天皇誕生日と文化の日に、四方節と春秋の皇霊祭を元日と春分・秋分の日に名称変更して残された以外は、廃止された。「神道指令」では、皇室祭祀は国民の信仰の自由の枠外にあるという考え方から処分対象からは除外され、戦後も宮中のなかで天皇家の私的神事として存続しているが（島薗進『国家神道と日本人』岩波書店、二〇一〇）、少なくとも国民に示されるカレンダー上では、特別なハレの日としての扱いがなくなったと言える。

地域社会や一般家庭では、国家的な祝祭日には収まらない年中行事が、盆正月の時期を中心に、地域的なヴァリエーションも豊かに行われていた。近世期には、「盆正月」は日本社会の多くの人々にとって二大年中行事で、盆明けの七月一六日、正月明けの一月一六日（いずれも旧暦）に「薮入り」で嫁ぎ先や奉公先から実家に戻ることができるのが、週末も年次有給もなかった時代の休暇であった。

戦後のこの時期には、薮入りはなくなっていたが、都市への出郷者たちが盆正月の「里帰り」のために、国鉄（現在のＪＲ）や一九六〇年代後半以降にはマイカー（自家用車）で郷里を目指す帰省ラッシュが見られた。例えば、年末や旧盆の八月中旬が近づくと、上野駅には夜遅くまで切符を購入する人や夜行列車に乗車する人が押し寄せ、時には乗車率が三〇〇％を超える列車で東北の郷里を目指した。

盆正月をはじめ、伝統的な年中行事の多くは農耕などの季節性やその土地での暮らしぶりに根ざしていたわけだが、都市化や家制度の変化に伴って、その大半は戦後の生活実感から大きく遊離していった。帰省ラッシュはその移行過程の現象と見ることができよう。正月などの継続した行事も形式や意味が変容した。さらには、戦前から都市部を中心にクリスマスの風習が徐々に日本に入っていたが、占領期に新たな行事として定着していく。しかしそれは、柳川啓一が懐古しているように、「プレゼントとデコレーションケーキという、世俗的儀礼の時期」であり、「人びとが町にくり出して、飲み明かし、踊り狂う機会であった。盛り場は群衆であふれ、キリストなしのクリスマスを祝った」（柳川、一九八七、一六五～一六六頁）。一九七〇年代以降にはバレンタインデーも新たな行事として定着していった。

　通過儀礼にも大きな変化が見られた。キリスト教式の結婚式の登場についてはすでに触れたが、神道式の神前結婚式が普及していくのも高度経済成長期のことであり、昭和三〇年代に自宅での伝統的挙式が減少し、結婚式場やホテル併設の式場での挙式が増加していった（石井、一九九八）。他にも出産儀礼も変化にさらされた。その背景として、一九五〇年代から七〇年代にかけて、自宅から病院へと出産の現場が大きくシフトしたことが指摘しうる。その結果として、出産直後に自宅で行われていた儀礼が消滅していったのである。

　死亡の現場に関するシフトの場合、これより緩やかでかつ時代が下る。一九七六年に自宅死より病院死が増え、一九五〇年代から二〇〇〇年頃までの半世紀をかけて逆転する。高度経済成長期の死者をめぐる変化として注目すべきことは、土葬から火葬への変化であろう。大都市部では感染症防止という公衆衛生の観点から明治期以降火葬化が進んでいたが、地方の市町村で火葬場の整備が進んでいくのは一九七〇年前後であった。墓穴掘りや葬儀の受付、食事の用意の手伝いなど隣近所や信仰を共にする講仲間によって担われていた形が変化し、徐々に葬儀業者にとって変わられるようになる。この頃の葬儀の場所は自宅が中心であったが、九〇年代以降には葬祭専用のホールでの葬儀・告別式が主流となっていく。

　高度経済成長期には、地方の伝統的祭礼が存続の危機に立たされた。阿南透は、青森ねぶた祭りなどの地方の都市祭礼が、一九六〇年代前半頃の「衰退期」を経て、六〇年代後半から七〇年代にかけて「復興期」を迎えたと指摘している。阿南は、衰退の要因として、経済効率を重視し無駄を省く考え方から冠婚葬祭の簡素化や祭礼の廃止・縮小を促した新生活運動の影響を挙げ、復興については、六〇年代以降の文化財指定や、七〇年の日本万国博覧会（大阪万博）などの大規模イベントにおける祭礼の出演、観光化などを要因として挙げている（阿南透「高度経済成長期における都市祭礼の衰退と復活」『国立歴史民俗博物館研究報告』二〇七、二〇一八）。竹沢尚一郎が今日の博多どんたく港祭りの変遷をたどって指摘したように、都市化による地域社会というコンテキストの喪失から、マスコミなどとタイアップしてコンテストやコンクールといった競争原理を導入し、新たな意味を供給するという試みもあった（竹沢尚一郎「祭の変容」島薗進・越智貢編『情報社会の文化4　心情の変容』東京大学出版会、一九九八）。

都市化に伴う祭の変化は、もちろん大規模な都市祭礼ばかりではなく、農村集落の民間信仰的な行事にも及んだ。例えば、栃木市の下田宿と仲仕上という隣接する二つの農村集落では、一九六〇年代初めまで病害虫や疫病の侵入などを集落の境で防ぐ辻がためという民間信仰が行われていたが、産業開発の影響が行事の存廃を分けている。一方では、市街化区域となり、宅地化が進んでアパート経営が主の兼業農家が増え、農閑期の工場就労などもあって行事の運営主体であった念仏講が解体した。また、耕地整理によって道路が変更し、行事の意義が希薄化して消滅にいたった。他方では、調整区域で農業が続けられ、農薬散布などの近代的農業が導入された後も、民間信仰が併存していた。また耕地整理があっても、元の辻に近い道境を当てて、行事の継続が図られた（黒川弘賢「近郊農村における民間信仰盛衰の一考察——栃木市下田宿、仲仕上の事例」『智山学報』一九、一九七一）。

天皇の象徴化と新たなハレの場の創出

一九四六年初の「人間宣言」の後、昭和天皇は同年二月から五〇年代半ばまで、三期に分けて全国を巡幸し、直接国民と接した。そのきっかけは一九四五年一一月の終戦奉告行幸で伊勢神宮や神武天皇陵に参拝した際に、各地で受けた国民からの歓迎であったという。戦災者への慰問と復興状況展望をねらいとし、同時にCIEのダイク局長から国民へ「激励」するよう意向が示された。四六年から日本の復興再建を強く意識した国民体育大会が開始されると、翌年再開された全国植樹祭とともに天皇・皇后の行幸啓の対象となった。これらは、憲法上の国事行為ではなく、「象徴としての地位に基づく公的行為」という政府見解であったが、瀬畑源によれば、戦後巡幸は当初の目的を後景化させ、国民統合や反共政策などに政治利用されるようになり、奉迎への参加が天皇制支持の「踏み絵」と化したという（瀬畑源「象徴天皇制における行幸」河西編、二〇一三）。

皇族の行啓が新たな習俗を伝道する機会になることもあった。昭和天皇の末弟、三笠宮崇仁親王（一九一五〜二〇一六）はオリエント学者としても有名だったが、戦後には「レクリエーションの宮様」としてフォークダンス（スクエア・ダンス）の全国普及に尽力したことでも知られた。当時フォークダンスは、ウィンフィールド・ニブロによってまずは長崎から広まった。ニブロが一九四六年秋に地方教育官として長崎赴任後、フォークダンスが日本の伝統的規範を取り除き、異性間の健全な社会関係の育成に役立つと考えて、積極的に導入していった。四七年夏には長崎で三〜五万のフォークダンサーがいたとされる。四八年末にニブロが北海道に赴任した際、そこで三笠宮はニブロからフォークダンスの手ほどきを受けたという（レイン・アーンズ『長崎居留地の西洋人』長崎文献社、二〇〇二）。

三笠宮は一九五〇年にレクリエーション協会の総裁職に就任している。当時の『アサヒグラフ』には「奥方お手をどうぞ――三笠宮スクエア・ダンスを御指導」という記事が見られ（一九五一年一月三日第一三七五号）、「年中踊れる盆踊り」として流行しつつあったことが触れられている（茂木謙之介『表象としての皇族――メディアにみる地域社会の皇族像』吉川弘文館、二〇一七、二一四〜二一五頁）。三笠宮にとってフォークダンスは、人間同士の交際を可能にする、「自由」「平等」「平和」という「民主化」のシンボルであった（河西秀哉「戦後皇族論――象徴天皇制の補完者としての弟宮」河西編、二〇一三、一六一頁）。他方で、敗戦直後には戦時中中断されていた盆踊りが復興していったが、高度経済成長期に都市の出郷者たちによる工場地帯や団地における新たなレクレーション的盆踊りの創出につながっていく。大石始はレクリエーションプログラムが「戦前・戦中に規制されていた身体を解放するものでもあった」と述べている（大石始『盆踊りの戦後史――「ふるさと」の喪失と創造』筑摩書房、二〇二〇、六五頁）。

　戦後復興を経て高度経済成長を迎えると、都市的・文化的な消費生活が憧れの対象となっていった。神武景気（五四年〜五七年）、岩戸景気（五八年〜六一年）、いざなぎ景気（六五年〜七〇年）と、稀に見る好景気が、日本神話を遡る形で表現された。また、神武景気の際には、白黒テレビ・洗濯機・冷蔵庫といった耐久消費財が「三種の神器」と呼ばれ、いざなぎ景気の頃にはカラーテレビ・クーラー・自動車が「新・三種の神器」として加わった。

　皇太子明仁親王が、「平民」出身の正田美智子と「恋愛結婚」したことが国民の注目の的となる。一九五九年四月一〇日の「御成婚パレード」はテレビ中継され、奉祝ムードのなかで白黒テレビの売り上げが急増し、一般家庭に普及する大きなきっかけになったと言われる。同年一〇月からは、皇室の動静を毎週紹介するテレビ番組「皇室アルバム」（毎日放送・ＴＢＳ系列）も、スタートしている。それまでラジオや映画が担っていた大衆メディアの場所にテレビが参入し、同時代的な社会や世界の認識に影響を及ぼした。テレビの登場はまた、それまで祭の時間や劇場の空間に囲われていた祝祭性を、家庭の茶の間において日常的に享受することも可能にした。

一九六四年には東京オリンピックが開催され、それに合わせて東海道新幹線が開業する。また、一九六〇年代には日本初の大規模ニュータウンとして計画された大阪の千里ニュータウンの開発が進み、一九七〇年には「人類の進歩と調和」をテーマに日本万国博覧会が開催された。これらはいずれも日本の高度経済成長の達成を世界に示す晴れがましい出来事として、国民的な関心を集めた。万博では、日本宗教連盟による宗教パビリオンの構想もあったが、結果的には全日本仏教会が「法輪閣」という休憩所を提供し、日本キリスト教連合会がキリスト教館を出展した（君島彩子「一九七〇年日本万国博覧会における仏教的造形物の役割」佐野編、二〇二〇）。

五　時代の懊悩と応答

高度成長の光と陰

キリスト教館の出展をめぐっては、準備段階から日本基督教団を中心に反対運動が起こっていた。安保闘争、ベトナム反戦運動、大学全共闘などの政治的動きがあり、宗教界でも、靖国神社国家護持法案をはじめとした政教分離問題や戦争協力への反省などが問われていた（増田斎「一九七〇年キリスト教界における戦後主体性論争——大阪万博キリスト教館と万博反対運動」佐野編、二〇二〇）。

開催の準備が進められた時代状況、すなわち一九六〇年代後半における国内外の社会状況は、欧米諸国中心に世界が回り、その中で日本も享受していた好景気に象徴される「進歩」一辺倒ではないということが、梅棹忠夫や小松左京らによって構成された万博の基本理念を準備した「万国博を考える会」においても認識されていた。その基本理念には、多くの不調和や問題が残存し、地域間の不均衡や摩擦が生じ、科学と技術の誤用が人類を破滅に導く可能性があえて言及され、その上で、多様な人類の知恵や理解と寛容によって調和的発展がもたらしうるという希望が語られていた（五月女賢司「一九七〇年小坂万博の基本理念──「万国博を考える会」による草案作成の背景と経緯」佐野編、二〇二〇）。しかし、キリスト教館の展示では対立を生む要因となる「政治的なもの」を排除し、「芸術的な表現」で「調和する教会」の形成が目指されたため、それに対する反発はむしろ苛烈化し、プロテスタント教会における対立を強めるに至った（増田、前掲）。

こうした問題の背後には、表向きの高度成長の陰で、科学技術や社会制度の近代化がもたらした矛盾と、戦前から戦後への体制移行がもたらした矛盾とが相互に関連する形で存在し、さまざまな形をとって噴出していた。近代化の矛盾としては、公害をはじめとする環境問題や、都市の過密化と地方の過疎化、共同体や家族の弱体化・解体に伴う大衆社会の中での個人の原子化などが挙げられよう。また、体制移行の矛盾としては、国家や宗教教団、あるいは家族などの戦前からの継続性と戦後的理念との衝突がある。戦争反省や戦争責任の追及、冷戦構造の下での核競争や対米追従姿勢の是非、米軍統治が続く沖縄の処遇、家父長制や男性中心的社会における女性の役割や地位の再考といった課題が存在していた。こうした問題群は、とりわけ一九七三年のオイルショック以降顕在化していくが、すでに六〇年代においても問題の指摘や議論の対立の形で、徐々に社会問題化しはじめていた。諸宗教においても個々の問題に対する応答が見られたが、直接的な問題解決を目指して政治運動や社会運動にコミットすることもあれば、病治しや心の在り方の変容から個人や世界の救済がもたらされることを強調するような宗教的実践に向かうこともあった。

代替宗教としての世俗理念

占領期に「神道指令」などを通してCIEが目指した日本の民主化は、戦前の体制からの軟着陸を目指した天皇や日本政府の思惑との駆け引きや冷戦下の占領方針の変化など、さまざまな紆余曲折を経て日本社会に根を下ろし、日本社会の側ではそれに対する積極的受容や葛藤などの反応を生んでいった。教派神道・仏教・キリスト教という戦前の「宗教」だけでなく、神社神道や新宗教も加えた戦後の諸「宗教」は、宗教法人という制度的枠組みの下で政教分離と信教自由の原則に基づいて、それぞれ独自の展開を見せた。他方で、都市化などの影響を受けた祭りの変容や新たなハレの場の登場の形で、必ずしも「宗教」という枠に止まらない、広い意味での宗教性の戦後的展開も見られた。それは、社会習俗などの実践にとどまらず、思想や言語表現の形でも表出された。

ウィンストン・デイヴィスは、戦前の天皇にまつわる国家神話や祝祭日、御真影や教育勅語をめぐる儀礼が日本の「市民宗教」として国民統合機能を持ったという理解の上で、戦後に展開された日本人論（日本人の特徴や特殊性をめぐる言説）はそれが世俗化された形で生き延びたものだと論じている（Winston Davis, "Japan Religion and Civil Religion," in *Japanese Religion and Society*, State University of New York Press, 1992）。

島薗進はその議論を踏まえつつ、日本文化や「日本人」の特徴を日本の宗教的固有性として捉えた日本人論を「日本教論」（あるいは「日本宗教論」）と呼び、戦後におけるその展開を整理している。デイヴィスのいう戦前の市民宗教が、肯定的日本教論だとするならば、柳田國男（一八七五〜一九六二）や折口信夫（一八八七〜一九五三）らの日本民俗学の議論は、記紀神話や国体論を相対化し、各地に現存する民俗宗教のなかに政治性の希薄な日本教の典型を見出したものと理解した。堀一郎や桜井徳太郎らの研究は、民俗宗教に日本教としての特徴を見出しつつ、それを外来の教説的宗教や普遍主義的宗教の上に位置づけることもしない点で柳田や折口よりも否定的な日本教論であるとした。他にも、丸山真男（一九一四〜一九九六）における「固有信仰」以来の無限定的抱擁性」といった議論や（丸山真男『日本の思想』岩波書店、一九六一）、中村元（一九一二〜一九九九）における「与えられた現実の容認」、「人倫重視的傾向」、「非合理主義的傾向」といった指摘も（中村元『日本人の思惟方法』みすず書房、一九四九）、この時代の否定的日本教論として挙げられる。

三島由紀夫（一九二五〜一九七〇）の「文化防衛論」（一九六八）のような肯定的日本教論も、この時代に皆無ではなかったものの、天皇崇敬を中心とする戦前的パターンにとどまり、戦後の新たな肯定的日本教論は八〇年代以降に梅原猛や佐伯彰一らによって明確な形で展開されると述べている（島薗、二〇〇一）。

他方で野口武彦は、「現代小説」に神学的主題があるとする議論の中で、民主主義という理念こそが敗戦後に「一種の世俗化された宗教の役割を果たしてきた」とする議論を展開している。「神格天皇制」が天皇崇敬や聖戦遂行の選民的使命感、「八紘一宇の実現」「本土決戦」という形の終末思想をそなえた超越性を持っていたのに対し、民主主義は、現存秩序と現行制度そのものに価値の根源を見出す点で「世俗的」だが、なぜ宗教の代替機能を持ったかと言えば、それ自体が非終末的終末として歴史的目標となり、当時もそうあり続けているためであるとした。しかし、政治の季節が終わった後の民主主義はかつての輝きを失い、三島と大江健三郎（一九三五〜）がたがいにコントラストをなす形でそれぞれ感覚的美的救済と倫理的救済へと強く傾斜していったと述べている（野口武彦『吠え声・叫び声・沈黙―大江健三郎の世界―』新潮社、一九七一、五六・六三〜六四頁）。

敗戦後の混乱から四半世紀を経て、国内的な平和状況の実現と経済的復興を果たしたことで明るい未来への期待が高まっていた反面、政治や社会の混迷はその質を変化させながらも続いていた。本章で概観してきた宗教と宗教に代わるものとのさまざまな取り組みは、そうした時代の混迷に対する応答のヴァリエーションであったと言える。

六　本書の構成

最後に、二章以降の構成について紹介しておく。

第二章「占領と宗教」（ヘレン・ハーデカ）は、連合国による占領下で実施された宗教政策の概要について、それに対する宗教界の反応を視野に入れながら、紹介している。「神道指令」から日本国憲法へと信教の自由の理念が継承されるなかでのその具体化の模索と、戦争や平和に対するスタンスのヴァリエーションが示されている。

第三章「戦後政治と宗教」（中野毅）は、戦後における宗教団体の政治・国家との関わりのヴァリエーションに目を配り、類型化した説明を行う。また、一連の宗教政策によって信教の自由などの「公式の戦後世界」（表向きの制度化）が進められたなかで宗教界の政治参加も活発化した一方で、水面下では戦前回帰の保守化が強まる動向がとらえられている。

第四章「戦後知識人と宗教――吉本隆明の親鸞論」（中島岳志）は、戦後知識人を代表した丸山真男と論壇の「前衛」をなしたマルクス主義者の両方に対峙し、大衆に寄り添って独自の思想を展開した吉本隆明が、いかに親鸞の思想を読み解いたかについて、オウム真理教事件に及ぶ長い戦後の射程で論じている。

第五章「戦後の宗教とジェンダー」（猪瀬優理）は、近代のジェンダーの変化の通史を射程に収めながら、戦後社会のジェンダーの変化とそれに対する宗教の対応を論じている。宗教界は男女の性別役割分業の戦後的展開を無批判に受け入れ、能動的な再編への取り組みを怠ったことが指摘されている。

第六章「慰霊と平和」（西村明）は、戦後における戦争死者の慰霊・追悼と、平和運動への宗教界の関わりを論じている。国家的慰霊の中心をなした靖国神社や護国神社の戦後の処遇と遺骨収集に関連した千鳥ヶ淵戦没者墓苑をめぐる動き、日本宗教連盟の慰霊や平和運動への取り組みなどから、慰霊と平和祈念のあり方をめぐる戦後宗教の葛藤を描く。

第七章「都市化と宗教――高度経済成長期の東京を中心に」（寺田喜朗）は、近代全体の都市化の様態を東京に焦点を置きながら実証的に押さえた上で、高度経済成長期の都市的生活様式に対する伝統宗教と新宗教の対応を論じている。都市への大規模な人口移動がもたらした信仰共同体と個人への影響の具体的な輪郭が浮き彫りにされている。

第八章「大衆的メディアの時代の宗教表象」（姜竣）は、高度経済成長期に到来した大量消費社会におけるメディア表象のなかの宗教を扱う。天理教教祖中山みきの教祖伝小説にはじまって、視覚・聴覚メディアを通した宗教的メッセージの伝達、同時代の宗教性の表出と暗示が論じられている。

これらの各章の論考のほかに、コラムとして、「国旗・国歌」（辻田真佐憲）、「道徳教育と宗教」（齋藤知明）、「戦後キリスト教と人権思想」（森島豊）、「戦後日本の仏教学」（オリオン・クラウタウ）、「石牟礼道子と霊性」（萩原修子）、「山岸会とコミューン」（島田裕巳）、「カルト問題と関わった三〇年」（櫻井義秀）が章間に配され、時代を映すトピックが取り上げられている。

参考文献

石井研士（一九九八）『戦後の社会変動と神社神道』大明堂
ウィリアム・P・ウッダード（一九八八）『天皇と神道――GHQの宗教政策』サイマル出版会
河西秀哉編（二〇一三）『戦後史のなかの象徴天皇制』吉田書店
佐野真由子編（二〇二〇）『万博学――万国博覧会という、世界を把握する方法』思文閣出版
島薗進（二〇〇一）「日本人論と宗教」『ポストモダンの新宗教』東京堂出版
――（二〇一七）「敗戦と天皇の聖性をめぐる政治」吉馴明子他編『現人神から大衆天皇へ――昭和の国体とキリスト教』刀水書房
中野毅（一九九三）「アメリカの対日宗教政策の形成」井門富二夫編『占領と日本宗教』未來社
藤井正雄（一九七四）『現代人の信仰構造――宗教浮動人口の行動と思想』評論社
柳川啓一（一九八七）『祭りと儀礼の宗教学』筑摩書房
H・N・マクファーランド（一九六九）『神々のラッシュアワー――日本の新宗教運動』社会思想社

第二章　占領と宗教

ヘレン・ハーデカ

一　占領統治の始まり

総司令部の組織

一九四五年七月、連合国の首脳らがドイツのポツダムに集結し、会談を行った。様々な議題の中で対日戦の終結方法についても議論され、一九四五年七月二六日には日本への最後通告である「ポツダム宣言」が策定された。これは、日本の無条件降伏と日本国民の基本的人権の尊重、国民の言論、宗教、思想の自由の尊重を要求するものであった。ヨシフ・スターリンはソビエト連邦が対日宣戦布告していないことを理由に署名しなかった。日本がポツダム宣言の受け入れを拒否すると、アメリカは一九四五年八月六日に広島、八月九日に長崎へ原爆投下を行い、ソビエト連邦は八月八日に対日宣戦布告した。これを受け、八月一四日、日本は連合国側にポツダム宣言受諾を通達した。翌一五日には、天皇がラジオを通じて国民に終戦を伝えたいわゆる「玉音放送」が放送された。一九四五年九月二日、アメリカ戦艦ミズーリ号の艦上で日本が降伏文書に調印し、これをもって連合国による日本の占領が正式に開始した。一九四五年九月八日、アメリカ大使館に星条旗が掲揚され、九月一七日にはダグラス・マッカーサー将軍が東京の「第一生命館」に置かれた連合国最高司令官総司令部において連合国最高司令官としての任務を開始した。

降伏文書の調印によって始まった連合国による日本占領は、一九五二年四月二八日のサンフランシスコ講和条約（正式名称：日本国との平和条約）発効まで続いた。日本はポツダム宣言の履行と、最高司令官（SC

ＡＰ）からのあらゆる指示を遵守することを約束した。「ＳＣＡＰ」とはSupreme Commander for the Allied Powersの略称で、連合国最高司令官の役職と、その本部である連合国最高司令官総司令部（Supreme Commander for the Allied Powers General Headquarters, ＳＣＡＰ／ＧＨＱ）の両方を指した。最高司令官の職は、初代マッカーサーが一九五一年四月まで務めた後、マシュー・Ｂ・リッジウェイが後任となり、占領の終了まで日本の占領統治にあたった。

ポツダム宣言により、「日本」の領土は北海道、本州、四国、九州、後に連合国が決定する諸小島と定められ、占領終了時に日本はこれらの地域の主権を回復した。占領下の宗教関連政策も、戦前の大日本帝国の領土ではなく、ポツダム宣言によって決定されたこれらの地域にのみ適用された。

一九四五年九月六日、トルーマン大統領は総司令部の作成した「初期対日政策の要綱草案」（SWNCC 150／4）を承認した。これには信教の自由の速やかな確立と、超国家主義及び軍国主義的組織が宗教の名に隠れることの禁止を述べていた。さらに、この目的に反するあらゆる法令を廃止及び改正し、日本人に信教の自由を求める権利を与えるとした。明言こそされていないものの、ここでは明らかに政教分離が意図されていた（Woodward, 1972, p.14）。

マッカーサーは最高司令官として、連合国最高司令官総司令部の目的を遂行する権限が与えられた。マッカーサーの決定を監督する機関として、一一カ国（後に一三カ国）の連合国諸国で構成された「極東委員会」と、アメリカ、イギリス連邦、ソ連、中国からなる「対日理事会」が設置された。マッカーサーはこれらの機関との協議の上で占領政策を行うこととされていたが、実際にはどちらの機関の意見にも気を留めることはなかった。結果としてマッカーサーはアメリカ主導の占領統治を行った。日本政府は全ての主要な決定において総司令部の意見を仰ぐことが義務付けられ、マッカーサーは、「指令」、「覚書」として最高司令官としての決定事項を日本政府に通達するという形式をとった。

総司令部は、様々な組織と何千もの軍部及び民間の職員を取り込み、大組織へと成長した。宗教に関する占領政策法令は、当時ケン・R・ダイク大佐（後に准将）をトップとした民間情報教育局（CIE）と、その下に置かれた宗教課のウィリアム・バンス大尉（後に少佐）が作成を担当した。宗教課は、二〇名ほどのアメリカ人職員と三二名の日本人の顧問、翻訳者、事務員で構成され、この中には、後に占領統治下の宗教関連事項に関して詳細な著書を残したウィリアム・ウッダードもいた。宗教課の任務には、信教の自由の確立の迅速化、日本政府による神道への保証、支援、保全、監督および広布の禁止、宗教の名に隠れた軍国主義的及び超国家主義的な組織の禁止、日本の宗教団体と連携し占領政策への協力を得ることの徹底等が含まれた（Woodward, 1972, pp.24–25）。

総司令部は信教の自由の確立に向けた一歩として、一九四五年一〇月四日、「政治的、公民的及宗教的自由ニ対スル制限除去ノ件」、いわゆる「人権指令」を発表し、信仰の自由を制限する全ての関連法令を廃止すること、その中でも特に宗教団体法と治安維持法の廃止を命じた。宗教団体法は、宗教団体を戦時体制に協力させることを目的に利用され、治安維持法は様々な宗教家の活動を制限し、投獄するために利用された。この指令ではさらに、宗教的信仰のために投獄されていた全思想犯の即時釈放も命じた（Woodward, 1972, p.51）。

宗教法人令と神道指令

宗教団体法の廃止は信教の自由の確立へ向けての第一歩ではあったが、これにとって代わる宗教団体の統括のための法体制が早急に必要となった。民間情報教育局、日本政府、多くの日本の宗教団体のリーダーの間で長期にわたる意見交換が行われた後、一九四五年一二月二四日「宗教法人令」(昭和二〇年勅令第七一九号)が内閣で承認された。この法令では宗教団体に法人登記を通して財産を有する権利を与え、それまでの認可主義の宗教団体法にとって代わった(Woodward, 1972, pp.83–92)。

ここで、宗教課が日本の全ての宗教および宗教団体を、同一に扱ったのではないことを理解しておく必要がある。宗教課は、日本の仏教に関しては特に関心を持っていなかった。マッカーサーはキリスト教に好意的で、キリスト教宣教師の日本での布教を望んだが、宗教課職員は、特定の宗教が優先されているという印象を日本国民に与えることは避けるべきだとし、これを様々な覚書として発表した(Woodward, 1972, pp.210–217)。新宗教に対しても中立的な立場をとり、宗教法人令の下で登記を行わない新宗教団体を自動的に違法とみなすこともなかった(Woodward, 1972, p.209)。仏教、キリスト教、新宗教と比較し、宗教課の主な関心は神道にあった。

ワシントンD.C.より、国務省極東局長のジョン・カーター・ヴィンセントが、総司令部による国家宗教としての神道の廃止についてのラジオ放送を行なった時点では、宗教課の任務はまさに始まったばかりだった。報道の内容は以下の通りである。

神道に関しては、それが個人としての日本人の宗教である限り、干渉されない。しかし、神道が日本政府に指導されたり、政府による上から強制された手段になっている場合には、これを廃止する必要がある。国民は、国家神道を支援するための課税をされることはなくなり、神道が学校教育に位置づけられ

ることはない。国家宗教としての神道、すなわち国家神道は撤去されることになる（一九四五年一〇月
七日ラジオ放送）。

個人の宗教としての「神道」と国家により創り出された「国家神道」の違いを紹介した結果、これに関してさらなる説明が必要となることは自明の事実であった。ダイクはバンスに、日本政府への神道に関する指令の作成に向けて、神道の調査を行うよう命じた。

バンスは指令の作成に向けて、徹底的に神道の調査を行った。彼はダニエル・ホルトム、バジル・ホール・チェンバレンの研究を大いに活用した。当時ホルトムは西洋の学者の中で最も知られた神道研究者で、バンスはホルトムの著書に多大な影響を受けたと見られている。またバンスは、上智大学出版の英文学術誌『モニュメンタ・ニッポニカ』に掲載された加藤玄智《かとうげんち》、河野省三《こうのせいぞう》の「Mikadoism（ミカドイズム）」に関する論文も参考にしたようである。また、臨済宗の仏教学者である鈴木大拙《すずきだいせつ》や、神祇院所属で東京帝国大学神道講座の主任教授であった宮地直一《みやじなおかず》にも、バンスは幾度となく意見を求めた。比較宗教の研究者である姉崎正《あねさきまさ》治《はる》にアドバイスを求めたが、最も密に連絡をとりあったのは、姉崎の元教え子で義理の息子でもあり、当時東京帝国大学助教授だった岸本英夫《きしもとひでお》（一九〇三～一九六四）であった。岸本は一九三〇～一九三四年にハーバード大学に在籍した経験を持ち、日本の教育及び宗教の専門家、学者、政治関係者と民間情報教育局との連携に大いに貢献した。

総司令部がバンスに作成を指示した類の指令案には、その必要性と目的を上層部に説明するため、職員による調査報告書が添えられた。これらの報告書には、最高司令官への内容説明に必要な情報に加え、日本政府が指令を実施するにあたって必要な情報も盛り込まれた。神道指令に添えられた報告書は、神道に関する

指令の必要性を述べた、以下の説明に始まる。国家神道は、日本の軍国主義者や超国家主義者が国民に軍国主義的な精神を養い、戦争の拡大を正当化するために利用された。よってこれらが完全に国家から切り離され、学校教育から排除されなければ将来的に危険が残る、と。またこの中では、神道は、現代に利用された未開の宗教であり、教義を持たない、皇室崇拝、自然崇拝、先祖崇拝、国民的英雄の崇拝と密接に関わる日本国民の民族精神的な伝統であり、天皇崇拝の核となる国家主義と忠誠のシステムである等、様々な表現を用いて説明された。

また、この報告には「神社神道」、「国家神道」(「国家的神道」)、「教派神道」の差異が記されていたが、神道指令では、実質上、「神社神道」と「国家神道」の語は互換可能とされた。報告書は、国家神道は宗教であると断言した。国家神道は明確な教義こそ持たないが、日本、天皇、日本国民の優位性、現人神としての天皇崇拝、アジア制覇の使命に対する信仰を説いていた。この研究報告書は、政府と国家神道の分離、学校教育と国家神道の分離への具体的な助言で締めくくられる。これらの助言には、政府と神社の関係の廃除、神道をその他の宗教と同等に扱うこと、神祇院の廃止、学校及び公共機関からの神棚の撤去、学校からの神社への訪問の停止等が含まれていた。さらには天皇に働きかけ、日本の優位性とアジア覇権の正当性を否定する内容の勅書を作成することも助言していた。

神道指令はその発効(一九四五年一二月一五日)から一九四七年に日本国憲法にとって代わられるまでの間、神道関連の占領政策の基本方針となった。神道指令は、その目的の詳細にわたる説明に始まり、この指令を「日本国民ヲ解放スル為ニ戦争犯罪、敗北、苦悩、困窮及ビ現在ノ悲惨ナル状態ヲ招来セル『イデオロギー』ニ対スル強制的財政援助ヨリ生ズル日本国民ノ経済的負担ヲ取り除ク為ニ」、「神道ノ教理並ニ信仰ヲ歪曲シテ日本国民ヲ欺キ侵略戦争へ誘導スルタメニ意図サレタ軍国主義的並ニ過激ナル国家主義的宣伝ニ利用スルガ如キコトノ再ビ起ルコトヲ妨止スル為ニ」そして、「国民生活ヲ更新シ永久ノ平和及民主主義ノ理想ニ基礎ヲ置ク新日本建設ヲ実現セシムル計画ニ対シテ日本国民ヲ援助スル為ニ」、発すると述べている（SCAPIN 448（CIE）15 Dec 45（AG 000.3））。

神道指令は、神道への公的資金の導入、神道（のみに限らず全ての宗教）の教義、慣習、儀式、儀礼における軍国主義的なイデオロギーの広布、神道及び神道関係者の育成に関わる教育機関の運営、学校教育における神道の教義の普及を、即刻停止することを命じた。『国体の本義』の発行及び頒布は禁止され、「大東亜戦争」や「八紘一宇」の語を使うことも禁止された。あらゆる公共施設、特に学校から神棚を撤去することを命じた。また、神道を信仰しないこと、神道行事へ参加しないことによって差別されることがあってはならないとした。公的機関の職員が新任着任や業務に関する奉告の目的で神社を参詣する慣習の廃止も求めた。全ての宗教は「正確に同じ機会と保護を与へられる権利を有する」とした。また、神道のみならず、いかなる宗教に対しても、政治と結びつくこと、「軍国主義的乃至過激なる国家主義的『イデオロギー』」を広めることを禁じた。また、このような禁止事項を擁護する全ての法律を直ちに廃止するよう日本政府に求めた。

このような事態においても、神社が閉鎖されることはなかった。教派神道は干渉を受けることなく、他の宗教宗派と全く同じ保護を受けた。神社神道は、「国家から分離せられ、その軍国主義的乃至過激なる国家主義的要素を剥奪」された後に、「若しその信奉者が望む場合」は、宗教として認められた。神道指令では、「軍国主義的乃至過激なる国家主義的『イデオロギー』」の定義を、天皇、日本国民、日本列島の優位性を主張し、日本国民を侵略的な戦争に向かわせ、「他国民の論争の解決として武力の行使を謳歌せしめるに至らしめるが如き主義」とし、繰り返しこれらの禁止を説いた。

神道指令は、国家と宗教の分離に向けてさらに一歩踏み込み、神道のみならず全ての宗教が政府と「特殊ノ関係」を持つことを禁じた。神道指令を受けた日本政府は迅速にこれに反応し、数日内に各都道府県に対して神道指令の禁止事項の遵守を要請した。一九四六年二月までに、三四の法令が廃止された。各省は都道府県知事に対して厳正に規定内容に従うことを命じた。文部省は学校から神棚を撤去し、教科書から宗教に関する記述を削除した。修身の科目は停止となり、帝国大学の神道講座は廃止された。一九四六年三月一五日、日本政府の全てのレベルで調整がなされ、神道への公的資金援助は打ち切られたことを総司令部に報告した。この結果に総司令部は満足した。

しかしながら、とりわけ神社に関連した宗教慣習には即座に変えることが難しいものもあった。多くの日本国民が総司令部に向けて、地元の神社が継続して各家庭に祭事への参加を強制することについて取り調べを行なってほしいと嘆願した。これらの書簡を紐解くと、一見、神道指令が日本社会に好意的に受け入れているように見受けられるが、当時の食糧不足や戦地および旧植民地からの帰還等が人々の最大関心事であった時代背景も考慮するべきであろう。メディアは神道指令を最小限にしか取り上げず、皇室が廃止されるかどうかという点が注目された程度であった。国会においても一九四九年まで神道指令に関して議論されることはなかった。しかし、このような世間の反応から日本社会が完全に神道指令を支持したとは結論づけることはできない。なぜなら当時、総司令部への批判は検閲により厳しく禁じられていたからである。神社の神職たちが神道指令により甚大な損害を被り、大いに憤慨していたのは明らかだ。

二　日本国憲法の中の宗教

日本国憲法策定のプロセス

一九四七年五月三日に施行された日本国憲法は、宗教に関して新しい規定を提示したが、宗教課は新憲法策定のプロジェクトには直接関わっていなかった。憲法草案の起草と宗教関連問題は、別で進められていた。マッカーサーは一九四五年一〇月にまず近衛文麿《このえふみまろ》に草案作成の開始を持ちかけたが、近衛は戦争責任を問われることを苦に自殺した。マッカーサーが近衛に近づいた同時期に、日本政府は商法学者の松本烝治《まつもとじょうじ》を大日本帝国憲法改定のための委員会の委員長に任命した。

一九四六年二月一日、毎日新聞が松本の委員会の草案とされるものをスクープした。この報道により、新憲法案は明治憲法に最小限の変更を加えたのみの、現状維持的なものであることが明らかになった。これに対する世間の反応は否定的で、批判が起こった。この草案では、公の秩序を維持するという目的で信教の自由に制限を設けておらず、政教分離に関しては言及されなかった。しかしながら、神社の持つ特権が廃止されることは示されていた。

マッカーサーは松本の草案の完成を待たず、この報道の二日後に総司令部民政局に独自の案を作成するグループを召集させ、一週間以内に草案を作成するよう命じた。その際、皇室の存続、戦争放棄、いわゆる封建制度と軍国主義の排除の条項を含むことを指示した。

この一連の出来事に最も驚いたのは、民政局次長のチャールズ・ケーディス大佐を筆頭に急遽集められた二四名（一六名の陸海軍将校と八名の民間人）の草案グループのメンバーであったに違いない。ケーディスを含む四名は弁護士としての経歴があったものの、メンバーの中に憲法に精通した者はいなかった。前述の松本も日本政府より憲法改正の委員長に抜擢される前の専門分野は商法であったことも再度言及に値するだろう。日本在住経験があった二名は、ハリー・エマーソン・ワイルド（戦前に日本滞在経験のある民間人）と、ウィーン生まれで日本育ち、日本語に堪能で、女性の権利の起草を任されたグループ最年少女性の（メンバーには四名の女性がいた）ベアテ・シロタ（後にゴードン）だった。人権の章を担当したのは社会科学の教授でもあったピーター・ロウスト中佐だった。

草案作成グループは第一生命館の大広間に籠もりきり、日本人を近づけることなく、毎晩、草案原稿を金庫に厳重に保管し、完全なる秘密裏で仕事にとりかかった。宗教に関する条項は一九四六年二月八日に作成された（チャールズ・L・ケーディス文書、マイクロフィルム、ハーバード大学図書館）。総司令部は一九四六年二月一三日に英文の草案を日本政府の担当者に提示した。後に日本語翻訳版が作成され、同年六月二一日に衆議院において審議が始まった。総司令部も日本政府も、総司令部が憲法草案に関与していることを一切公にしなかった。

国会では憲法草案は日本政府が作成したものという前提において審議が行われた。その後、わずかな変更が加えられ、総司令部がこの変更を承認し、新憲法が誕生した。宗教に関わる条項に変更はなかった。修正草案が国会で可決された後、形式的には大日本帝国憲法の改正版として天皇から国民へ授ける形で新憲法が公布された。

第一条では「天皇は、日本国の象徴であり日本国民統合の象徴であつて、この地位は、主権の存する日本国民の総意に基く。」と説いている。大日本帝国憲法において、天皇は国家元首であり、軍の総司令官であり、国家統治の具象化であったのに対し、新憲法においては象徴となった。これに伴い、公的行事であった宮中祭祀は天皇家の私事となった。そして、社会全体において神道を意識する義務はなくなり、神道が国家の政治に不可欠な儀式を支える存在としての根拠も失われた。

第二〇条と第八九条は、信教の自由の権利と政教分離を説いている。

第二〇条〈信教の自由〉

一、信教の自由は、何人に対してもこれを保障する。いかなる宗教団体も、国から特権を受け、又は政治上の権力を行使してはならない。

二、何人も、宗教上の行為、祝典、儀式又は行事に参加することを強制されない。

三、国及びその機関は、宗教教育その他いかなる宗教的活動もしてはならない。

第八九条〈公の財産の支出又は利用の制限〉

公金その他の公の財産は、宗教上の組織若しくは団体の使用、便益若しくは維持のため、又は公の支配に属しない慈善、教育若しくは博愛の事業に対し、これを支出し、又はその利用に供してはならない。

第二〇条は信教の自由と政教分離を合わせて説いている。第八九条では、宗教団体、宗教立の学校及び事業に公的資金を投入することの禁止を明言し、政教の分離をより明確に示している。これらの主な条項に加え、第一四条では「人種、信条、性別、社会的身分又は門地により、政治的、経済的又は社会的関係において、差別されない」と説いている。また第一九条では、思想及び良心の自由の侵害を禁止している。これらの条項は、戦後の新憲法が信教の自由と政教分離を支持していることを示す。占領終了後に数々の訴訟が起こり、上記の条文の解釈がその度に検証されることとなった。

宗教法人法

新憲法とともに、社会における宗教の位置付け及び政府との関わりについての基本ガイドラインを示したものが宗教法人法（一九五一年四月三日法律第一二六条）である。宗教法人法は、前述の宗教法人令にとって代わった。この法律は、仏教寺院、キリスト教会、新宗教団体を法人化すると定めた。施行にともない、一一万の神社が自動的に法人化した。宗教法人法は、宗教団体が組織と施設等の所有財産を維持するための資金を運用し、法人の団体を含むその他の構成員の組織体系に関する規定に従うこと、また宗教団体が公益のために機能することを目的に定められた諸規定に従うことを定めている。この枠組み内では、宗教法人は学校、病院等と同じ公益法人の一種であり、社会全般の利益を追求することが求められた。この法律により、宗教団体は財産を所有し、銀行口座を保有し、公益事業のみでなく収益事業も行えるようになった。収益事業に課される法人税の税率は、個人事業や一般の法人よりも低く設定されていた。このような条件が、ますます多くの宗教団体を惹きつけ、一九五二年までに一八万四八四もの神社、寺院、教会、新宗教が法人化した。宗教法人法により、戦後は宗教団体の法人化が一般的になったものの、必ずしも法人化が義務付けられていたわけではなかった。一九四七年には一万三千三百の法人格を持たない宗教団体が存在し、一九六〇年にはその数は四万件となった。

宗教は公共善を推し進めるものである、という理念に基づいた宗教法人法の成立により、宗教団体が政府から干渉を受けることはなくなった。これは戦前及び戦時中、政府が宗教団体の過激かつ反社会的な行動から国と国民を保護するという構造からの根本的な変革を表していた。宗教法人法の下では、政府の所轄庁の役割は宗教団体の活動への干渉ではなく、信教の自由の追求を促進することとされた。

神々のラッシュアワー

総司令部は自らが敷いた新政策が新しい宗教の設立に貢献するとは予見していなかったが、新憲法と宗教法人法の制定により、日本の宗教団体は制限を受けることなく信仰、布教活動を自由に行えるようになった。一九四五年以前は政府の監視から逃れるために隠れて活動をしていた団体も、復興し成長を始めた。統合を強いられていたキリスト教の諸宗派は、それぞれに活動を再開した。また同様に国によって総括、運営されていた仏教の諸宗派も分派し、独自に再編成することが許可された。大本の出口王仁三郎《でぐちおにさぶろう》や、創価学会の戸田城聖《とだじょうせい》は出獄し、それぞれの団体の再建を始めた。このような既存の宗教団体の再編成とともに、宗教団体が政府の監視を受けない戦後の新しい環境下で、次々と新しい宗教団体が誕生した。この「雨後の筍」のように新しい宗教団体が生まれる現象は「神々のラッシュアワー」と呼ばれた。これらの新しい団体は日本社会全体でも知られるようになり、「新興宗教」や「新宗教」と呼ばれた（以下　新宗教）。

三　信教の自由の範囲を探る——璽宇の事例

璽宇の活動

総司令部は、神道指令によって信教の自由を保障し、宗教の名に隠れた超国家主義の普及を禁止したが、この理念は新宗教の璽宇への対応によって試されることとなった。一九四一年に結成され、戦後間もなく長《なが》岡良子《おかながこ》（一九〇三～一九八三）を筆頭に活動した璽宇は、その教義において、迫り来る天変地異の後に、世界は日本の天皇によって統治されると説いていた。璽宇は長岡の啓示と信託を基に、日本には世界救済の使命があるとした。終戦直前、長岡が少人数の信者のグループと横浜に居住していた際に、警察は璽宇の危険性を見極めるべく捜査に乗り出した。長岡は一時収監された後に保釈されると、終戦を迎えるまで啓示と信託を発表し続けたが、その頻度は次第に増え、また内容も過激化してゆき、信者に公共の場で布教活動をさせるようになった。警察による捜査は、日本の降伏によって一旦終了したが、長岡と璽宇の信者は依然として天皇が世界の救世主として君臨すると考えていた。

神道指令発令後には、璽宇は公の場で祈祷を始め、世直しへの緊迫感から日本を世界改革に向かわせるべく、天皇とマッカーサーの力を借りることを計画していた。天皇と皇太子への接触は失敗に終わったが、璽宇の信者がマッカーサーの乗る車の窓越しに手紙を手渡すことに成功した。その手紙はマッカーサーを長岡の「皇居」に招待するものだった。このような事件や力士の双葉山定次《ふたばやまさだじ》（一九一二～一九六八）等の著名人が璽宇へ入信したという報道によって、警察の監視と総司令部の捜査の矛先が璽宇へ向けられるようになった。双葉山の璽宇への改宗後、璽宇は一九四七年一月に大地震が起こると予言し始めた。警察は璽宇の信者の追跡を始め、総司令部は自らが神と対話できる能力を持つという長岡の取り調べを行った。

璽宇の強制捜査

警察は、璽宇が長岡のカリスマ性に集まった、風変わりだが無害な信者の小教団であると十分理解していた。璽宇は決して社会秩序を脅かす集団ではなかった。璽宇が総司令部の精米の割り当てに関する命令に背くよう人々を扇動しているとメディアに取り上げられたのが、璽宇の違法行為を示唆する初めての兆候だった。宗教の名に隠れた超国家主義的思想の普及の容疑で、一九四七年一月二一日、警察は璽宇本部を急襲したが、長岡は二日後に釈放された。そしてその四日後、双葉山が璽宇を去った。総司令部は警察の取り締まりには直接関わらなかったが、捜査の実施を認めていた。長岡はその後の精神鑑定により誇大妄想性痴呆症と診断され、総司令部はこの事実を世間に公表することを許可した。このような事態を切り抜け、璽宇は小教団として現在まで存続している。

我々はこの璽宇の事例をどう判断すべきであろうか。信教の自由の弾圧の事例なのであろうか。もしくは宗教集団が大衆を総司令部の方針に背くよう扇動したことへの正当な捜査であったのか。総司令部は警察の捜査を制止するべきだったのだろうか。璽宇本部へ強制捜査に乗り出す前に、精米の囲い込みの停止を勧告することで十分ではなかったか。果たしてこれは、宗教の名に隠れて超国家主義的思想を広めた事例に当たるのか。長岡が不起訴となったという事実は、その容疑が超国家主義思想の普及であれ、白米の囲い込みによる食糧管理法違反であれ、少なくとも強制捜査の法的根拠は不十分であったことを示している。また、璽宇への警察と総司令部の対応は過剰で、信教の自由への侵害にあたるとも捉えられるであろう。

四　戦後宗教の平和への呼びかけ

信教の自由と政教分離を掲げた新憲法は、新宗教団体、キリスト教、また多くの仏教諸宗派から歓迎を受けた。とりわけ第九条は、神聖で信仰に関わるものと崇める宗教団体も出現し、これを変更しようとする動きは人類の良心への冒涜とされた。一方、神社本庁の立場はこれらとは異なった。神社本庁は新憲法を、外圧によって制定された占領時代の遺産であるという見解から、日本の伝統に背くとし、改変を強く主張した。

神道、神道儀礼の公的な役割を復活させようとする動きは、戦後の宗教が理想とした平和主義と対立するようになる。それは総司令部が神道と戦争・軍国主義を同一視し、また一方で一般人も同じ認識を持ったことにある。とりわけ靖国神社は平和主義を唱える宗教者にとって、戦前の神道と戦時中と敗戦の苦い記憶を想起させる象徴となった。東京の中心に位置する靖国神社は「東京招魂社」として一八六九年に創建され、一八七九年に現在の靖国神社と名称を変更し、国に殉じた戦没者を祀る神社として軍の管轄下に置かれた。一九四五年の降伏まで、昭和天皇は靖国神社を度々参拝した。これはメディアによって大きく報道され、靖国神社は天皇が直接に戦没者慰霊参拝を行う唯一の神社として宣伝された。戦後、靖国神社も法人化し、一九四七年、現「日本遺族会」の前身となる団体が組織され、靖国への公的資金支援を主張する最大の社会団体となった。

神道が、戦争に協力した他の宗教諸宗派と異なる点は、戦後、神道指令の発令によって公に存在意義を否定されるという屈辱を受け、多くの信者を失ったことであろう。当然のことながら、検閲が終了してから現在までに、神社本庁は総司令部の政策の不当性を訴え続けている。神社本庁は一九四六年に神社、神職を包括する団体として、政府での神社統制の体制の不在を埋めるべく設立された。神社本庁は靖国神社と戦没者をめぐる戦後のディベートにおいて重要な役割を担い、神社本庁の機関紙である『神社新報』を通じて、国家の名誉を保つためには国として神社儀礼を執り行い、天皇及び政府役人がそれに参列し、戦没者を讃える必要があるという見解を発表した。やがて、神社本庁は靖国神社への公的資金の再投入や憲法改正等を求める伝統主義的なロビー団体となった。そして大多数の神社が神社本庁に加盟した。

五　占領政策の衝突——農地改革と信教の自由

戦後の占領政策の一つである総司令部の農地改革は、特に大地主であった神社及び寺院に影響が及んだ。農地改革の根拠は、日本の農民の多くが農地を所有せず、取れ高の大部分を地主に収める小作農だったことにあった。この構造は、小作農が土地を購入するための財産を築くことを困難にしていた。農地改革は、地主と実際に土地を耕す小作農との格差を縮めることを目的としていた。改革により、農家一世帯が保有できる農地は、小作人を雇わず自らで耕作可能な程度の広さに制限された。地主は貸し農地として一ヘクタールのみ保有することを許されたが、残りの土地は政府に強制的に買い上げられ、多くの場合、政府は買い上げた土地をそれまでその地を耕していた小作人に売り渡した。

農地改革は困窮した小作人の地位の向上を目指した政策であったが、寺社には破壊的な影響を与えることとなった。しかしながら、宗教団体から土地を取り上げる行為は占領とともに始まったというわけではない。

一八六八年、寺院、神社は所有地を国に受け渡すよう命じられたが、その後の実施への延々と長引く過程において、国から没収された土地を取り戻すことに成功した。その後、一九三九年に政府は再度仏教寺院（この際、神社は除外された）に対し、宗教的な運営に必要のない土地の放棄を命ずる法律を定めた。この政策の目的は、無償で土地を国有化することであり、土地を小作人に分配するといった意図はなかった。結果的に四万六千の寺院が所有地を差し押さえられ、政策が終了するまでにさらに多くの寺院が影響を受けることが予想されていた。しかしながら、一九四〇年代に入ると、この政策の所管であった大蔵省が他の案件に時間を割かれ、未完のまま戦後まで放置されることとなった。これが、戦後、総司令部が新たに独自の農地改革を進めた背景となった。

農地改革により、寺社は一般の大地主と同様、所有地の大部分を没収された。しかしながら、降伏前の日本政府の土地政策とは異なり、仏教寺院、キリスト教会、神社は等しくこの対象とされ、全地主が報酬を得た。一九五〇年までに、七万六千の神社、三万四千の仏教寺院、八八のキリスト教会に対し、土地の放棄が求められた。しかし、農地改革の対象が宗教団体に向けられたことで、占領政策は大きな問題にぶつかる。信教の自由の理念と政教分離の理念の間の板ばさみとなったのだ。宗教団体は全ての所有地を没収されれば、解体を余儀なくされる。土地を全て引き渡すか、市場価格で購入するか、どちらであっても教団消滅の危機にさらされることとなった。総司令部が宗教団体をそのような状況下におくことは、信教の自由への甚だしい侵害となったであろう。しかし一方で、宗教団体が無償で土地を保有する権利を国から付与されたなら、政教分離の原理の侵害となる。総司令部は何らかの手を下さなければならなかった。宗教団体を農地改革の対象から除外すれば、宗教団体の地主に特権を与えることになり、さらに、過去に日本政府が仏教寺院からのみ土地を没収し、神社は容認された不平等も黙認することになるからであった。

神社本庁はこの難問を解決することに積極的な役割を果たし、その結果、神社本庁未所属だった神社の信用も得るようになった。『神社新報』は数々の論説を発表し、寺社における土地活用による収入の重要性を説き、これを妨げることは、宗教の自由の違反であると主張し、ほぼ全ての宗教団体が保有地を維持できる方策を示した条例草案を総司令部に提出した。その結果、総司令部は神社本庁に同意し、一九四六年に神社本庁の申し入れに沿った指令を公布した。

六　戦後における「懺悔」のテーマ

戦後まもなく、社会的、文化的、政治的な影響力のある地位を築いた宗教指導者もいた。例として、降伏の二週間以内に、東久邇宮内閣参与に任命されたキリスト教社会運動家で作家の賀川豊彦《かがわとよひこ》（一八八八～一九六〇）が挙げられる。占領軍が上陸してくる中、占領の長期化が予想される前代未聞の事態において、東久邇は賀川に国民の士気を高めるためのアイデアを求めた。賀川が日本再建の第一歩として提案したのは「一億総懺悔」であった。この提案に沿い、東久邇は国全体――官僚、軍部、そして国民も――が敗戦責任をとり、懺悔すべきであると宣言した。しかしこれは一般大衆にむなしく響くのみだった。政府と軍部同様の戦争責任を、国民も負うべきであるという見解は、多くの者には受け入れがたいものであった。しかしながら、この懺悔のテーマは宗教界において共鳴を得た。

一九四七年、新宗教の一燈園（一九一三年設立）の開祖であり、「天香さん」の名で親しまれていた西田天《にしだてん》香《こう》（一八七二〜一九六八）が、内閣参議院議員に当選した。国レベルでの「懺悔」の必要性を唱えた法案が否決されたのち、天香さんは、議会で目立たない役にとどまることに満足した。内面的、道徳的な改善に比べ政治活動は西田にとって意味を持たず、西田は時に官庁の建物のトイレ掃除を行なったりもした。

賀川と西田の例にも見られるように、懺悔のテーマは戦後直後の宗教界に影響を及ぼした。京都学派の開祖である田辺元《たなべはじめ》（一八八五〜一九六二）は、日本の当時の苦境と中世の僧親鸞（一一七三〜一二六二）のおかれた状況について説得力のある比較を行い、懺悔の生活を送ることを宣言した。田辺は特に自分の学生に戦争に参加することを勧めたことを悔い、自身の哲学を「懺悔の道」と名付けた。田辺の誠実な懺悔と政府の利己的な態度は、この上なく対照的に映った。

竹山道雄《たけやまみちお》（一九〇三〜一九八四）の、宗教をテーマとした小説『ビルマの竪琴』（一九四六）も、懺悔のテーマを取り入れた。この作品は、日本の降伏後にイギリス軍の捕虜となった若い日本兵、水島についての物語である。水島はビルマ（現ミャンマー）のジャングルで日本降伏後も戦闘を続ける日本兵たちに武装解除の説得をするようイギリス軍に送り込まれるが、説得は失敗に終わり、日本兵たちは殺される。のちに水島は日本へ帰還する機会が与えられたにもかかわらず、ビルマに残り、仏教僧として死者への祈りに余生を捧げた。この懺悔に満ちた無私の生き方を描いた物語は、一九四六年に児童文学雑誌に掲載され、広く知られるようになった。

しかしながらすべての宗教者が懺悔のテーマに賛同し、旧体制を否定したわけではなかった。一九三〇年に新宗教団体の生長の家を創立した谷口雅春《たにぐちまさはる》（一八九三〜一九八五）は、戦前の体制を支持し、敗戦後もその理想を追求した。谷口は、総司令部は戦後憲法を押し付け、日本の精神を解体しようとしていると声高に主張し、一時は公職追放となった。解放後は、谷口は積極的に政治に関わり、生長の家は様々な保守的な理念を掲げる政治活動家の団体としての性格を強めた。

七　戦争記念碑の撤去

一九四五年一一月一日、総司令部の命令を受け、内務省、文部省副大臣は、各地方自治体に対し、公的機関による軍の葬式及びその他の宗教行事執行の禁止、戦争の記念碑等の建立の禁止、学校などの公的な建物及び土地における同様の記念碑等の撤去を命じた。総司令部はまた、第二次世界大戦を意味する「聖戦」という言葉の使用を禁止し、神武天皇が大和橿原に都を定めた際に用いられたと日本書紀に記されている「八《はっ》紘一宇《こういちう》」という表現の使用を禁じた。日本書紀によると、神武天皇は自分の都が天地四方八方の果てにいたるまでの世界中を統一する場となるようにとの願いを込め、遷都を宣言したという。しかし、「人類皆兄弟」の哲学に基づいたこの表現は次第に皇室の美徳を世界に拡大し、日本の天皇の下に世界を統治するという神聖なる使命を指すようになる。

「八紘一宇」は、神武天皇による橿原宮遷都の推定年より二六〇〇年を数えるとされる一九四〇年の記念行事とも関連し、一九三九年に開始する日本の中国侵攻の代名詞となった。橿原神宮は、毎月一日、一一日と二一日に神武天皇の八紘一宇の精神のもとに「八紘祭」を実施することを宣言した。これは「聖戦」への大衆からの支持を得ることも目的としていた。一九三八年一一月までに、近衛内閣総理大臣は、日本、満州、中国を統一し、「大東亜」の新秩序を設け、世界平和を確立するという意味で「八紘一宇」という表現を使い始めた。

一方、宮崎県では県内で予定していた二六〇〇年祭にあたり三六メートルにもなる「八紘一宇の塔」の建立を進めていた。宮崎は神武天皇一行が橿原にたどり着いた旅の始まりの地とされていた。

この塔の鋸歯状の外形は、神道儀礼の供物である御幣に見立ててデザインされた。この塔は、一九一三年に公開されたヨーロッパ最大の記念碑とされるライプツィッヒの「諸国民戦争記念碑」をモデルにしていた。塔の基礎には、福井県神社庁、農業・漁業組合、一般企業など、国内外の日本人団体から寄付された礎石が使われた。満州と中国の六〇の軍需企業からも礎石が寄付され、さらには、北米・中南米在住の日系人からも礎石が寄せられた。このように世界各地から集まった礎石を用いて建立されたこの塔は、まさに「八紘一宇」の理念を体現していた。

一九四〇年の塔の完成までに、合計六七万円の資金が投入された。塔の四角に漁業、農業、商工業、戦争を司る神の像が配置された。基部には内部室が設けられ、その青銅製の扉には、宮崎から出航する神武天皇の一行を描いた彫刻が施された。国を挙げた神武天皇即位紀元二六〇〇年記念行事の効果もあり、八紘一宇の塔は記念紙幣や郵便切手等のデザインにも使用され、日本全国で知られるようになった。

一九四六年一月、総司令部は「八紘一宇」の文字と戦争の神の像の撤去を命じた。しかし宮崎県の職員はこの命令に応じず、これらを宮崎神宮に隠した。この地はその後、一九五七年に平和台公園と名付けられ、八紘一宇の文字と戦争の神の像は一九六五年に元に戻された。後に、宮崎市では、八紘一宇の塔の歴史を学び、その保存を考える市民団体が結成された。この塔の辿った数奇な歴史は、総司令部と日本の宗教文化との交流の遺産と、今なお日本国民を駆り立ててやまない政教分離と信教の自由の意味を模索するディベートの軌跡を表していると言えよう。

参考文献

井門富二夫（一九九三）『占領と日本宗教』未来社
島薗進（二〇一〇）『国家神道と日本人』岩波書店
チャールズ・L・ケーディス文書、マイクロフィルム、ハーバード大学図書館
日本占領関係資料　国立国会図書館デジタルコレクション
（https://rnavi.ndl.go.jp/kensei/entry/senryodigi-list.php）
日本外務省特別資料部（一九八九）『日本占領重要文書』日本図書センター
村上重良（一九七七）『天皇の祭祀』岩波新書
――――（一九八六）『天皇制国家と宗教』日本評論社
H・N・マックファーランド（一九六九）『神々のラッシュアワー――日本の新宗教運動』内藤豊、杉本武之 訳、社会思想社
Thomas, Jolyon Baraka（2019）*Faking Liberties: Religious Freedom in American-Occupied Japan*, University of Chicago Press.
Woodward, William P.（1972）*The Allied Occupation of Japan, 1945-1952 and Japanese Religions*, Brill.

コラム① 国旗・国歌

辻田真佐憲

国旗・国歌は、国民国家のシンボルである。したがってその成立は、原則として近代以降に求められなければならない。日本の日の丸・君が代は近世以前の旗章や和歌に由来するものの、その位置づけはやはり幕末・明治で大きく変化した。以下では、このような断絶にも注目しながら、日本における国旗・国歌の歴史を振り返りたい。

一 国旗の成立――武士の旗章から日本の旗章へ

まず、国旗の歴史よりみてみよう。

日の丸の由来は定かではないので、幕末の一八五四（安政元）年から入るとよいだろう。この年の七月一一日、江戸幕府は「白地日ノ丸幟」を「日本総船印」に定めた。日本の大型船を外国のそれから区別せんがためだった。さらに一八五九（安政六）年一月二〇日、幕府は念を押すように日の丸を「御国総標」にも定めた。

それ以前に、日の丸の用例がなかったわけではない。中世には武士たちの旗章として使われていたし、江戸時代には御城米船（幕府領の年貢米を輸送する船）の印として使われていた。それが、幕末にいたって、日本の国籍を示す旗へと変貌を遂げたのである。

そして明治新政府も幕府の決定を引き継ぎ、太政官布告で日の丸を商船用国旗と海軍用国旗に定めた。一八七〇（明治三）年一月二七日の「郵船商船規則」と、同年一〇月三日の「海軍御旗章国旗章並諸旗章」がそれだった。

なお、同年には陸軍用国旗も定められたが、こちらは一六条の光線を発する旭日旗だった。海軍用国旗も一八八九（明治二二）年に改訂され、同じく旭日旗となった。後者は軍艦旗とも呼ばれ、今日、海上自衛隊で自衛艦旗として継承されている。

単純明快な日の丸は、すぐにさまざまな式典などで用いられるようになった。ただ、縦横比や丸の大きさなど、細部のデザインはまちまちだった。

二　国歌の成立――お祝いの歌から天皇讃歌へ

つぎに、国歌の歴史をみてみよう。

君が代は、一〇世紀初頭に紀貫之らによって編纂された勅撰和歌集『古今和歌集』巻七の「賀歌」に初出するといわれる。ただし、各種の写本と現行の歌詞は微妙に異なっている。

君が代は、『古今和歌集』に「題しらず」「読人しらず」で掲載されており、「君」が誰なのかわからない。ただそのぶん使い勝手がよく、君が代は古くから健康長寿などを祝う歌として、幅広く普及した。

君が代に転機が訪れたのは、やはり近代だった。西洋式の外交儀礼では、互いの国歌を演奏しなければならない。そのため明治新政府は、国歌を急遽用意する必要に迫られた。そこで、君が代を天皇讃歌と解釈して（つまり君＝天皇と解釈して）、国歌候補のひとつとしたのである。

君が代の作曲は、一八六九（明治二）年ごろ、ジョン・ウィリアム・フェントン（一八三一～一八九〇）に依頼された。かれは、横浜に駐留するイギリス軍部隊の軍楽隊長で、当時の日本で洋楽を満足に作曲できる、数少ない人物のひとりだった。

ただ、このフェントン作曲の君が代は歌いにくかった。やはり日本語には日本風の曲でなければ。そんな声を受けて、海軍省と宮内省の主導で、新しい曲が作られた。それが、雅楽師の奥好義（一八五八～一九三三）が作曲し（林広季も関わっていたとの説もある。表向きは一等伶人・林広守の作曲とされた）、ドイツ人御雇教師フランツ・エッケルト（一八五二～一九一六）が編曲した、現行の君が代だった。この和洋折衷の君が代は、一八八〇（明治一三）年一一月三日の天長節で披露された。

この時点でも、君が代は法令などで国歌と定められておらず、文部省や陸軍省でも国歌作成の動きがあった。ただ、結局どの試みも成功せず、君が代が事実上の国歌として定着していった。

なお、君が代も歌い方や演奏速度の面で様式がバラバラだったが、楽譜の整備やレコード、ラジオの普及などにより、昭和戦前期までにおおよその統一が行なわれた。

三　戦後の国旗国歌問題――文部省対日教組

とにもかくにも、日の丸・君が代は帝国日本のシンボルとなり、アジア太平洋戦争下には「大東亜共栄圏」の隅々にまで広く行き渡った。では、一九四五（昭和二〇）年の敗戦後、その扱いはいかに変化したのだろうか。

意外にもGHQは、旧敵国のシンボルに寛容だった。日の丸掲揚は許可制だったが、ほとんどの場合却下されず、一九四九（昭和二四）年一月に早くも完全自由化された。君が代斉唱にいたっては、とくになんの制限もされなかった（ただし沖縄は例外で、国旗掲揚・国歌斉唱は厳しい制限下に置かれた）。

今日も余燼が燻る国旗国歌問題は、むしろ国内より発生した。その狼煙を上げたのが、第三次吉田茂内閣の天野貞祐（一八八四〜一九八〇）文相だった。天野は一九五〇（昭和二五）年一〇月、学校行事などで国旗掲揚・国歌斉唱を実施することが望ましいとの談話を発表し、日本教職員組合（日教組、一九四七年結成）などの猛反発を招いたのである。ここに、学校現場での日の丸・君が代の扱いをめぐって、「推進派」の保守派・文部省と、「反対派」の革新派・日教組が対立するという、基本的な枠組みができあがった。

戦後の文部省は、自民党の文教族などと連携しながら、国旗国歌擁護の最前線に立った。勤務評定や学力テストの実施など矢継ぎ早に手を打って、日教組の勢力を削ぐとともに、段階的に「学習指導要領」を改めるなどして、公立小中高校の入学式・卒業式における国旗掲揚と国歌斉唱の実施率を高めていった。その過程で個々の教職員たちの抵抗（起立しない、歌わないなど）も試みられたが、文部省の組織的な攻勢に比べれば「ゲリラ」的で、散発的な印象をまぬかれなかった。

そもそも、世論は日の丸・君が代に概して肯定的だった。一九六一年一一月に内閣官房広報室が満二〇歳以上の男女一万人を対象にして行なった「公式制度に関する世論調査」をみても、日の丸を国旗でよいとする回答は全体の九二％、君が代を国歌でよいとする回答は同じく七九％に達している。進んで国旗・国歌を称賛しないが、訊かれれば否定もしない。そんな「消極的な肯定」が大勢だった。この点で、日教組の側は端から劣勢だった。

そして一九九九（平成一一）年八月、広島県立高校校長の自殺事件をきっかけに「国旗国歌法」が電撃的に公布・施行され、日の丸・君が代が法的にも日本の国旗・国歌として再確認された（このとき、ようやく日の丸のデザインも統一された）。

このようなこともあり、公立学校における国旗掲揚・国歌斉唱の実施率は上昇し続け、二〇〇〇年代前半にほぼ一〇〇％に達した。これにたいして日教組は、三割を下回る組織率の低下に喘ぐまでに弱体化した。国旗国歌問題は、ついに文部省（二〇〇一年より文科省）側の勝利で事実上の決着をみたのだった。

四　国旗国歌問題にも新しい枠組みを

二〇一〇年代に入っても、大阪府市で「国旗国歌条例」が定められ、また一部の国立大学でも文科相の要請を受けて国旗掲揚・国歌斉唱が行われるなど（大学側は因果関係を否定しているが）、いまだに国旗国歌問題は燻っている。今後、私立学校などにも同じような要請が行われるかもしれない。

かかる今日、われわれは何をなすべきだろうか。それは、「日の丸・君が代を支持すれば右、しなければ左」のごとき、戦後的な対立図式から自由になることではないだろうか。時代は移り、国旗国歌問題も新しい枠組みを求めている。たとえば、日の丸・君が代を国旗・国歌と認めたうえで、いかに無理なく管理していくか。このような運用論的な視点も今後は必要になってくるように思われる。国威発揚的なムードが高まる今、ぜひとも考えておかなければならない。

第三章　戦後政治と宗教

中野毅

一　はじめに——二つの戦後

　第二次世界大戦・太平洋戦争が終わった戦後日本において、宗教（団体）は日本国家や政治とどのような関係を構築し、いかなる政治活動を展開したのかというのが、本章のテーマである。年代的には主として一九四五年から一九七〇年代が対象である。だが、その「戦後」とはいつからなのであろうか。

　一九四五年六月二三日未明、沖縄守備軍の司令官・牛島満陸軍中将ほか軍首脳が自決し、同年三月二六日の慶良間諸島への米軍上陸に始まった沖縄戦は終わった。七月二日に米軍は沖縄占領を正式に宣言、それはアメリカが沖縄を統治する「戦後」が本格的にスタートしたことを意味する。沖縄戦の終了は、日本の組織的な軍事的抵抗の終りでもあった。米軍は軍事基地化した沖縄から日本本土への侵攻を準備し、本土の主要都市に凄まじい空襲や艦砲射撃、広島・長崎への原爆投下を行った。制空権・制海権を奪われた日本軍の抵抗は無力であり、ついに日本は連合国による「ポツダム宣言」受諾を決意する。

　その受諾決定は八月一〇日未明における御前会議での昭和天皇の「聖断」によるものだったが、一二日未明に届いた連合国からの返答で、日本が要求した天皇の国家統治大権の存続などは認められなかったため、政府と軍部が対立し正式受諾は延期された。八月一四日午前一〇時、天皇は最高戦争指導会議を招集し、再度の「聖断」によってポツダム宣言の無条件受諾を最終的に決定した。翌一五日正午に天皇による「終戦の詔書」の録音がラジオ放送され、国民に告知された。いわゆる玉音放送である。

　しかし玉音放送があった一五日以降にも戦闘は各地で続いており、八月一六日にはソ連軍が南樺太に進撃し、九月五日には千島の北方四島を占領した。八月三〇日に、連合国最高司令官に任命されたダグラス・マッカーサーが厚木飛行場に降り立ち、日本と連合国との「降伏文書調印式」が一九四五年九月二日、東京湾上の戦艦ミズーリ号にて行われた。ただし、この調印式はあくまで日本本土に関係したものであり、北緯三〇度以南のトカラ・奄美群島を含む南西諸島の調印式は、九月七日、沖縄嘉手納の米第一〇軍司令部にて行われた。

八月一五日をわれわれは「終戦の日」と思っているが、その法的根拠が確定したのは、戦後一八年も経過した一九六三年五月一四日に第二次池田勇人内閣が閣議決定した「全国戦没者追悼式実施要項」である。一九五二年四月二八日に講和条約が発効して占領が終了する前後から、メディアが先導する形で「八・一五終戦記念日特集」が組まれて国民に浸透していき、一九五五年に終戦一〇周年記念として八月一五日が大々的に祝賀されるなど、「八・一五終戦神話」が次第に形成された結果、定められたのである（佐藤、二〇〇五）。

したがって「戦後」とは、国際法上は日本本土では一九四五年九月二日以降であり、南西諸島全体では同年九月七日以降である。沖縄本島では米軍による直接軍政が開始された同年七月二日以降となる。われわれは南西諸島も「日本」に含める視野を持つべきであり、「戦後」は少なくとも二つある。それは単に降伏の日時の問題ではなく、宗教とも関係する二つの戦後世界が存在したということである。南西諸島の戦後世界と、本土の戦後世界である。南西諸島については別稿を参照していただき（中野、二〇一四）、以下、本土の戦後世界について論じる。

二　戦後体制と「公式の戦後世界」

人権指令、神道指令と日本国憲法

日本本土の占領統治は一九四五年九月に始まった。南西諸島の占領統治が直接統治（いわゆる軍政）と言われるのと異なり、本土は日本政府を存続させたまま、連合軍総司令部（以下ＧＨＱと略記）が「覚書」（Memorandum）と称する命令をだし、その実施は日本政府にやらせるという間接統治方式がとられた。ＧＨＱは様々な命令を次々と打ち出して、日本の政治経済社会文化の全面的な改革を進めていった。

国家・政治と宗教との関係で重要な命令は、まず同年一〇月四日の「政治的、公民的及び宗教的自由に対する制限の除去に関する覚書」、いわゆる「人権指令」である。そこでは、日本国民の政治的、市民的、宗教的自由に関連する制限を除去するため、「治安維持法」や「宗教団体法」、その他の制限法規を直ちに撤廃し、思想犯政治犯などを釈放し、秘密警察や内務省などの超国家主義を推進・助長した諸団体の解散と人物を公職追放することなどが命じられた。

しかし、ポツダム宣言や人権指令では「信教の自由」の実現、国家神道の廃止などへの言及はあるものの、「国家と宗教の分離」「政教分離の原則」については触れられていなかった。それらを明確かつ衝撃的に命じたのが、同年一二月一五日に発令された「国家神道、神社神道に対する政府の保証、支援、保全、監督並びに弘布の廃止に関する覚書」、いわゆる「神道指令」である。神道指令の目的は、宗教を国家から分離し、宗教の政治的目的への悪用を防止し、すべての宗教を同じ法的基礎の上におくこと、また、神道を含む、すべての宗教の信奉者が、政府と特別の関係を持ち、軍国主義的、超国家主義的イデオロギーの宣伝宣布を行うことを禁止することにあった。

人権指令および神道指令、その方針を活かした日本国憲法の制定（一九四六年一一月三日公布、翌年五月三日施行）によって、戦後日本社会は戦前の天皇制国家神道体制、軍国主義体制を廃し、個人の人権尊重、自由と平等を基本的価値として、議会制民主主義の確立、政党政治の復活、軍隊と交戦権をもたない平和主義国家として出発した。天皇制は維持されたが、公的な宗教性と政治的権限は消失し、君臨しても統治しない「国民統合の象徴」とされた。神社神道は諸特権を剥奪され、他の宗教と等しい一宗教となった。政教分離の原則が徹底され、国は一切の宗教教育・宗教的行為を禁止され、「信教の自由」が大幅に保障された。

この体制を筆者は「形式的な公式の戦後世界」と呼ぶ（中野、二〇〇三、第三章）。「公式」であるのは憲法など諸法規で定められたからであり、「形式的」とはこの体制を支える社会構造が十分に発達したとは言い難く、背後で戦前の体制を復活しようとする守旧勢力がまだ多く存続していたからである。しかしながら、この新しい社会体制によって、個人や集団の自由が大幅に保障され、宗教的信念や理念に基づく社会活動や政治活動を展開する可能性が大きく開かれたことは事実であった。

人間宣言と教育基本法の制定

戦後の公式な日本国家は、宗教性・神聖性を消失した象徴天皇制による世俗国家として出発したが、その過程における重要な出来事は、一九四六（昭和二一）年一月一日に発布された昭和天皇の通称「新日本建設に関する詔書」、いわゆる「人間宣言」と、「教育勅語」の廃止および「教育基本法」の制定である。

ＧＨＱは「神道指令」によって天皇及び国家と神道との関係を分離し、天皇を他国の元首より秀でた存在とするような思想の宣布を禁じたが、天皇が行う神道的宮中祭祀は私的な事柄として認める一方、天皇自身の神格性を自ら否定するよう期待した。その期待に応える形で出されたのが「人間宣言」である。この詔書自体は、日本の民主主義は「五箇条の御誓文」以来あったことを示して国民の自信を取り戻したいという目的で作成されたため、現人神とか日本民族の優越性など架空の神話を否定して、天皇と国民は相互信頼と敬愛に依って結ばれると述べた「人間宣言」の部分は最終段落の数行のみであった。従って当時、日本国内ではあまり大きな関心を呼ばなかったが、国外においては神格の否定として歓迎され、天皇の戦争責任への訴追や退位論への歯止めになった。

戦前、天皇の神格化を決定づけたのは一八八九（明治二二）年二月一一日公布の「大日本帝国憲法」と翌年一〇月三〇日付けで発布された「教育勅語」である。ＧＨＱは教育勅語自体が神聖視され、天皇神格化の一大要因となっている点を問題視した。それを受け、文部省は一九四六年一〇月の事務次官通牒などで、教育勅語を神格化して教育の根本規範とみなすことを禁止し、教育現場での奉読も廃止した。その後、基本的人権の尊重と民主主義を基調とした日本国憲法の施行を前に、その精神を踏まえた（旧）教育基本法が一九四七年三月三一日公布・施行された。

日本国憲法では「信教の自由」と「政教分離の原則」を定めた第二〇条で、宗教は尊重されるべきものであるが、国および国立の機関は宗教教育その他いかなる宗教的活動もしてはならないと定めた。それを受けて教育基本法も、国公立の学校での特定の宗教のための宗教教育（宗派教育）、その他宗教的活動をしてはならないと定めた。また公私立ともに、「信教の自由」「宗教的中立性」「諸宗教への寛容の精神」を保ちつつ、多様な宗教についての基礎知識を「宗教的情操教育」として教授できることとしている。現行法は二〇〇六年一二月に改正施行されたが、宗教教育に関する文言は現在でも同じである。

このような「公式の戦後世界」が、占領統治下で形成されてきた。しかし、その背後で、日本の旧支配層による戦前戦中体制を維持または復活しようとする動きが常にあったことを忘れてはならない。こうした守旧派が主張する体制を、ここでは「非公式な戦後世界」とする。日本の戦後史は、宗教史も含め、公式の戦後世界と非公式のそれとのせめぎ合いの歴史であり、戦後しばらくは前者が優勢であったが次第に後者が復活台頭してきた。この「非公式世界の顕在化過程」については、第三節で論じる。

活発な政治参加

「公式の戦後世界」のもとで、自由と民主主義を象徴するかのように、宗教者による政治参加が活発になった。表1は戦後初の第二二回衆議院議員総選挙（以下 衆院選とも略記）（一九四六年四月一〇日）当選者中の宗教関係者である。この選挙は婦人参政権が認められ、満二〇歳以上の男女による初の普通選挙であった。この画期的な普通選挙は、ＧＨＱの「日本民主化」政策の方針によるものであり、多くの国民に歓迎された。

この選挙の特徴は新人が多く当選したこと、三九名もの女性議員が誕生したこと、また戦時中に抑圧されていた共産党員やキリスト者、新宗教関係者、また仏教僧侶が多数当選したことである。新宗教では天理教や大本教、黒住教などが積極的に参加した。

新憲法下で設置された「参議院」の第一回通常選挙（以下 参院選とも略記）は、一九四七年四月二〇日に行われたが、ここでも新宗教を含む多くの宗教系議員が誕生した。この時の全国区候補者における宗教関係者は表2の通りである。

表1　第22回衆議院議員選挙当選者（1946年4月10日）

海野三朗	浄土真宗本願寺派明善寺住職	社会党
井上徳命	浄土真宗本願寺派西照寺住職	協同党
花月純誠	浄土真宗本願寺派西来寺住職	自由党
田中松月	浄土真宗本願寺派基幹運動推進本部顧問	社会党
高津正道	浄土真宗本願寺派南光寺住職	社会党
林田哲雄	真宗大谷派明勝寺住職	社会党
稲葉道意	真宗大谷派信願寺住職	自由党
左藤義詮	真宗大谷派浄雲寺住職	自由党
松永佛骨	真宗佛光寺派徳林寺住職	自由党
広川弘禅	曹洞宗龍澤寺ほか住職	自由党
小池政恩	日蓮宗本山妙法華寺貫首	自由党
中野寅吉	元小樽日報記者　天台宗法用寺住職	自由党
米山ヒサ	曹洞宗　全日本仏教婦人連盟理事	社会党
綿貫佐民	金屋神明宮宮司	自由党
井伊誠一	日本基督教団新発田教会執事	社会党
片山　哲	キリスト教社会主義者　弁護士	社会党
星島二郎	ユニテリアン　東大YMCA活動家	自由党
杉本勝次	西南学園理事長	社会党
鈴木義男	東北学院理事長	社会党
榊原千代	フェリス学院理事長	社会党
長谷川保	聖隷学園理事長	社会党
北村徳太郎	明治学院理事長・東京神学大学理事長	進歩党
松沢兼人	八代学院大学学長	社会党
森戸辰男	キリスト教社会主義者	社会党
松岡駒吉	キリスト教社会主義者	社会党
柏原義則	天理教名東大教会長	自由党
東井三代次	天理よろづ相談所理事長　天理女子学院校長	自由党
大石ヨシエ	元大本奉天支部職員	社会党
若林義孝	黒住教総務	自由党
斉藤てい	霊能力者	進歩党

きしもと（2019）などをもとに筆者作成

表2　第1回参議院選挙宗教関係候補者（1947年4月20日）

氏名	職業	党派	当落
山下義信	浄土真宗本願寺派僧侶	無（社会党）	当（六年議員）
赤松常子	全日本仏教連盟常務理事・真宗本願寺派	社会党	当（六年議員）
梅原真隆	浄土真宗本願寺派僧侶	無（緑風会）	当（六年議員）
佐藤義詮	真宗大谷派僧侶	自由党	当（六年議員）
佐藤尚武	伊勢神宮奉賛会会長・全国神社総代会会長	無（緑風会）	当（六年議員）
小泉秀吉	日本基督教団長老	社会党	当（六年議員）
高良とみ	日本友和会書記長	民主党	当（六年議員）
堀越儀郎	天理教表統領代行	無	当（六年議員）
柏木庫治	天理教東中央分教会長	無	当（六年議員）
西田天香	一灯園教主	無	当（六年議員）
矢野酉雄	生長の家教育部長	無	当（三年議員）
草場龍圓	真宗大谷派僧侶	自由党	当（三年議員）
小野光洋	日蓮宗僧侶	自由党	当（三年議員）
来馬琢道	曹洞宗宗務総長・僧侶	無	当（三年議員）
阿部義宗	日本基督教団正教師	社会党	落
小笠原日堂	日蓮宗僧侶	無	落
鮫島盛雄	牧師	無	落
桑原正枝	宗教家	無	落
高橋重治	扶桑教教師	無	落

僧侶参政権運動

敗戦直後のこの時期に、伝統仏教系、特に真宗系の僧侶議員が多数誕生したことは注目すべきである。その背景には、僧侶の被選挙権を求める長い運動の歴史があった。一八八九（明治二二）年に大日本帝国憲法が制定公布され、同時に衆議院議員選挙法も公布されて、明治国家は議会制民主主義へと一歩踏み出した。しかし、衆議院議員選挙法第一二条には「神官及諸宗ノ僧侶又ハ教師ハ被選人タルヲ得ス」と定められ、神官や教師は公務員扱いであったので当然であったが、国家との関係がない仏教僧侶も被選挙権を剥奪されたのである。これは公民権の否定であるとして、僧侶の被選挙権を認めよとの僧侶参政権運動が本願寺派を中心に広く展開し、国会において訴えるために還俗僧侶や門徒を政界に送り込んでいった。

この僧侶参政権運動は、選挙人の納税条件撤廃を求める普選運動とも連携しつつ進められ、一九二二（大正一一）年二月には各宗僧侶信徒三五万人の署名請願書を議会へ提出し、衆議院でも真宗大谷派系門徒の安藤正純が帝国議会で演説するなど、精力的に展開された。その結果、一九二五年、満二五歳以上の男子すべてに選挙権を与える普通選挙法によって、神官、神職、僧侶その他諸宗教師、小学校教員に関する被選挙権の制限が撤廃された。しかしその後の日本は戦争へと向かい、大政翼賛体制となって通常の選挙が実施されることはなく、敗戦によってGHQ指導の下に行われた第二二回選挙で、やっと「僧侶議員」が誕生することになった。なお、安藤正純は、戦時中の大政翼賛には抵抗したが、公職追放となり、一九五二年に国政復帰する。第五次吉田内閣で国務大臣になるなど、戦後も大きな影響力をもった人物である。

宗教政党・仏教政党への模索

戦前から日蓮主義と社会主義を結びつけた運動家として有名な妹尾義郎は、戦後も仏教改革運動や仏教社会主義運動に関与したが、この妹尾義郎も一九四八年頃から「仏教政党」の結成を標榜して動いていたという（大谷栄一、二〇一九、終章）。森戸辰男の紹介で社会党には入党するが、やがて失望し、一九五〇年一月に「仏教社会党」の結成について衆議院議員・山下義信（本願寺派僧侶議員）を訪れて相談していた。

この一九四八年は、妹尾以外にも宗教政党の結成への動きが幾つも現れた年であった。アメリカ国立公文書館での調査によって、この年に宗教的理念に基づく二つの政党（政治結社）が結成されていたことが判明した。その一つは五月三日付けで結成宣言をした「日蓮党」であり、他は一一月に設立大会を行った「第三文明党」である。

日蓮党については全く知られていなかったが、図1のような結党宣言が見つかった（NARA SCAP Record. UD1697, Box 5819, Folder 42: Nichiren Buddhism Organizations）。この宣言文を記した新妻清一郎は戦前の東京市会議員選挙に社会民衆党や無産党から立候補し、戦後も第二三回衆院選に立候補（諸派・落選）した政治運動家である。興味深いのは、日蓮主義を日本文化の真髄と主張し、それによって人間革命、日本の民主化、世界平和を達成しうる真理の最高峰である等と主張している点である。日蓮主義者、広くは日蓮宗諸派も戦前から政治への関心が高く、それは「立正安国」という日蓮の思想に由来するが、その傾向は戦後にも継続していたことが分かる。

また「人間革命」という用語は、東京大学総長の南原繁によって「人間の革命―わが国民の精神革命―」

が戦後日本の政治的社会的革命と並んで必要であると述べたラジオ放送（「学生に興ふる言葉」一九四六年一月一日）などで語られ、それに刺激された当時の知識人やメディアがこぞって主張していた（伊藤、二〇二〇）。南原は言外にキリスト教信仰と結びつけて語ったが、人間革命を日蓮信仰と結びつけて主張したのが新妻清一郎であり、後に戸田城聖と創価学会によってさらに展開していくことになる。

日蓮党が個人による小規模な宗教的政治結社だとすると、やや規模の大きい宗教政党も同年に誕生した。それが「第三文明党」である。一九四八年一一月一九日、伝統仏教の主要一一宗派の京都寺院、神社本庁、金光教泉尾教会、一灯園、一体生活社等が発起人となって、京都の浄土宗総本山知恩院山内華頂会館にて設立大会が行われた。占領下でもあり、ＧＨＱのバンス宗教課長にも招待状が送られていた。

設立大会で採択された「第三文明党宣言」によると、「既成の資本主義・社会主義乃至共産主義的政党の何れにも非ず、（中略）彼我一如・物心一如の生活圏の拡大を通じての新社会建設を」などと強調しており、当時飛躍的に影響力を増してきた共産党、社会党などの左派勢力、またそれらと連携した仏教社会主義運動への対抗と、天理教など新宗教の政界進出への対抗として、伝統宗教諸派が立ち上げたと考えられる。しかし、その後の国政選挙などに統一候補を立てることもなく、目立った実績もなく消滅してしまった。

いずれの試みも結局は頓挫し、本格的な宗教政党の誕生は一九六四年の公明党の結成まで待たなければならなかった。

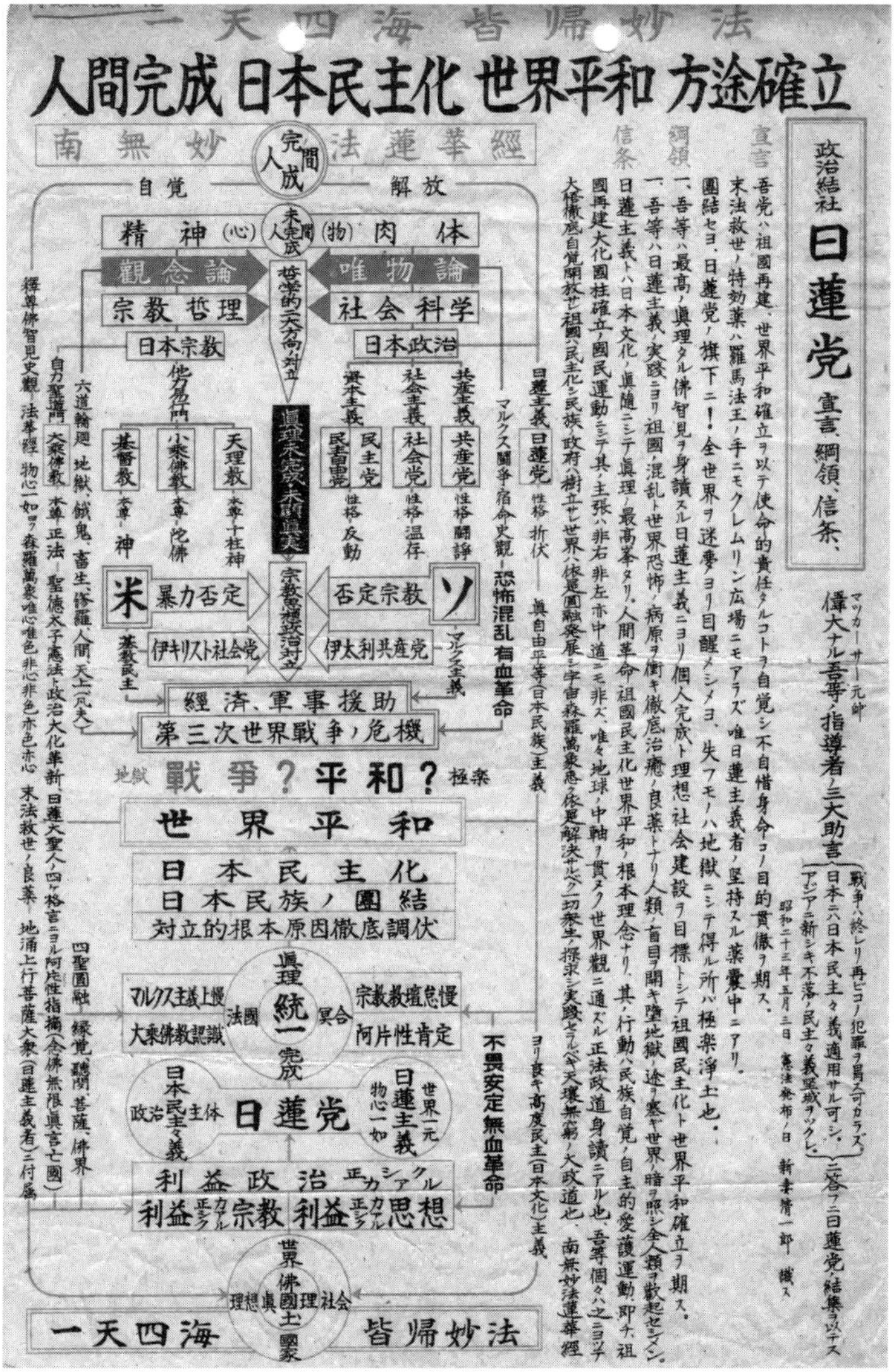
一天四海皆帰妙法
人間完成 日本民主化 世界平和 方途確立
政治結社 日蓮党 宣言、綱領、信条、
宣言
吾党ハ祖國再建、世界平和確立ヲ以テ使命的責任タルコトヲ自覚シ不自惜身命コノ目的貫徹ヲ期ス。
末法救世ノ特効薬ハ羅馬法王ノ手ニモクレムリン広場ニモアラズ、唯日蓮主義者ノ堅持スル薬嚢中ニアリ。
團結セヨ、日蓮党ノ旗下ニ！全世界ヲ迷夢ヨリ目醒メシメヨ、失フモノハ地獄ニシテ得ル所ハ極楽浄土也。
綱領
一、吾等ハ最高ノ真理タル佛智見ヲ身讀スル日蓮主義ニヨリ個人完成ト理想社会建設ヲ目標トシテ祖國民主化ト世界平和確立ヲ期ス。
一、吾等ハ日蓮主義ノ実践ニヨリ祖國ノ混乱ト世界恐怖ノ病原ヲ衝キ徹底治癒ノ良薬トナリ人類ノ盲目ヲ開キ堕地獄ノ途ヲ塞ギ世界ノ暗ヲ照シ全人類ヲ歓起セシメン。
信条
日蓮主義トハ日本文化ノ真髄ニシテ真理ノ最高峯タリ。人間革命祖國民主化世界平和ノ根本理念ナリ。其ノ行動ハ民族自覚ノ自主的愛護運動、即チ祖國再建大化國柱確立ノ國民運動ニシテ其ノ主張ハ非右非左亦中道ニモ非ズ、唯々地球ノ中軸ヲ貫ヌク世界観ニ通ズル正法政道身讀ニアル也、吾等個々ハ之ニヨッテ大悟徹底自覚開教セシ祖國ハ民主化シ民族ハ政府ハ樹立サレ世界ハ依是國融発展シ宇宙森羅萬象悉ク依是解決サルベク一切衆生ノ採求シ実践セラルベキ天壌無窮ノ大政道也、南無妙法蓮華經
マッカーサー元帥
偉大ナル吾等ノ指導者ノ三大助言
戦争ハ終レリ再ビコノ犯罪ヲ冒ス可カラズ。
日本ニハ日本民主々義適用サル可シ。
アジアニ新シキ不落ノ民主々義堅城ヲツクレ。
ニ答ヘ日蓮党ノ結集ヲ以テス
昭和二十三年五月三日 憲法発布ノ日 新妻清一郎 識ス
南無妙法蓮華經
人間完成
自覚 解放
精神(心) 未完成人間 (物)肉体
観念論 唯物論
宗教哲理 社会科学
哲学的二大方向対立
日本宗教 日本政治
天理教 小乗佛教 基督教
共産党 社会党 民主党 民自党
真理未完成・未顕真実
米 暴力否定 否定宗教 ソ
伊キリスト社会党 伊太利共産党
経済、軍事援助
第三次世界戦争ノ危機
地獄 戦争？平和？ 極楽
世界平和
日本民主化
日本民族ノ團結
対立的根本原因徹底調伏
マルクス主義上慢 宗教教壇怠慢
大乗佛教認識 阿片性肯定
真理 統一 完成
法國 冥合
日本民主々義 政治主体
日蓮党
日蓮主義 世界一元 物心一如
不異安定無血革命
恐怖混乱有血革命
利益政治 正シカルベシ
利益正シカルベシ宗教 利益正シカルベシ思想
世界佛國土 理想真理社会國家
一天四海 皆帰妙法
図1　日蓮党宣言

三　保守政治と宗教――「非公式な戦後世界」の顕在化

敗戦によって天皇制国家時代は終わりを告げ、ＧＨＱによる民主化・自由主義化政策が急速に進展する中で、国民の多くはそれらを謳歌していった。しかし水面下では、戦前の日本を復活させようとする動きも当初から進んでいた。

日本宗教連盟の結成

敗戦調印式の直後ともいえる一九四五年九月一九日、文部省が神仏基公認五三派の管長を招集し、敗戦後の国民精神高揚のための協力を要請した。戦前戦中と同じ感覚で国家が宗教界を管理・活用しようとしたのだが、それは国の側だけでなく、宗教界も同じ意識を引きずっていた。その掛け声に応えるかのように、戦前、宗教団体法によって統廃合された宗教教団を戦時動員する組織であった「大日本戦時宗教報国会」が、その復活再編への動きをいち早く開始した。

大日本戦時宗教報国会は、宗教団体法（一九四〇年四月一日施行）によって神仏基四三団体に整理統合した宗教団体を、国家総動員法のもとで戦時体制遂行に当たらせるための組織である。文部省は神道教派連合会や大日本仏教会、日本基督教連合会など神仏基各連合機関を整理強化し、三教間の連携を緊密にして、宗教的立場から大東亜共栄圏構想を宣揚するために、それらを再編統合した財団法人大日本戦時宗教報国会を一九四四年九月に発足させた。設立の趣旨は「神、仏、基、三宗派の全教団が一致協力のもと、文部省と表裏一体となり宗教報国に邁進する」とされ、事務局は文部省内に置かれた。会長に二宮重治（文部大臣）、副会長に文部次官や前述の衆議院議員・安藤正純などが配置され、組織は総務・神道・仏教・基督教の四局体制で、総務局長には文部省教学局宗教課長の吉田孝一が就任するなど、まさに政府と一体となった戦争遂行組織であった（大澤、二〇一五、第一章）。

戦後、宗教団体法は廃止され、「届出制」によって自由に法人設立ができる「宗教法人令」が一九四五年一二月二八日に公布された。この一連の流れのなかで大日本戦時宗教報国会は存在意義を喪失したはずであった。しかし、一〇月二一日には財団法人日本宗教会と名称変更して法人を継承し、事務所は築地本願寺に移転して再出発する体制を整えた。会長には文部大臣が就任予定となり、理事長・安藤正純、常任理事・吉田孝一他一五名を置いて国と緊密な体制を維持しようとした。政府・文部省は戦後も宗教界を管理し、戦後復興に動員しようとしたのである。

しかし、同年一二月に出された「神道指令」と翌年の日本国憲法で政教分離の方針が示され、政府が宗教を直接管轄・統制することは禁じられた。日本宗教会はさらなる改変を余儀なくされ、一九四六年六月二日に財団法人日本宗教連盟と改称し、表面上は文部省の影響から脱して宗教界による自主自立の組織となった。また同年二月三日に全国の主要な神社を傘下に収めて宗教法人として出発した神社本庁も加盟することになり、日本の主要な神仏基各宗教連合体を網羅する一大組織となった。

理事長には真宗大谷派系の元衆議院議員で当時公職追放中の安藤正純が、常務理事には文部省宗教課長を終えた吉田孝一が、理事には神道教派連合会、仏教連合会、日本キリスト教連合会、神社本庁の重鎮が就任し、学識経験者枠で元文部省宗教局長の下村寿一が就いた。下村は、後に宗教法人法のもとで設置された宗教法人審議会の会長も務めている。つまり日本宗教界の自主自立組織として再出発したはずの日本宗教連盟は、文部省の現職者に代わり元官僚が、そして戦前から宗教界を代表する政治家として大きな影響力を保持し、宗教団体法の制定にも関与した真宗大谷派系の人物が中枢をしめ、間接的にではあるが日本国家と緊密な関係を期待し続けた。

なお同連盟のその後の注目すべき活動は、一九四七年五月に全日本宗教平和会議を開催し、軍国主義を阻止できなかったことを懺悔し、平和運動を推進する宣言をしたことであり、この延長に一九七〇年には世界宗教者平和会議（ＷＣＲＰ）の創設にも積極的に関与した。またその間の一九五二年には、新宗教系の連合体「新日本宗教団体連合会」（以下　新宗連とも略記）も加盟している。

神社本庁の発足

終戦直後の神社界は大混乱に陥っていた。神道は国家から完全に分離され、明治以来の神社制度の解体が次第に明らかとなった。この事態に神社界は強い危機感を抱き、人権指令がでた直後の一九四五年一〇月二五日には皇典講究所、大日本神祇会、神宮奉斎会の三者が集まり、葦津《あしず》珍彦《うづひこ》の「財団法人全国神社連盟」案などを検討したという（藤生、二〇一八、七一～七二頁）。この案は全国の神社を各自独立した団体とみなし、それらが集まって連盟を組織しようとするものであった。他方、大日本神祇会が中心となって「神社教」設立の案も出された。これは仏教教団の管長制をまねたピラミッド型組織をめざし、教義採決権や宮司の任免権も管長が掌握するものであった。最終的には教団ではなく公益法人とすることになり、名称も「神祇本庁」とすることにまとまりかけた矢先、「神道指令」が追い打ちをかけた。

皇祖神である天照大神を祀る伊勢神宮など皇室に関係の深い神社も、宮内庁を含む国の管理から外すことが命じられた。GHQは政教分離の原則から、伊勢神宮を皇室の所管とするなら、皇室の祖廟として皇室のみの祭祀の場とし、一般国民の崇敬や参拝は一切禁止すると主張した。皇室の祖廟とするか、国民の崇敬の対象とするか選択を迫られた神社側は、宮内庁による伊勢神宮の所管をあきらめた。さらに一二月二三日には皇室祭祀令が廃止され、宮中祭祀（皇居の宮中三殿で天皇が行う祭祀。戦前は公務とされた）は皇室の私的な行事とされ、全国の神社で行われる祭儀は皇室と関係ないものとなった。

同年一二月二八日には宗教法人令も公布され、軍国主義的超国家主義的要素を払拭した神社ならば、一般の宗教法人として生き残る道が残された。先の神祇本庁構想は練り直されて宗教法人とすることになり、名称も「神社本庁」に変更された。かくして一九四六年二月三日、宗教法人神社本庁が結成され、統理代理者に熱田神宮宮司の長谷外余男、事務総長には宮川宗徳が就任した。伊勢神宮内宮を本宗と仰ぐ新しい宗教法人が誕生したのである。しかし「本庁」「神祇庁」という名称が示すように、神社は他の諸宗教とは異なる日本固有の、かつ国家と密接に結びついた特別な宗教であるという意識が消え去ることはなかった。

占領終了と神道界の反撃

一九五一（昭和二六）年四月、サンフランシスコ講和会議が始まり、日本は翌五二年四月二八日の講和条約発効をもって連合国による長い占領から解放されることになった。五一年四月三日には「宗教法人法」が公布され、五月三日には創価学会第二代会長に戸田城聖が就任し、活発な布教活動が始まった。八月には「生長の家」教団の谷口雅春が公職追放を解除され、一〇月には新日本宗教団体連合会が結成されるなど、新宗教の動きも活発になってきた。

講和条約が発効した一九五二年、昭和天皇と皇后は戦後初めて伊勢神宮を参拝し（六月三日）、続いて明治神宮（七月三一日）、靖国神社（一〇月一六日）へ参拝した。このような動向を受けて、日本遺族会が「靖国神社国家護持」を決議（同年一〇月）するなど、神道の復権に向けての運動が活発になってくる。そのなかで最も成功した事例として神社界が評価するのは「紀元節復活運動」である。

ＧＨＱは一九四七年一二月、日本政府に祝祭日の改廃を勧告し、国会における審議の末、四八年七月、衆院本会議で祝日法が可決され、①元日（一月一日）、②成人の日（一月一五日）、③春分の日、④天皇誕生日（四月二九日）、⑤憲法記念日（五月三日）、⑥こどもの日（五月五日）、⑦秋分の日、⑧文化の日（一一月三日）、⑨勤労感謝の日（一一月二三日）の祝日が決まった。当初案では、二月一一日を「紀元の日／国始祭」（衆院）、「建国の日」（参院）としていたが、ＧＨＱ宗教課長のバンスは、この日が神話的紀元の日であることと、それを認めると超国家主義的概念を公認し、占領目的全般に背くものと反対し、保留となった。

紀元節の復活をめざす運動は、その直後から動き出した。まずは葦津が主宰する『神社新報』が紀元節復活の論陣をはり、全国の神職たちも精力的にその重要性を説いて回った。しかし、全国的な運動に広げることはできなかった。転機は一九五一年に訪れた。同年三月の国会で吉田茂首相は「いずれの国においても建国記念日を祝することは当然でして、日本としても講和条約ののち紀元節は回復いたしたいものと考えます」と答弁した。この発言で神社界は勢いづき、翌五二年一月には自由党文教部会が「紀元節復活」方針を決定し、五四年一月には神社本庁などが参加した「建国記念日（紀元節）制定促進会」が発足した。

それでも実現には時間がかかり、五七年に「建国記念の日」を盛り込んだ祝日法改正案を自民党が国会に提出したが廃案になるなど、幾度かの攻防をへて、佐藤栄作が首相となった翌年の一九六五年三月、政府は祝日法の改正案を政府提出法案として上程し、「敬老の日」「体育の日」と抱き合わせで「建国記念の日」の成立をめざした。六六年に法案は可決したが、日取りが「二月一一日」に決まったのは同年一二月であった。

神道政治連盟の誕生

建国記念日（紀元節）の制定・復活には、神社本庁以外に日本郷友連盟や生長の家、日本国体学会、全国日の丸連合会など主だった右派・保守団体が尽力したが、結局一八年もの歳月を費やしたことになる。神社界は、その一因は国政に足場がなかったからと考え、自前の国会議員を送り込む模索を始めた。

一九六九年一一月八日、神社界の「政治活動」を推進する組織「神道政治連盟」が誕生した。初代会長には岐阜県出身の神職で、戦前は県議、戦後は岐阜県神社庁長などを歴任し、神社界の政治進出を強く訴えていた上杉一枝が就任した。結成式には、新宗教の生長の家理事長・中林政吉らも参列した。

神政連の結成準備段階では、現職神職の中から参議院議員を出すことを目標にしたが、地域によっては地元団体や氏子の支持政党も多様であることから困難も多く、当面は独自候補を立てず、従来の神社関係議員を中心に推薦応援し、神政連の活動に賛同する国会議員を組織化することになった。結成直後の一九六九年一二月の衆院選で、建国記念日制定運動に貢献した人物や靖国神社国家護持に積極的な候補者二三人を本部推薦として応援し、一九人が当選した。

それらの国会議員を核に「神政連国会議員懇談会」が発足した。代表世話人・会長には東條英機内閣で大東亜相を務めた青木一男が、幹事には後に衆議院議長となる富山の神職・綿貫民輔と三重県伊勢を地盤とする藤波考生が就いた。藤波は後に中曽根康弘内閣の官房長官として、中曽根の靖国神社公式参拝に奔走する。その後、神政連は「生長の家政治連合」と協力しながら、七一年の参院選で青木一男や黒住忠行、町村金吾、玉置和郎など五人を推薦応援するなど関係議員を増やしていき、現在では安倍晋三・前総理大臣を会長に三〇〇人前後の議員が名を連ねる一大集団となっている。

生長の家政治連合

生長の家は、戦前の大本教で活躍していた谷口雅春が、一九二九年に天啓を受けたとして始めた新宗教運動である。谷口は「万教帰一」を主張し、かつ霊的宇宙論的な天皇中心史観を掲げた日本中心主義を戦前戦後と主張し続けて、保守的愛国主義的運動のイデオローグとして大きな影響力をもった。占領期間中には公職追放されたが、終戦直後にいち早く政治結社を結成し、一九四七年の第一回参議院議員通常選挙には矢野酉雄・生長の家教育部長を当選させている。講和後、谷口は政治活動をさらに活発化させ、五三年に「生長の家選挙対策委員会」を立ち上げ、五七年には新宗連を脱退して右傾化を鮮明にし、五八年に自民党右派が主導した国民運動団体「自衛国民会議」（翌年「日本国民会議」と改称）に発起人として加わるなど右寄りの国民運動に積極的に関与していった。この国民会議には修養団、大本教、ＰＬ教団なども参加し、運動目標には、共産革命の阻止、偏向教育の打倒などを掲げた。

一九六四年、政治結社「生長の家政治連合」（略称　生政連）を結成し、政治への取り組みを本格化する。六五年の第七回参院選では自民党公認の玉置和郎を当選させ、六六年には全国約二百の大学を組織して「生長の家学生会全国総連合」（略称　生学連）を、六七年にはカトリック教会などとともに「優生保護法改廃期成同盟」（のちの「母と胎児のいのちを守る会」）を、六九年には佛所護念会などとともに「自主憲法制定国民会議」（会長・岸信介）を結成している。この「生学連」運動の中心者たちは、生長の家が政治運動から撤退した後も保守回帰運動を推進し、現在の「日本会議」へと続いていく。

四　新宗教による政治参加の活発化――公明党の登場とその影響

創価学会の政治参加――その宗教的動機（戸田時代）

講和後の日本宗教界における注目すべき動向は、創価学会の急速な発展と政界への進出である。創価学会の前身は、教育者で地理学・教育学者でもあった牧口常三郎が設立した創価教育学会である。それは戦前の国家主義的教育を改革するために、彼の学説と思想に共鳴した教育者たちと設立した研究会であり、創立記念日は彼の主著『創価教育学大系』第一巻が発刊された一九三〇年一一月一八日である。

牧口は一九二八年春に、教育者で熱心な信者であった三谷素啓の勧めで日蓮正宗に入信した。牧口は、それまで禅や内村鑑三の無教会派キリスト教などに接し、宗教に少なからぬ関心を抱いてはいた。しかし、その多くが心の平安や満足を得るためのものであったのに対し、三谷から聞いた日蓮仏教には、社会生活や国家を変革させる視点があった事などに感銘して入信したという。その結果、創価教育学会は教育者による教育改革をめざす運動から、日蓮正宗の在家信徒組織の一つとして宗教革命をめざす運動へと転換した。

牧口常三郎の著作の出版や諸活動を支えたのは、戸田城聖である。戦局が厳しくなった一九四三年、不敬罪、治安維持法違反の容疑で牧口、戸田ほかの幹部が逮捕された。牧口は獄中で病死し、戸田は一九四五年七月に保釈された。戸田は獄中で「南無妙法蓮華経」と唱える唱題行を二百万遍続けた結果、無量義経に記された「仏」とは、現代的に言えば「生命」であると覚知し、さらに法華経従地涌出品に記された「地涌の菩薩」たちの虚空会の儀式に日蓮とともに連なったという宗教体験を得た。こうした体験から、創価教育学会の再建に際し、法華経流布の宗教活動を中心にするとして、名称を「創価学会」と改めた。

出獄後の戸田は出版事業や金融業に手を染めて成功や失敗を繰り返し、第二代会長に就任したのは六年後の一九五一（昭和二六）年五月三日である。戸田は日蓮正宗総本山大石寺の戒壇本尊の唯一絶対性や信心による宿命転換、功徳を力説して「折伏大行進」を開始し、一九五四年末までには、会員数は一六万世帯となった。同年一一月、創価学会は文化部を設置して政界進出の準備を進め、五四名の文化部員が五五年四月の統一地方選に臨んだ。結果は東京都議一名、横浜市議一名、東京特別区議に三二名、全国一七市議に一九名が当選し、政界進出の第一歩を記した。なお候補者の大多数は無所属だったが、七名が日本民主党から、一名が右派社会党から立候補した。翌五六（昭和三一）年七月の第四回参議院議員通常選挙で初の国政への挑戦がなされ、東京地方区一名、大阪地方区一名、全国区に六名が立候補し、全国区で二名、地方区で一名が当選した。全国区での得票は約百万票に達した。

創価学会の政界進出は戦時中の弾圧という苦い経験を踏まえ、早くから戸田の念頭にあった。会長就任以前の一九五〇（昭和二五）年五月発刊の機関誌『大白蓮華』第七号に、戸田は「王法と仏法」と題する巻頭言を載せ、「一国の王法の理想は、庶民がその所を得て、一人ももるる所なく、その業を楽しむ」ことであると政治の理想を説き、その理想を見失った姿として太平洋戦争の惨状を挙げながら、仏法の慈悲の精神が王法である政治に活かされなければならないと主張した。その後も戸田は同様の考えを「王仏冥合論」として展開し政界進出の理念としたが、その際、「われらが政治に関心をもつゆえんは、三大秘法の南無妙法蓮華経の広宣流布にある。すなわち国立戒壇の建立だけが目的なのである」などと主張したため、日蓮正宗を国教化するのか、政教一致ではないかとの批判が噴出した。

しかし戸田の主張で注目すべき点は、日蓮正宗の従来の戒壇建立論に大胆な修正を加え、天皇による建立ではなく、国民多数の日蓮仏法への帰依の結果として、その総意による戒壇建立であり、天皇もその結果として帰依するという考えを提示したことである。そのためにはまず折伏大行進運動を開始して会員を増やし、さらに文化部員が政治や教育、経済界など様々な分野で活躍することが大切だと訴えたのである。

地方議会から政界進出を始めたのは、生活現場での問題解決を重視したためであり、日常活動をとおして広宣流布を進めるという考えからであった。実際、各地で「市民相談」「暮らしの相談」などの場を設けて活動を展開した。国会への進出が参議院からというのは、参議院は「良識の府」として知識人や宗教家が多数立候補していたこと。また会員が集中していた東京や大阪の地方区での得票が見込まれたため、当選しやすい参議院に進出したと考えられる。そして参議院に議席を占めたことにより、折伏戦で生じた墓地問題など社会からの圧力、警察による監視・介入等の政治的妨害への「防御陣」（徳川夢声「問答無用」『週刊朝日』一九五七年九月一日号、二八〜二九頁）として対応できるようになった。

衆議院への進出は将来の課題とした。さらに政党の結成にも否定的であって、共産党から立候補しても良いとまで発言していることは興味深い。

創価学会の路線転換と公明党結成（池田時代）

一九五八（昭和三三）年四月、戸田は没し、二年後の一九六〇年五月三日に池田大作が第三代会長に就任し、政界進出を更に進めていく。当初は戸田の路線を踏襲し、国立戒壇の建立をめざして政界に進出はするが創価学会はあくまで宗教団体であり、衆議院にはでないと強調し、資本主義でも共産主義でもない「第三文明」の建設をめざすと主張した。

一九五九年六月の第五回参院選では東京地方区、全国区五名の六名を全員当選させ、さらに政界進出には創価学会と別個の政治団体が望ましいとの判断から、一九六一年一一月、政治団体「公明政治連盟」を結成した。結成時の勢力は参議院議員九名、都道府県議七名、市区議一六八名の計二八四名である。翌六二年の参院選には公政連公認で東京・大阪地方区に二名、全国区に七名を立候補させ、九名全員当選させた。全国区の得票数は四百万票を越えた。非改選議席を合わせると参議院で一五議席となって自民党、社会党に次ぐ第三党になり、本会議での代表質問権や法案提出権をもつ院内交渉団体「公明会」も立ち上げた。

この公政連での成功を機に、創価学会の政治参加の様態が変化する。一九六四（昭和三九）年五月の創価学会第二七回本部総会で、池田は次の七年を王仏冥合の総仕上げの時期とし、①日蓮正宗総本山大石寺に正本堂を建立寄進する。②六百万世帯の会員をめざす。③公明政治連盟を政党にし、衆議院に出す、などの方針を発表した。この提言で注目すべき点は、まず従来の「国立戒壇建立」が公式に否定されたこと、政党の結成と衆議院への進出を公言したことである。

同年一一月、宗教政党「公明党」が結成された。政治路線としては左右のイデオロギーにとらわれない中道政党をめざしたといえるが、当時採択された結党宣言や綱領には「大聖哲・日蓮大聖人の立正安国論」「王仏冥合」「仏法民主主義」などの用語がちりばめられ、宗教政党としての性格を色濃く有していた。

公明党の結成後も、創価学会は強力な選挙体制を組んで同党の進出を支え、一九六五年の参院選では全国区九名の候補全員を当選させ、得票数は五百万票を越えた。この時の創価学会および宗教団体関係の当選者は表3の通りである。

この勢いを背景に公明党は衆議院進出の準備を進め、一九六七年一月の第三一回衆議院議員総選挙で二五議席を獲得し、一躍野党第三党となった。二年後の六九年一二月の第三二回衆院選では四七議席を獲得し、日本宗教史政治史上かつてない規模をもった宗教政党となった。

このように池田時代における創価学会の政治参加は、戸田時代とは大きな相違をみせる。「政党の結成」と「衆議院への進出」である。独自の政党を立ち上げたことで、会員の政党支持の自由は大きく制限されることになり、信仰と政治的信条の相克という問題を内包することになる。しかしこの段階では、創価学会と公明党は、ともに日蓮の教えを根幹にして王仏冥合をめざすのであるから、「両者は一体不二」「異体同心」という池田の強い指導のもと、会員は全力で支援していった。

新宗連ほかの政治参加と靖国問題による分裂

講和後の不安定な政界に徐々に参画しだした新宗教各教団も、一九六〇年代に入ると、政治的態度を明確にしつつ政治参加を活発化していった。

公明党が結成された一九六四年には、既述のように政治結社「生長の家政治連合」が結成されたが、翌六

表３　第７回参議院議員通常選挙（全国区）宗教関係当選者（1965年７月）

順位	氏名	推薦団体	党派	得票
3	玉置和郎	生長の家	自民	854,478
6	楠　正俊	新宗連統一	自民	742,055
10	内藤誉三郎	立正佼成会、実践倫理宏正会	自民	655,351
37	大谷贇雄	真宗大谷派	自民	489,152
39	山本　杉	全日本仏教会、全日本仏教婦人連盟	自民	486,884
43	北畠教真	浄土真宗本願寺派	自民	476,041
46	内田芳郎	霊友会	自民	457,749
			得票合計	4,161,710

順位	氏名	推薦団体	党派	得票
7	柏原ヤス	創価学会	公明	704,722
13	多田省吾	創価学会	公明	636,131
15	山田徹一	創価学会	公明	632,685
21	小平芳平	創価学会	公明	594,210
22	矢追秀彦	創価学会	公明	593,326
34	宮崎正義	創価学会	公明	499,665
36	原田　立	創価学会	公明	490,127
40	黒柳　明	創価学会	公明	485,903
45	中尾辰義	創価学会	公明	460,912
		計９名全員当選	得票合計	5,097,681

五年には新宗教諸教団が集まった新日本宗教団体連合会も政治結社「新日本政治連合」を結成し、本格的に選挙に取り組み始めた。同連合は六五年の第七回参院選に事務局長の楠正俊を統一候補として擁立し、加盟教団の総力を挙げて運動し、新人としては高位の第六位で当選を果たした。この支援活動にＰＬ教団や仏所護念会も本格的に参加した。生長の家も玉置和郎を擁立して三位で当選させ、霊友会も自民党の内田芳郎を推して初めて国政選挙に取り組んだ。

このような新宗教各教団の政治熱の背景には、創価学会・公明党の急速な政界進出と衆議院進出への強い警戒心があった。楠正俊の擁立は公明党の動きの監視役となることが目的と言われた。さらに、政権基盤を補強するのに新宗教を利用しようという自民党政府の思惑がからみ、両者の接近が始まったことも大きな要因であった。新宗教教団からの候補者が、このときから自民党公認で出馬したことに、それは端的に表れている。

新宗教各教団の政治的立場を明確にさせた、もう一つの要因は「靖国神社問題」であった。日本遺族会は一九五六年の第八回大会で靖国神社の国家護持を決議し、これを実現させるための署名運動を始めたが、自民党も大票田である同会の動きに呼応し、六四年には「靖国神社国家護持に関する小委員会」を設置し、六七年に入ると靖国神社国家護持法案の検討が始まった。しかし、日本宗教連盟が法案に反対する声明書を発表するなど、宗教界の大勢は反対し、新宗連も六八年二月、靖国法案反対の要望書を各方面に提出し、反対の署名請願運動を開始した。だが政府・自民党は宗教界の要望を無視し、同年の第六一国会に法案を提出したのである。

このような政府・自民党の強硬な姿勢は、新宗教界にも大きな波紋を投げかけた。まず、この法案への対応を巡って新宗連内部に亀裂が生じ、愛国主義的主張を掲げる右派教団が脱退していった。一九六七年に法案賛成の立場から世界救世教が脱退し、七二年には仏所護念会も脱退した。他方、生長の家は五七年にいち早く脱退していたが、六八年五月には青年部が日米安保条約の改定並びに憲法改正支持を決議するなど愛国主義的立場を強め、新宗連脱退教団と共に新宗教界の右派グループを形成した。このグループは後には「自主憲法制定国民会議」（代表・岸信介）や天皇・総理の靖国神社公式参拝を要求する「英霊にこたえる会」に参加し、元号法制化運動なども積極的に推進していくことになる。

五　一九七〇年代の激動と右派の台頭

宗教政党路線の挫折と余波

一九七〇年代は戦後世界がさらに大きく変化していく時代である。高度経済成長も進み、豊かな社会になりつつあるとともに、ある種のナショナリズムが台頭してきた。その中で、日本宗教と政治との関係も変貌していった。それはまず創価学会─公明党の関係に現れた。

この時期、創価学会は革新的路線を堅持し、公明党以外にも「東京主婦同盟」（一九六八年）を結成して婦人問題に取り組み、「新学生同盟」（一九六九年）を結成し学生運動にも取り組んだ。後者は、当時の大学紛争の焦点であった大学立法と七〇年安保条約改定に反対する運動を展開した。さらに創価学会と公明党は靖国神社国家護持法案にも反対した。しかし保守陣営からは危険視され、左派陣営からは右翼ファシズム的であり、かつ政教一致だと批判された。

このような状況下で、その後の創価学会・公明党の関係を大きく変動させる事件が起こる。いわゆる「言論出版妨害事件」である。一九六九年一一月、政治評論家であった藤原弘達・明治大学教授の著作『創価学会を斬る』（日新報道出版部）が出版されたが、この出版を阻止しようと創価学会と公明党が著者と出版社にさまざまな圧力をかけ、有力政治家の関与まで疑われる事態となった。メディアがキャンペーンを張り、国会でも取り上げられるなど大きな社会的政治的問題となった。

創価学会は翌一九七〇年五月の第三三回本部総会における池田会長講演で、次の諸点を示して謝罪した。①今回の問題は、正しく理解して欲しいという個人の熱情からの交渉であり、言論妨害の意図はなかった。今後は言論の自由を守り抜く。②創価学会の目標とする広宣流布とは「妙法の大地に展開する大文化運動」であり、政界進出はその一部である。③日蓮正宗の本門戒壇は国立である必要はなく、「民衆の要望」によって建立すればよい。④公明党の活動はあくまで大衆福祉のためである。議員の学会役職兼務をはずす。⑤創価学会は公明党の支持団体の一つとして今後も選挙支援はするが、会員の政党支持は自由である。⑥池田自身は政界に出ることはない。

公明党も、この講演を受けて党体制の改革を進めた。議員の学会役職を返上し、一九七〇年六月の第八回公明党大会で綱領と党則を全面改定し、結党時にあった「王仏冥合」などの宗教的用語を一掃して「宗教政党」であることをやめ、普通の「国民政党」として再出発することを宣言した。政治路線としては「中道革新連合構想」を掲げ、野党再編による政権奪取をめざすことになった。

かくして創価学会と公明党の関係は大きく転換し、公式かつ形式的には公明党は自立した「国民政党」として創価学会以外の広い支持層を求めて現実的政策と活動で実績を積む方向に転換し、議員にも創価学会員以外の人物を擁立することになった。創価学会は支持団体の一つとして、会員の「政党支持の自由」を保障しつつ、宗教活動を基軸に平和・教育・文化活動に邁進することになった。この方針は現在に至るまで変更されてはいない。

他方、創価学会は一九七二年一〇月、日蓮正宗総本山大石寺に日蓮の遺命であった「本門戒壇」となる「正本堂」を、国内外の創価学会員による三五〇億円にものぼる募金によって「民衆立」で建立し、戒壇建立の運動は終了した。その後、創価学会は伝統仏教の近代化、在家仏教の意義の強調、創価学会の地域会館の積極的建設、海外布教に力点をおいた運動などを展開し始めたが、それが日蓮正宗との摩擦・緊張をうみ、一九七九年五月に池田の会長辞任を迎えることになる。

またこの間に、池田はソ連や中国を訪問し、日中国交回復や中ソ和解に貢献し、国内では日本共産党との相互理解と和解の協定（いわゆる「創共協定」一九七四年一二月二八日。公表は翌年七月二八日）を結ぶなど、共産主義・社会主義との対話を積極的に推進したことは注目すべきである。

靖国神社法案と新宗教の自民離れ

この時代は、他の新宗教の政治への関わりにおいても転換点となった。それは第一に教団側の政治への取り組みに主体性が強まり、自民党離れの傾向が顕われてきたこと。第二に教団の内部候補への切り替えが進み、第三に新宗教教団の集票能力が改めて認識され、後の宗教政治研究会（略称 宗政研）構想を促進させたことである。

自民党離れを促した直接の要因は、先に記した靖国神社法案であった。右派系を除く日本宗教界の多くが反対するのを無視し、自民党は法案成立をめざして国会への上程を繰り返していたが、一九七四年四月、ついに衆議院内閣委員会で法案の単独採決を強行し、五月には衆議院本会議を通過させた。ところが、続く参議院での審議では一転して廃案にしてしまった。この行動は、神社本庁など右派系教団や日本遺族会などの機嫌をとる一方、反対する諸教団にも媚びを売る老獪な政治戦術であった。しかし、支持団体を愚弄するような自民党および田中内閣の戦術に翻弄された諸教団は自民政権への不信を決定的なものにし、自民離れが加速されることになった。

それは教団内候補の擁立として現れた。一九七四年の第一〇回参院選に、新宗連の中心教団である立正佼成会と右派系の主導的教団である生長の家が、ともに教団内候補擁立の方針を決めて選挙に臨んだ。全員落選したが、その後も方針は堅持された。自民党離れの傾向は、さらに健全野党の育成を旗印に野党候補者の選挙支援という形でも表れた。一九七六年暮れの衆院選で、立正佼成会、世界救世教、生長の家などが本格的に民社党候補を支援したのを始め、翌七七年の参院選では、全国区でも、民社党、社会党各一人が宗教団体の支援を受け、霊友会も民社党を含む複数五候補を初めて支援した。また地方区では生長の家が民社党三名を、世界救世教が民社党の七候補全員を推すなど、野党支援の傾向が現れ始め、それは次回の衆院選で、よりはっきりした形であらわれた。

このような動向は、教団側の政治への対応に主体性が生まれてきたことの表れであり、それまでの政権政党への無条件の協力から、宗教団体として政治に関わる意義を改めて問い直し始めた結果であった。さらに選挙を含む政治参加の原則や方法の見直しにも進み、一九七六年にＰＬ教団と霊友会、立正佼成会などが独自の政治団体を設立し、各教団が直接選挙に関与する形態から、外郭の政治団体を中心に運動を展開する方法がとられるようになった。

右派系新宗教の台頭と挫折

一九七七年の第一一回参院選は、これまでにない宗教票の動員が行われ、新宗教教団の集票能力を改めて見せつけた選挙となった。公明党が全国区で九候補全員が当選したほか、他の新宗教の支援を受けた候補も一二人が当選し、教団内候補も生長の家候補・玉置和郎など四名が当選した。

政府自民党は、この巨大な票田を、揺らぎ始めた保守政権の基盤として利用するために再び画策を始めた。新宗教界側で積極的にリーダーシップをとったのは、生長の家の玉置和郎、田中忠雄、村上正邦であり、そして新宗連の楠正俊が加わった。かくして、宗教団体の政治的大連合の構想が再び生まれ、宗政双方が一つの協議会を組織する計画が練られた。まず宗教団体の支援を受けて当選した国会議員を主体に組織される「宗教政治研究会」が一九七七年一一月に結成された。その総会には自民党国会議員三一人が参加し、来賓として福田赳夫、大平正芳、中曽根康弘らが出席した。自民党タカ派議員と、新宗教右派の生長の家が主導権を取って結成されたことから、宗教界の右寄り再編でもあった。

その後、一九八二年に成立した中曽根政権の「戦後政治の総決算」路線と右派主導の宗教政治連合は歩調を合わせて発展していくかに見えたが、一九八三年の第一三回参院選から導入された「拘束名簿式比例代表制」によって破綻をきたした。この制度の導入は、政治意識の多様化のなかで政治的主体性を強めつつあった新宗教界に政党の選択を強引に迫るものであり、新宗教教団は政権党にとって単なる集票マシンでしかないことを露骨に示したものとなった。

これに対し、立正佼成会は候補者個々人を評価することなどで対抗し、世界救世教は各都道府県に自民党救世支部を結成するなど、対応が分かれた。その中で、右派教団の筆頭であった生長の家は、比例代表制に反対したのみならず、選挙結果に激怒し、八三年八月には生政連の活動を停止し、「日本を守る会」などの愛国主義的運動からも撤退してしまった。また、ＰＬ教団も、同年二月の御木徳近教主の死去を契機に、新教主の判断で教団内の政治団体を解散し、選挙活動から撤退した。これら一連の動向は政権党の政略に翻弄される新宗教界の姿を浮き彫りにした。独自の政党を発展させるにせよ、政府与党または野党と結びつくにせよ、教団側の主体性と政治に関わる原則が問われる時代となったのである。

六　おわりに

一九七〇年代までの戦後世界において、宗教は新旧ともに国家や政治と深く、また多様に関わってきた。国家とは一定の領土における構成員である国民を支配する権力機構をそなえた法的政治的組織体であり、政治とは狭い意味では国家がその権力を行使する活動であり、広い意味では、さらに国家権力の獲得をめざし、または国家権力への影響力を確保しようする活動全般も含まれる。後者をここでは政治活動と呼ぶ（政界進出または政治参加とも記述）。国家と政治は峻別されなければならない。

「政教一致」「政教分離」という問題における「政」とは、「政府」つまり行政機構のことであり、広くは「国家」のことである。国家は国民を支配するための正当性が必要であり、近代以前はそれを宗教的権威に求めることが多かった。明治以降の日本国家は天皇に神道上の権威をもたせて支配の正当性を確保した。太平洋戦争での敗北と連合軍の占領改革によって、戦後の日本国家は政教分離制度のもとで宗教性をもたない世俗的な法治国家になった。

本章は、世俗国家となった戦後日本において、宗教者または宗教教団がいかなる政治活動を行ったかを概観した。その活動は幾つかの型に整理することができる。第一の型は、独自の政党を結成して政界進出をはかる型であり、それはさらに、①その教団単独で行う、②他教団との連携による、かで分かれる。創価学会―公明党が①の代表例であり、近年の幸福の科学―幸福実現党の例もここに当てはまるが、その発展は未知数である。②の萌芽的なものは、妹尾義郎らが模索した仏教政党や第三文明党などであろう。第二の型は、既存の政党から政界進出または政治的影響を及ぼそうとする場合であり、それはさらに、①教団の独自候補をその政党の候補者とするか、②既存の政治家を支援するか、で分かれる。この型は新旧の教団多くに見られ、②が多いが、①も政治参加の主体性の問題として興味深い。第三の型は、政治参加を基本的に否定するものである。金光教は当初から、天理教は一九五〇年の参院選を最後に政治から撤退した。八〇年代に入ると、生長の家とPL教団も加わることになった。このような政治活動の類型化は、宗教的理念の相違との関連性を検討し、または同一教団による類型間の移動を明らかにするのに必要である。

こうした形式的分類のほかに、政治理念やイデオロギーからも区分できる。筆者の「公式の戦後世界」と「非公式な戦後世界」の区分である。すなわち、一方では戦後改革を是認する立場から比較的リベラルな政党、政治集団と結びついて政権を支持・支援する新宗連系のグループ。他方、戦後改革をさほど認めず、自主憲法制定・靖国神社国家護持・天皇復権等の戦前回帰を掲げ、主として保守派、右派的政治集団と連携していく神社本庁や日本会議に連なるグループである。

筆者は、戦後社会が進展するにつれ、「公式の戦後世界」が後退し、「非公式な戦後世界」こそが正統な日本国家のあり方なのだと主張する運動が顕在化してきていることを、個人的には危惧している。また本章で明らかにしたように、宗教教団の政治活動は国家や政党によって利用され、その宗教が本来もっていた宗教的理念や信念が変質してしまう危険性もある。政教分離制度のもとでの自由な宗教活動の一つとして政治活動は重要ではあるが、国家や政党との距離を十分に保ちつつ、慎重に行うべきであろう。

参考文献

伊藤貴雄（二〇二〇）「民主主義を支えるもの—南原繁と「精神革命・人間革命」の理念」南原繁研究会編『今、南原繁を読む』横濱大氣堂

大澤広嗣（二〇一五）『戦時下の日本仏教と南方地域』法藏館

大谷栄一（二〇一九）『日蓮主義とはなんだったのか』講談社

きしもとげん（二〇一九）『宗教と国会議員』『同　Part 2』『同　ファイナル』

公明党史編纂委員会（二〇一九）『公明党50年の歩み』（増補版）公明党機関誌委員会

佐藤卓己（二〇〇五）『八月十五日の神話』ちくま新書

島薗進（二〇一〇）『国家神道と日本人』岩波新書

「創価教育の源流」編纂委員会編（二〇一七）『評伝　牧口常三郎』第三文明社

塚田穂高（二〇一五）『宗教と政治の転轍点』花伝社

中野毅（二〇〇三）『戦後日本の宗教と政治』大明堂

――――（二〇一四）「沖縄返還に伴う宗教団体の法的地位の変遷と宗務行政」『宗教法』第三三号、宗教法学会
西山茂（二〇一六）『近現代日本の法華運動』春秋社
藤生明（二〇一八）『徹底検証　神社本庁』ちくま新書
日隈威徳（一九七一）『戸田城聖――創価学会』新人物往来社（復刻版、二〇一八年、本の泉社）

コラム② 道徳教育と宗教

齋藤知明

一 道徳教育の歴史的経緯

現代日本の国公立の学校教育において宗教教育はおこなわれているだろうか。答えはＹＥＳである。しかも、歴史や倫理などの科目で知識として宗教が教えられているだけでなく、道徳の時間で価値的にも教えられている。しかしながら、価値的な宗教教育に関しては、おそらく教師も児童生徒も宗教を教えている／教えられていると自覚しないまま実施されているのが実状である。なぜこのような状況になったのか、まずは戦前の道徳教育をめぐる議論と実態から振り返ってみる必要がある。

明治維新以後、道徳教育に関する議論に宗教がトピックの一つとしてあがることは珍しくはない。明治一〇年代の徳育論争、明治二〇年代の「教育と宗教の衝突」論争、明治三〇年代の第二次「教育と宗教の衝突」論争、昭和初期の「宗教的情操ノ涵養」をめぐる論争など、国全体の道徳教育の在り方をめぐっては宗教が中心的な議題として存在していた。宗教者・宗教団体が道徳教育を担うべき、宗教倫理を道徳教育に盛り込むべき、各宗教の寓話やエピソードを修身で扱うべきなど、道徳教育のなかで対象となる宗教は様々であったが、その在り方をめぐって宗教が登場しないことはなかった。戦後の道徳教育においても「宗教的情操」や「畏敬の念」、あるいは「伝統文化」「愛国心」「多文化理解」などの内容で宗教の扱いが問われてきた。

戦前は「修身」という科目があり、そこでは教育勅語を中心に、「臣民」となるための道徳教育がおこなわれてきた。明治三二（一八九九）年の文部省訓令一二号「一般ノ教育ヲシテ宗教外ニ特立セシムルノ件」公布後は、公立だけでなく私立であっても教育課程内で「宗教上ノ教育」や「宗教上ノ儀式」を実施することが禁止された。つまり、あらゆる宗教教育が禁止されたのである。実際には抜け道が多くあったとされるが、公教育における宗教と教育の分離体制が戦前は厳守された。一方で、その原則とは異なる次元において、国体を護持するための「国家神道」的教育が展開され、太平洋戦争が近づくにつれてその傾向が色濃くなっていったのは周知の通りである。

一九四五（昭和二〇）年に敗戦を迎え、ＧＨＱは超国家主義と軍国主義のイデオロギーを持つ国家神道が戦争を推し進めた一因であるとし、「神道指令」によって国家や教育から宗教を分離する「政教分離」の方針を取った。それに従い、同年発せられた「修身、日本歴史及ビ地理停止ニ関スル件」によって「修身」は禁止され、一九四六（昭和二一）年の日本国憲法、一九四七（昭和二二）年の教育基本法と学校教育法の公布により、公立の学校教育では特定の宗教のみを教える宗教教育は禁止されることになった。一方で、他者の信仰を尊重することや宗教が果たしてきた歴史的社会的役割などを客観的に学習することは、制度上認められた。

戦後の道徳教育は「修身」のように独立した科目を設けず、一九四七（昭和二二）年からは「社会科」を中心に、一九五一（昭和二六）年からは学校の教育活動全体を通じて実施されていくことが示された。他方で、教育勅語の復活や道徳教育の科目独立化を図る動きもみられた。そして、世論や教育現場の反発がありながらも、一九五八（昭和三三）年に小学校「道徳」実施要綱と中学校「道徳」実施要綱を文部省が発表し、「道徳の時間」が開始された。これにより、独立した教科ではない形ではあるものの、時間割のなかに道徳教育が位置付けられたのである。

二　宗教的情操の位置付け

さらに時代が下ると、「宗教的情操」を学校教育で教えることができるか否かについて、文部省は「期待される人間像」という形で国民に提示する。「宗教的情操」は、特定の宗教宗派にはよらないが、人格の完成には一般的な宗教性や信念が必要であるという心理学の一理論から生まれた概念であり、明治時代から長い間、「宗教的情操」の教育的理論や実践方法が議論されてきた。宗教団体の戦争動員目的もあり、一九三五（昭和一〇）年には文部省次官通牒「宗教的情操ノ涵養ニ関スル留意事項」が出された過去もある。

戦後も「宗教的情操」をめぐってはその実態や必要性をめぐって議論が続いたが、一九六六（昭和四一）年、文部省の中央教育審議会によって「期待される人間像」が発表された。高校への進学が一般的になるこの時期、新たな道徳教育の指針として示されたのが、「期待される人間像」である。この答申で「宗教的情操」は次のように説明されている。

すべての宗教的情操は、生命の根源に対する畏敬の念に由来する。われわれはみずから自己の生命をうんだのではない。われわれの生命の根源には父母の生命があり、民族の生命があり、人類の生命がある。ここにいう生命とは、もとより単に肉体的な生命だけをさすのではない。われわれには精神的な生命がある。このような生命の根源すなわち聖なるものに対する畏敬の念が真の宗教的情操であり、人間の尊厳と愛もそれに基づき、深い感謝の念もそこからわき、真の幸福もそれに基づく。

しかもそのことは、われわれに天地を通じて一貫する道があることを自覚させ、われわれに人間としての使命を悟らせる。その使命により、われわれは真に自主独立の気魄をもつことができるのである。

ここにおいて、「宗教的情操」は「生命の根源」や「聖なるもの」に対する「畏敬の念」に由来し、「真の幸福」の基礎であると定義される。つまり「宗教的情操」は「畏敬の念」という名称に変えられ、日本人として涵養されるべき徳目として示されたのである。

「宗教的情操」＝「畏敬の念」と定義づけた「期待される人間像」は、その後の教育現場を大きく変えたのか。結果としてそのようなことはなかった。しかし、その後の学習指導要領でも「畏敬の念」という言葉は使用され続け、「宗教的情操」の概念も法令上位置付けられていく。一九七七（昭和五二）年の「中学校学習指導要領」では「人間が有限なものであるという自覚に立って、人間の力を超えたものに対して畏敬の念をもつように努める」との文言が盛り込まれたことを皮切りに、平成以降の学習指導要領においても継続して登場し、二〇一七（平成二九）年の「小学校学習指導要領」「中学校学習指導要領」、二〇一八（平成三〇）年の「高等学校学習指導要領」でも「人間の力を超えたものに対する畏敬の念を深めること」（中学校）や「崇高なものとの関わりに関する道徳的諸価値についての理解」が道徳教育の内容として盛り込まれている。「宗教的情操」をめぐるこのような傾向は、令和の時代になっても「期待される人間像」以来変わっていないと言って良いだろう。

ここで問題になるのは、「宗教宗派によらない一般的な宗教性」という概念が、果たして「人間の力を超えたものに対する畏敬の念」「崇高なものとの関わりに関する道徳的諸価値についての理解」と言い換えることができるか否かである。また、そのような概念を教える側である教師が十分に理解しているかどうかも争点の一つであろう。哲学や宗教学において、「宗教宗派によらない一般的な宗教性」の存在は結論づけられていない。その一方で、現行の法制度の下で宗教の価値教育が可能かどうか議論さえされずに、日本の道徳教育では「畏敬の念」との名称で宗教教育は戦後五〇年以上も野放しにされてきたのが現実である。

二〇一八（平成三〇）年に小学校で、二〇一九（平成三一）年には中学校で「道徳」が教科化された（「特別な教科」）。これは戦前の「修身」以来の出来事である。敗戦から七五年を過ぎようとしているなか、依然放置されている「宗教的情操」や新しく立ち上がる「道徳」の教科化が、実は戦前と同じような構造に近づいているか否か。宗教界、教育界、そしてそれに関わる学問分野によって、自覚的に議論されるべき問題であろう。

第四章　戦後知識人と宗教——吉本隆明の親鸞論

中島岳志

一　はじめに

戦後知識人の代表者と見なされてきた丸山真男は、戦後世界に民主主義を定着させるために、国民に対して主権者として自立することを求めた。近代的国民は、自然的秩序に従属するのではなく、主体的選択を行う作為的存在にならなくてはならないというのが、丸山のテーゼだった。

一方、戦後の論壇で力を持ったのが、マルクス主義者たちの言論だった。特に戦前・戦中期に弾圧されながらも「非転向」を貫いた知識人・活動家たちが英雄視され、戦後世界を理想に導く「前衛」として期待された。

この両者に猛然と刃向かったのが吉本隆明だった。吉本にとって丸山は、エリート主義的な国民概念によって、大衆の行為主体性を否定する存在だった。また、マルクス主義者たちもスターリニズムに陥る権力者で、日常生活の現実からかけ離れた存在だった。

吉本は、「自立した市民」ではなく「アモルフな大衆」に寄り添った。民衆の日常的実践・生活実感に含まれる常識やたくましさを擁護し、一貫してアカデミズムから距離をとった。「大衆の原像」に依拠し、「関係の絶対性」を説いた吉本は、態度の思想家として団塊の世代から熱狂的支持を受けた。

吉本の思想の特徴は、その宗教性にあった。彼は若き日に宮沢賢治の文学へ傾倒し、保田与重郎のロマン主義からも影響を受けた。一九五四年に書かれた「マチウ書試論」では、原始キリスト教における「倫理」の絶対性が論じられた。一九六八年に書かれた代表作『共同幻想論』では、『古事記』と柳田国男『遠野物語』に依拠した国家論が提示され、神話的・宗教的世界観が展開された。一連の南島論では、幻想的な「母型」「母胎」が強調された。そして、生涯を通じて考察し、言及し続けたのが親鸞だった。

左派を中核とした思想界では、一九六〇年代のヒッピーブームを受けて、「理性による統御」から「感性の解放」への転換が起きた。新左翼運動の中では、コミューンにおける平等の実践と生命の解放が謳われ、ヤマギシ会をはじめとした新宗教への傾斜が見られた。

社会学者の見田宗介は、一九七七年、「真木悠介」名義で『気流の鳴る音――交響するコミューン』を出版した。ヤキ族のドン・ファンについてのカスタネダの言葉を追うことで近代を相対化し、スピリチュアルな世界観を提示したこの本は、近代の閉塞性に直面していた若者を中心に多くの読者を獲得した。中沢新一が一九八一年に出版した『虹の階梯――チベット密教の瞑想修行』(平河出版社)および一九八三年に出版した『チベットのモーツァルト』(せいか書房)は、チベット密教の神秘主義的側面を著述し、ニューアカデミズムの代表作とされた。

戦後の左派知識人の課題は、ソ連をはじめとした共産主義国家の暴力性を乗り越え、いかにしてヒューマニズムに基づく平等社会を確立していくかにあった。その時、近代は懐疑的に捉えられ、時に超克の対象となった。そして、その先に見据えられたのが宗教の存在だった。戦後日本の知識人においては、右派よりも左派の方が、宗教への感度が高いという特色があった。マルクス主義の発展的克服を思想課題とし、早い段階から宗教のあり方に可能性を探究した吉本隆明は、「戦後知識人と宗教」を論じる上で最重要人物と言えよう。

本稿では、吉本の親鸞論に注目し、その特質を明らかにする。吉本自身は特定の信仰を持たず、常に宗教の外で考えたいと述べていたが、その思考は極めて宗教的だった。そして、その考究の中心には、親鸞が据えられていた。

吉本はなぜ親鸞にこだわったのか。そして、晩年、なぜ親鸞の思想を土台に、オウム真理教の教祖・麻原彰晃を評価するに至ったか。吉本の親鸞論を対象として、「戦後知識人と宗教」について論じたい。

二　詩・宗教・大衆

詩作と戦争

吉本は一九二四年、東京・月島に生まれ、新佃島で育った。吉本の家族は、同年に熊本県天草から上京し、帝都での生活を開始したばかりだった。同居していた祖父母は病気がちだったが、郷里が浄土真宗の家だったため、佃の渡しを渡って、築地本願寺に参拝した。吉本が親鸞と出会った最初の契機は、祖父母の信仰にあった（吉本隆明研究会、二〇〇三、六頁）。

一九三一年、吉本は佃島尋常小学校に入学したが、「学校の授業の雰囲気にはどうしてもなじめなくて、嫌で嫌で息苦しくてしょうがなかった」。そのため、四年生の時から門前仲町の今氏乙治の私塾に通ったが、「そこの塾がすごくいい雰囲気で」、居場所を得ることができた。この塾に通っていた子どもの中に北村太郎や田村隆一がおり、「詩の集まりみたいなのをやっていた」。ここで吉本は、詩と出会うことになる（吉本隆明研究会、二〇〇三、一四〜一六頁）。

一方、当時の彼は講談本を読み、「そこから通俗的な倫理性を獲得した」。ここで得た善悪感や正義感が、晩年になっても吹っ切れていないと語っている（吉本隆明研究会、二〇〇三、四九～五〇頁）。吉本は、詩の世界に共鳴する内向性と、講談本に共鳴する大衆性の葛藤の中で、少年期を過ごした。

東京府立化学工業学校（府立化工）に進学すると、次第に詩の世界にのめり込んでいった。一九四一年五月（一六歳の頃）には、同級生と共に雑誌『和楽路』を創刊し、詩作に励んだ。

工業学校の四年のはじめ頃からだと思いますが、塾へ行ってはじめて文学書に目を開かされて、本当に夢中になって読みました。その代わり、通俗的な正義感がなくなったことの代償でしょうが、すこぶる内向的になって、親父からもいろいろと言われました。そういう言葉が当時流行っていたんだと思いますが、「おまえ、このごろ覇気がなくなったぞ」なんて言われて、フフンなんて鼻で笑うような顔をしていました。（吉本隆明研究会、二〇〇三、五一～五二頁）

吉本は後に『言語にとって美とはなにか』の中で、「言語はすべて〝自己表出〟と〝指示表出〟にわけられる」と述べている。「自己表出」は「独りで語ったり、感動したりするときの表現」で、「指示表出」は「他人とのやりとりや日常会話、外に向けた伝達や説明」である。吉本にとって、詩とは「自己表出」の表現であり、言語ゲームに回収されない存在だった。吉本は「詩語」という言葉を用いているが、「詩語」における表現は、人間意識の自己表出であり、幼児の固有名であり、叫び声であり、神からの託宣でもあった（安藤、二〇一九、二七頁）。彼は「詩語」の世界において、宗教と接続していく。

一九四一年一二月、吉本は府立化工を繰り上げ卒業し、翌年四月に米沢高等工業学校に入学した。米沢での約二年半の生活は、すべて「大東亜戦争」の中にあった。吉本は府立化工時代から、アメリカに対する主戦論を説き、日米開戦時には解放感を抱いた。

開戦となったらもう全的解放感でした。疑いなくそうだったと言えると思います。疑った人がいることは戦後はじめて知りましたが、当時はまったく疑いないと思っていました。（吉本隆明研究会、二〇〇一、五四頁）

吉本にとって、「大東亜戦争」を闘うことには植民地解放という普遍性があった。吉本は晩年、当時を振り返って「僕はコンプレックスなしの軍国主義者でしたよ」と語り（吉本、二〇〇四）、「宗教としての天皇制」「現人神としての天皇制」とならば「命を取り替えられるというのが、僕の戦争中の立場」と述べている（吉本、二〇〇八）。

吉本が米沢時代に没入したのが、文学だった。彼は「書物が間接の師であった」と述べ、高村光太郎、宮沢賢治、横光利一、太宰治、小林秀雄、保田与重郎の名前を挙げている。中でも大きな影響を受けたのが宮沢賢治で、「その閲歴、その詩作、その実践によつて、もつとも身近さと可能性とを自分に引きよせて夢みたという（吉本、二〇〇六〔一九六四〕、五四七〜五四八頁）。

『初期ノート』に収められた戦中の宮沢賢治論では、次のように述べている。

僕は賢治さんを敬慕する　日本歴史上僕がほれた最初の人だ（吉本、二〇〇六〔一九六四〕、一六八頁）

吉本が宮沢賢治に惹かれたのは、農民としての生活の上に芸術が展開されたことだった。「農民芸術」というのは、「人生と自然がすべて舞台でありそこでいとなまれるあらゆる生活、そこに生ずるあらゆる現象はすべてキャスト」であり、生々しい現実が「宇宙感情」へと接続する体験である（吉本、二〇〇六〔一九六四〕、一九八〜二〇一頁）。

吉本の見るところ、宮沢賢治の詩が独創的なのは、「人を師としないで、自然を師として自己の宇宙を拡大して行つた事」にある（吉本、二〇〇六〔一九六四〕、二一七頁）。農民は生活と格闘し、自然と交わる存在であるが、そのことにおいて世界の神秘に接続している。

若き吉本にとって宮沢賢治の文学は、虚無や退廃を克服し、「どんな嵐がきてもゆるがない静かな巨大な肯定精神の源泉」だった。ここに西田哲学を含むアジア思想の英知があり、「東洋が近代ヨーロッパを超克し得る唯一つの残された道」があるとしている（吉本、二〇〇六〔一九六四〕、三一一頁）。

吉本は後年、次のように述べている。

宮沢賢治は、人間はこれだけしかないんだが、この人間の背丈を超えることが大切だとかんがえて、じぶんを生きながら菩薩に擬するし、また、そうすることが可能だという考え方を最後まで捨てていない。それが宮沢賢治の法華経信仰の大きな特徴だとおもうんです（吉本、一九八三、一七頁）

吉本は一九四三年一一月に花巻旅行に出かけ、宮沢賢治の世界に没入する。その約半年後（一九四四年五月）に二〇部のガリ版刷りで刊行したのが、詩集『草莽』である。草莽とは、「草むら」「やぶ」の意で、在野にあって臣下として忠誠を誓う者を言う。一八世紀後半以降、自らは権力を志向せず、尊皇攘夷運動に邁進する者を指す語として定着した。

ここで吉本は、愚直に生きることで、青白いインテリのニヒリズムやデカダンスを乗り越え、大いなる存在に包まれることを探究する。賢しらなはからいや卑小な自意識を捨てて、天皇の大御心へ随順することが謳われる。

妹に宛てた詩「続呼子」では、次のように記されている。

さあこれからはほんとうに
力一ぱいの生活をして
どうか今までの若い女の人たちが踏んだやうな
おろそかな道を歩まないように
お国のふかい歴史のなかに
しづかにうづもれて行け（吉本、二〇〇六〔一九六四〕、五二一頁）

詩集『草莽』は、光に満ちあふれている。その光源は天皇である。日本人は篤実に生きることで天皇の「おほけなき御光につつまれ」、言葉を失う。我々は「天然のまにまに行け」ばよい。

われら　みづからの小さき影をうちすて
神ながらのゆめ　行かんとす
まもらせよおほきみの千代のさかへ
われら草莽のうちなるいのり
まもらせよ祖国の土や風の美しさ
われらみおやの涙のあと（吉本、二〇〇六〔一九六四〕、五二九頁）

吉本は、戦争で兄（七歳年長の次兄・田尻権平）を亡くした。兄・権平は一九四三年一二月三日に飛行機事故で戦死している（渡辺、二〇一〇、一一五頁）。この亡き兄に捧げる詩が「謹悼義靖院衝天武烈居士」として『草莽』に収録されているが、兄は「キンイロノ光ノナカデ／シヅカニマナコヒカツテヰル」とされる。最後に収録された詩「帰命」では、次のように謳われる。

祖国の土や吹きすさぶ風や
　人の心に修羅のかげあるも
　いまは
おほきみの光の下に
　いのちかへれ
あそこであんなに苦しんでゐる人
　どうかかなしい生命の光もて
　修羅の行路を泣いてかへれ（吉本、二〇〇六〔一九六四〕、五三〇頁）

詩集『草莽』は、宮沢賢治の愚直で超越的な宇宙観と天皇主義的な国体イデオロギーが融合した作品だが、この中に「親鸞和讃」と題した詩が収録され、親鸞思想が作品化されている。

この詩では「スコシオロカナ子ナリケリ」という言葉が繰返される。吉本が注目するのは、「愚かな人間」であることと「草莽」であることの連続性である。愚かであることは、賢しらな計らいの欠如であり、功利的打算は却けられる。自分の利益や功名心を排し、ただ愚直に命が差し出される。

ア、ソレ愚禿親ランノ
　教ヘヲツラツラ慮ヘルニ
絶対自己ヲ否定セル
　オロオロ道ヲユクナラン

正シキ者ハ人ノ世ニ
必ズ功ヲ得ルナリト
少シモ彼ハ言ハナクニ
タダミヅカラヲ殺セトフ（吉本、二〇〇六〔一九六四〕、五二三～五二四頁）

戦中の吉本は、親鸞が「愚者」であることを探究した点に注目する。愚者は自力を振りかざさない。むしろ自力の限界を直視し、愚直に生きることを追求する。そのような自己否定を伴う生に、他力の光がやってくる。この「愚者正機」が天皇への随順と救済につながっているところに、戦中の親鸞論の特徴がある。

しかし、吉本は軍隊に入営する道をとらず、大学進学を選択した。同級生が戦地に向かい、命を落とす中、吉本は苦悩を深めた。学問を身につけ、科学技術の発展に寄与することで、祖国への貢献を果たすという大義名分を掲げたものの、それが「詭弁」であることを彼は自覚していた。

一九四四年一〇月、吉本は東京工業大学に繰り上げ入学する。しかし、講義はほとんど開かれておらず、一九四五年四月に研究室に配属されたものの、直後の五月に勤労動員で魚津市に派遣され、工場で集団労働に従事することとなった。吉本は魚津で敗戦を迎える。

悪人と詩人

一九四五年八月一五日、吉本は工場で玉音放送を聞いた。彼は「絶望のどん底」を味わい、「寮に帰って泣きべそをかいた」。翌日、工場のデータをすべて焼却し、作った装置も破壊した（吉本、二〇〇一、五七～六七頁）。

吉本は茫然自失の中、「国家についての観念がそのとき実感的にはっきりした」という。彼は戦後の闇市の無政府状態を目の当たりにし、自己防衛本能に基づいて生きていく大衆に感嘆した。彼は「国家というものがなくても、けっこう生きてやれるもんだという感じ」をもち、国家よりも社会の方が大きいという観念へと発展していったという（吉本、二〇〇一、六八〜六九頁）。

また、このとき、日蓮主義的な実行者から「親鸞系統の考え方」への宗教的転換があったと回想している。戦争が終わったときに「実行者としての自分はダメだ」と思い、「どんなに自分に苔打っても超人的なことにはのめり込んでいけないという思い」が先行したという。これが宗教的な「分岐点」となり、三木清の親鸞論などを熟読した（吉本、二〇〇一、三八頁）。

東京工業大学での学業が始まったが、戦後の虚脱や苦悩から、なかなか脱することができなかった。

一九四五年であつた。当時僕は科学への不信と自らを決定し得ない為の貧弱的な自虐とで殆ど生きる方途を喪つてゐた。暗い図書館の中に虫のやうに閉ぢ籠つて数学の抽象的な世界に惑溺しながら、僅かに時間を空費してゐたのである。（吉本、二〇一六〔一九四九〕、三〇七頁）

吉本は東工大の遠山哲の自主講座と出会い、社会的なつながりを回復する。そして、文学活動を再開させ、一九四六年一二月一日刊行の『大岡山文学』復刊第一号（東京工業大学文芸部発行）に「異神」と題した短文を寄せた。また一九四七年七月には、同期生たちと『季節』という文芸誌を創刊し、自ら「創刊に」「編集後記」を執筆した。

吉本は『季節』第一号に「歎異抄に就いて——亡吉本邦芳の霊に捧ぐ」と題した文章を寄せている。吉本邦芳は東京都立化学工業学校応用化学科の同級生で、一九四一年五月に『和楽路』を創刊した仲間だった。戦後になっても二人の親密な交友関係は続いていたが、邦芳は同年四月三〇日に急死した（川端、一九八一、四〇～四三頁）。

「歎異抄に就いて」の特徴は、「愚」から「悪」への関心の移動である。敗戦による国家の破綻によって、吉本は天皇主義を放棄し、悪を見つめた。そして、その過程で親鸞の宗教的苦悩と孤独を発見した。

戦後間もない頃の吉本が注目するのは、親鸞の「壮絶な人生的苦闘」である。

親鸞の膨大な夢想と苦悩とを凡庸な知識人が呑み得た筈がない。さあれ苦しき事を人は好まない。何故に親鸞だけが、それを耐えたのであらうか。僕は言はぬ、言ってはならぬのだ。（吉本、二〇一六〔一九四七〕、五一一頁）

吉本は『歎異抄』の「悪人正機」に注目する。日本における浄土教の祖とされる源信は、親鸞に大きな影響を与えたものの、「勧善懲悪」の世界観に留まっている。それに対して、親鸞は世俗的な善の不要を説き、悪の恐怖から人間を解放する。それは「念仏にまさる善はな」く、「人間のやる悪などたかゞ知れてゐる」からである（吉本、二〇一六〔一九四七〕、五一一頁）。

吉本は『歎異抄』第三章「善人なおもて往生をとぐ、いわんや悪人をや」に始まる一節を引用した上で、次のように述べる。

僕はこの言葉の親鸞的真実を彼の宗教々義から演繹しやうとは思はぬ、唯常人の称へる善悪が微塵のやうに吹き飛ばされ、改変されるのを見る。これは壮観であるのか、いや悲しみ極まる筈だ。何故なら親鸞の壮絶な人生的苦闘を、僕は言葉の裏に見ないわけにはゆかぬからだ（吉本、二〇一六〔一九四七〕、五一一～五一二頁）

吉本が注目するのは、親鸞が我が子の身売りのために書いた証文である。彼は証文を引用した上で、次のように述べる。

僕は出来る丈感傷を却けてこの身売証文を読むのだが、彼の悲しみには到達しないやうだ。何故であらうか、僕は秘す。けれども親鸞はひそかにもらした、その機微をその真実を「善人なおもて往生をとぐ、いはんや悪人をや」と――（吉本、二〇一六〔一九四七〕、五一二頁）

吉本が共感するのは、親鸞の「悲しみ」である。「悪人正機」はどこまでも悲しい。なぜならば、存在することの悪から逃れられないという事実を受け入れざるを得ないからである。そして、人間の自力の儚さに直面する。実行者であることには、決定的な限界がある。人間は自らの力で無謬の世界を開設することはできず、ひたすら弥陀の本願にすがるしかない。この他力の場所は、どこまでも孤独である。「彼の外には唯普遍的な世界があり、そのなかに彼は孤立する」（吉本、二〇一六〔一九四七〕、五一二頁）。

吉本は『歎異抄』第九章を引用する。ここでは、念仏を唱えても歓喜がわいてこないという心情が吐露される。この世界は苦悩に満ちあふれているが、故郷のように捨てがたい存在で、浄土のことを少しも恋しく思えない。しかし、どんなに名残惜しくとも、私たちには必ず死がやってくる。このような浄土へ急ぐ心のない者を、阿弥陀仏はなおさらいとおしく憐れみ下さる。こんな浅ましい身を照らされるほど、弥陀の大願は頼もしく「往生間違いなし」と知らされる。大歓喜が湧きあがり、浄土へ急ぐ心があれば、煩悩のなき私は本願に漏れているのではないかと、却って按ぜられるのではないか――。

吉本は、この「恐るべき逆説」の中に、「親鸞の最も重要な思想が秘められてゐる」とする。そして、「死とは彼にとって生であったのか、死であったのか」という問いを発し（吉本、二〇一六〔一九四七〕、五一四頁）、次のように言う。

さあれ僕は来世など信ずる気にはならぬ。併し生きることが死よりも遙かに辛く悲しいことを少しも疑はない。僕たちの感官は「所労」のために痛まず、むしろ精神のために痛むからだ。煩悶がない奴は人間ではないと親鸞は僕達に繰返してやまぬ。いやむしろ煩悶のない奴は人間の資格がないと、僕にはそのやうに聞こえてくる。人間がなくして浄土など要るか、これは彼が抱いた最も確かな思想だ。（吉本、二〇一六〔一九四七〕、五一四頁）

吉本は、親鸞の文章に流れる「悲調の韻律」を鋭く嗅ぎ取り、そこに「詩人的資質」を見出す。そして、「親鸞の詩人的資質が仏教の論理体系に相遇した場面を想像」する。さらに「資質的に反発しながら、理念的に惹かれた親鸞を空想」し、そこに唯一無二の思想家の姿を見出す（吉本、二〇一六〔一九四七〕、五〇九頁）。

吉本が捉えようとしているのは、悲しみが光に変わる瞬間である。人間は悪から逃れることができず、死からも逃れることができない。生きることには苦悩が付着し、孤独が消え去ることはない。しかし、その「煩悶」こそが、浄土への逆説である。生活という苦海こそが光明海となり、救いが現れる。

流転の段階と宿命とを遠き劫初に視る親鸞の眼は如何にも悲し気であるが、歎異抄全編を貫く、これが光であるやうだ。（吉本、二〇一六〔一九四七〕、五一一頁）

吉本は生きることの悲しみの中に「詩」を見出し、救済を見出した。真の悲嘆は、論理的な言語にならない。「指示表出」の言葉ではなく、「自己表出」の言葉が必要になる。敗戦の苦悩に手を差し伸べたのは、親鸞の「詩人的資質」だった。ここに「愚者であること」「悪人であること」「詩人であること」という親鸞像の輪郭が完成する。

ただし、吉本は信仰の道を歩まない。

悲しいかな僕は信仰を持たぬ。僕は唯こゝに唯一の悲しみを提げた人間がゐたと云ふ真証さへあれば、又遠く旅立つに事欠かないやうだ（吉本、二〇一六〔一九四七〕、五一〇～五一一頁）

吉本は問う。「どうして彼は仏教者でなくてはならなかったか」。親鸞の問いは、仏教の教義を超えている。親鸞を理解するためには、仏教の体系こそが邪魔になる。

歎異抄の中で親鸞といふ一個の人間に衝き当るために、僕たちは弥陀とか、往生とか念仏とか云う一見重要に思はれる概念を捨ててゆかねばならぬ（吉本、二〇一六〔一九四七〕、五一二頁）

親鸞は「心に則って思想が生まれるので、思想に則って心が歩むのではあるまい」（吉本、二〇一六〔一九四七〕、五一三頁）。人生の苦難に立ち往生し、迷い悩んだとき、「たまたま仏法が彼を捉へた」にすぎない。親鸞を仏教の枠組みから解放することによってこそ、真の親鸞に出会うことが出来る。これが吉本の確信だった。この考えは、後年の親鸞論にも連続する。

一九四七年九月、吉本は東工大を卒業した。彼は職に就いたものの、電線塗装の町工場や化粧品・石鹸の原料を扱う会社、鍍金工場などを転々とし、疲れ果てた体で東工大に戻った。彼は、労働者として生きることに挫折した。一九四九年三月から一九五一年三月までの間、特別研究生として東工大に在学した後、同年四月、東洋インキ製造に就職した。

吉本はここで労働組合運動と出会う。一九五三年三月、青戸工場の組合長に就任し、自社の後進性を訴える闘士として立ち上がった。彼は会社と徹底抗戦したものの、スト権の確立に失敗し、吉本を中心とする執行部は総辞職に至った。この過程で、彼は上部組織の指令への従順を強いる共産党に懐疑的になり、マルクス主義が内包するエリート主義的前衛思想への反発を抱いた。『近代文学』一九五四年一月号に発表した「ルカーチ『実存主義かマルクス主義か』」では、マルクス主義に対する批判が展開されている。

一九五四年一月、吉本は配置転換命令で東工大に派遣研究員として長期出張を命じられた。一年数ヶ月間にわたった研究員生活は、実質上の左遷で、一九五五年になって本社企画室に転属となったものの、そこは吉本一人だけが所属する閑職だった。彼はまたしても大きな挫折を味わい、辞職に至る。このプロセスで書かれたのが、原始キリスト教における関係性を描いた「マチウ書試論」だった。

吉本は、相対的な人間に「関係の絶対性」は可能なのかを問うた。そして、その延長上に「確固とした生活実感」を有する「大衆の原像」が据えられていった。彼は、アモルフで流動的でありながらも、地に足の付いた生活の中で思考する大衆を根拠とし、知識人や近代的理性の脆弱性を批判した。その大胆で鋭利な左派エリート批判が読者を引きつけ、吉本は一気に論壇の中心人物になっていった。

三　親鸞の極北

非知と悪

吉本が再び親鸞と向き合うのは、一九七〇年代に入ってからである。彼は雑誌『春秋』一九七一年一二月号から親鸞論の連載をはじめ、一九八一年に『最後の親鸞』(春秋社)を刊行した。

親鸞論の執筆は、左派運動の退潮の中で進められた。六〇年代末で全共闘運動は沈静化し、一九七二年七月に田中角栄が首相に就任すると、「日本列島改造論」で沸き立った。左派運動は大衆と乖離し、消費社会の拡大に飲み込まれた。

当時の吉本は、鶴見俊輔との対談の中で、大衆の行為主体性について次のように述べている。

ぼくは、大衆のとらえかたが鶴見さんとはものすごくちがいますね。ぼくのとらえている大衆というのは、まさにあなたがウルトラとして出されたものですよ。戦争をやれと国家から言われれば、支配者の意図を越えてわっとやるわけです。たとえば軍閥、軍指導部の意図を越えて、南京で大虐殺をやってしまう。こんどは、戦後の労働運動とか、反体制運動では、やれやれと言われるとわっとやるわけです。裏と表がひっくり返ったって、それはちょっとも自己矛盾ではない。大衆というものはそういうものだと思う。だから裏返せば大衆というものはいいものだし、裏返せば悪い、まったくどうしようもないものだということになるわけです。こういう裏と表をもっているのが、ぼくに言わせれば大衆というもののイメージなのですね。（吉本、一九七二、四六頁）

吉本は、大衆のアモルフな行為主体性を、そのままの形で擁護した。大衆には思想的一貫性などない。政治的立場は、状況に応じて瞬時に反転する。時に国家の「悪」に加担し、残虐行為の主体ともなる。知識人が容易に啓蒙できるような生やさしい存在ではない。

吉本は、一筋縄ではいかない大衆に密着しようとする。しかし、彼自身はもはや大衆ではない。文筆を生業とする知識人である。大衆であろうとすると、どうしても再帰的にならざるを得ない。「大衆」を客体化した上で、主体的に選択しようとする意思が必要になる。吉本は小潟昭夫との対談の中で、自分が大衆に回帰することができないという諦念を述べた上で、「自覚的に」「意識的に」とらえようとするのが「大衆の原像みたいな考えの原形」だと論じている（吉本、一九七五、三九七頁）。

この「大衆」をめぐる格闘の中で再発見したのが、親鸞だった。『最後の親鸞』に収録された「ある親鸞」の中で、吉本は次のように述べる。

〈衆生〉とは、たんに〈僧〉たるものが〈知〉の放棄によって近づくていの生やさしい存在ではなかった。また〈僧〉たるものが、安易に専修念仏をすすめれば帰依させうる存在でもなかった（吉本、二〇〇二、一〇一頁）

衆生は「ことのほか重い強固な存在で、なまじの〈知〉や〈信〉によってどうにかなるようなちゃちなものではなかった」（吉本、二〇〇二、一〇三頁）。そのため親鸞は、衆生の教化を放棄せざるを得なかった。僧が衆生を教化するというのは、欺瞞に満ちた思い上がりに他ならなかった。

一方で、知識人たる親鸞は、衆生になりきることも難しかった。衆生として生きるには、僧としての知が邪魔をした。「親鸞にできたのは、ただ還相に下降する眼をもって〈衆生〉のあいだに入りこんでゆくことであった」（吉本、二〇〇二、一〇三頁）。

親鸞がとった立場は、「非僧非俗」だった。僧体を否定し、出家隠遁者であることを否定する。善人であることを否定し、教化を否定する。残ったのは「ただ還相の眼をもった一介の念仏者が、そのままの姿で〈衆生〉のなかに潜り込んで、かれらの内心に火をつけて歩く」ことだった（吉本、二〇〇二、一〇七～一〇八頁）。

吉本にとって問題になったのは「非知」という場所である。表題作の「最後の親鸞」では、教理の頂に立った親鸞が、そのまま静かに「非知の場所」へと着地する「還相の〈知〉」のあり方が探求された（吉本、二〇〇二、一七頁）。

知を獲得した人間にとって、愚者になることは思いのほか難しかった。「知者にとって〈愚〉は、近づくのが不可能なほど遠くにある最後の課題である」（吉本、二〇〇二、一五頁）。

「無智」と「非知」は異なる。知者は「無智」に戻ることができないが、「非知」を選択することはできる。「非知」は獲得しようとする意思が存在するが故に、再帰的である。

「無智」には、浄土へのはからいがない。これこそ「本願他力の思想にとって、究極の境涯」である。しかし、「無智」の者は、「宗教がかんがえるほど宗教的な存在ではない」。彼らは悪から逃れられない存在であり、悪を友として生きている。日々の苦しい生活は、宗教的救済から疎外されている。衆生の日常は「浄土教の形成する世界像の外へはみ出してしまう」（吉本、二〇〇二、一八頁）。

最後の親鸞は、宗教の解体に向かう。

> 宗教をはみ出した人々に肉迫するのに、念仏一宗もまたその思想を、宗教の外まで解体させなければならない（吉本、二〇〇二、一八頁）

吉本が描くのは、「まったくの愚者となって老いたじぶんの姿」を晒す親鸞である。ここにおいて、親鸞は「そのまま」の姿で「非知の場所」に着地する。知の頂から下降し、エリートと大衆の断層を横超する。「称名念仏の結果にたいする計いと成仏への期待を放棄」し教の外部に到達する（吉本、二〇〇二、五九頁）。

> 眼もみえなくなった、何ごともみな忘れてしまった、と親鸞がいうとき、老もうして痴愚になてしまったじぶんの老いぼれた姿を、そのまま知らせたかったにちがいない。だが、読むものは、本願他力の思想

を果てまで歩いていった思想の怖ろしさと逆説を、こういう言葉にみてしまうのをどうすることもできない（吉本、二〇〇二、六〇頁）

最後の親鸞は赤子に回帰する。そこは「自己表出」の場所であり、寓話的な「詩語」の世界である。「指示表出」の言語は意味をなさない。のちに吉本が「母型」と呼んだ根源的な場所は、宗教の極北であるが故に、宗教という輪郭を内破する。

非詩的な詩

『最後の親鸞』に収録された「和讃――親鸞和讃の特異性」では、親鸞こそが真の詩人であるとの結論に到達する。

親鸞は多くの和讃を残した。和讃とは三宝を讃嘆する七五調の詩歌のことで、親鸞のものとされる四句一首の和讃が五〇〇首余り伝えられている。しかし、「親鸞の和讃の性格は、ひとことで〈非詩〉的であるといってよい」（吉本、二〇〇二、六一頁）。

親鸞の時代には、疫病や飢餓が蔓延し、世の中は荒廃していた。人々は死の恐怖にさらされ、有限的存在の「あわれ」に直面した。人々は宗教に詩的要素を求めた。詩は「救済の〈ほのか〉な幻として描」かれ、宗教的哀傷を満たした。宗教家たちは、無常観を源泉とする詩的表現を用いて、衆生の救済に迫った（吉本、二〇〇二、六二頁）。

しかし、「親鸞の思想にもともと哀傷はない」。「親鸞の和讃は、中世的な流行の〈あわれ〉や〈ほのか〉な救済の微光を唱うべき根拠をもたなかった」（吉本、二〇〇二、六二～六三頁）。親鸞にとって、世界は「五悪」に満ちた存在だった。人間は「愚」や「悪」から逃れることはできない。しかし、その根源的な絶望の中にこそ、浄土へ超出する正機が潜んでいる。「親鸞にとって、現世の憂苦こそは浄土への最短の積極的な契機」だった（吉本、二〇〇二、六八頁）。そのため、「あわれ」「はかなさ」「無常」を詩的に嘆く感傷は、意味をなさない。人間が煩悩具足の凡夫であることを冷徹に見つめる内省こそが、浄土の開闢につながる。

吉本の見るところ、親鸞は同時代の時宗の浄土観を厳しく退けた。一遍を中心とする時宗は、「現世不信」「穢土厭離」を問い詰め、「一刻もはやく死にたい、むしろ生きながら現身を死んだものとみなしたい、という被虐的な願望にまで徹底化している」。これは一種の「自己抹殺の絶対化」であり、「観念の即身仏志向」を伴っていた。過酷な苦行や遊行を通じて自己を抹殺し、それを通じて浄土を獲得するという道筋が説かれた（吉本、二〇〇二、六九頁）。

一方、親鸞は、浄土へと死に急ぐ思想に懐疑的だった。親鸞にとって重要なのは、「愚」や「悪」を生きることでこそ得られる救済の逆説だった。悲惨な現実にまみれた世界を引き受け、日々の生活実践を積み重ねることこそが浄土への「横超」の契機だった。

時宗の立場は、生活を放棄した一種のエリート主義である。ユートピア思想に基づくラディカルな現実逃避に、親鸞は心を寄せない。彼の傍には苦楽を共にした衆生が存在した。そこには具体的な日常があった。親鸞は、生活の場所から浄土を見つめ、時宗に対して〈真宗〉を名乗った。

親鸞は無常という感傷や、ユートピアへのロマンを却けた。そのため、彼の「和讃」には詩的要素が欠如している。「どうかんがえても、唱い伝えて他者を誘うのに必要な甘美さが欠けている」。「親鸞の和讃は、独り言のようにかかれている」（吉本、二〇〇二、九五～九六頁）。

親鸞の言葉は、常に「一人」に向けられる。親鸞の和讃には「自己懺悔」と「罪責感」がある。だから、その言葉は「独り言のよう」であり、「非詩」的である。

しかし、吉本曰く、ここに本当の詩人の姿が立ち上がる。詩を書くことによって詩人であるような人間は、真に詩人といえるのか。むしろ、・人に向けられた独り言のような言葉の中に、本当の詩が存在するのではないか。「かれの和讃だけがここに詩人があり、そしてじぶんの詩を書いたといえる与件を具えていたというべきである」（吉本、二〇〇二、九七頁）。

吉本にとって、吐息のような「和讃」こそが「自己表出」の表現であり、根源的な場所だった。同時代の吉本は、そのような場所を「南島」に求めた。「琉球・沖縄」に「弥生式文化の成立以前の縄文的」存在を求め、その古層を根拠として大和王権以降の天皇制国家を相対化しようとした。国家という「共同幻想」を越え、「愚」や「悪」に満ちた日常によってもたらされる横超の場所を、吉本は親鸞を通じて探究したのである。

オウム真理教と「造悪論」

しかし、吉本の親鸞論は隘路に陥ることになる。オウム真理教をめぐる一連の言論である。吉本は、地下鉄サリン事件（一九九五年三月）以前の一九九二年に発表した「『生死を超える』は面白い」（『Cut』一九九二年五月号〔No.15〕ロッキング・オン）において、麻原の著作（『生死を超える』）を取り上げ、高い評価を与えた。吉本は麻原を「ヨーガの優れた修練者」と讃え、その臨死体験の記述を「繊細で、徹底的で如実で、しかも最後に魂が成功の場面にとび込んで転生する経路が内側から記述されていて貴重な興味深いものになっている」と論じた（吉本、一九九五ａ、二二九頁）。そして、次のように述べている。

この本を読んでいるとヨーガの肉体的な修練が、なぜ仏教の世界観である生死を超える理念をつくるところにたどりつくかが、一個のヨーガ修熟者の記述を介して「普通の人間」にも実感的にわからせるところがある。（吉本、一九九五ａ、二三〇頁）

一九九三年六月一七日には京都精華大学で講演を行い、「幸福の科学」「統一教会」「オウム真理教」の分析を行っているが、前二者に対して厳しい評価を下す一方、オウム真理教の麻原彰晃には、好意的な議論を展開している。ここでも吉本は、麻原が「生死を超えることができるような修行」に取り組んでいることに注目している（吉本、一九九五ａ、二〇六頁）。

一九九五年三月に地下鉄サリン事件が起こると、オウム真理教に対する嫌疑と批判が集中したが、吉本は麻原への評価を変えなかった。彼は当時、雑誌『自由時間』で連載「哲人・吉本隆明の世間と世界を透視する」を担当していたが、事件直後の四月号でも『生死を超える』を「なかなかいい本でした」と述べ、再度、麻原をヨーガの修行者として高く評価している（吉本、一九九六ａ、六六頁）。『自由時間』五月号の連載では、次のように述べている。

僕の憶測をいってみれば、彼の教義のなかに人間の生の世界と死後の世界とは等価で、どっちでも変わりばえのない無常のリアリティという徹底したニルバーナ・ニヒリズムがあるから、それはサリンによる無差別な無辜な民衆の殺傷と、もしかすると結びつくと想像することはできるのではないでしょうか。（吉本、一九九六ａ、七七頁）

ここで重要なのは、吉本が麻原の思想を「ニルバーナ・ニヒリズム」と捉えていることである。ヨーガの修行によって「生死」を超えた（とする）麻原にとって、「人間の生の世界と死後の世界」は「等価」なものとなる。この発想が、地下鉄サリン事件という無差別殺傷の肯定につながったと、吉本は推測している。同年七月になると、吉本はより踏み込んだ発言を行う。七月一八日に行われ、『諸君』九月号に「消費資本主義と日本の政治」と題して掲載された芹沢俊介との対談では、次のように述べている。

麻原がもしちゃんとした人だったら、やっぱりどこかで言うとおもうんです。つまり、市民社会の〈善悪〉の次元でなにか言ってもらったら困ると。それにたいしてじぶんは服する。死んだっていい。だが、おれたちの思想はそうじゃないんだと。一見、無差別殺人にみえるけど、これはじぶんたちが大きな善に至るひとつの過程としてやむをえずそうなったんだみたいなことを言ったら、そうとうすごいとおもいますけどね。（吉本、一九九六b、二二九〜二三〇頁）

吉本が示唆するのは、麻原が無差別殺傷事件を「大きな善に至るひとつの過程」と捉えている可能性である。生死を超えることを説く麻原にとって、死こそが時に、積極的な生に転化する。このような生死の反転をめぐる逆説が、大規模に挙行されたのだとすれば、そこには宗教的な世界観が投影されている。

吉本曰く、このような世界観は仏教の修行者にとっては、理解可能なものである。「仏教徒にとって死は問題にならない」。「修行者たちは、ヨーガや意識の集中によって幻覚を創出し、見仏の体験を得たり、死や死後の世界のイメージを体現しようと努力した」。そして、オウム真理教の教義や地下鉄サリン事件を根源的に批判できるのは、「浄土系、つまり法然、親鸞系統の教義しかない」。なぜならば、「修行によって得られる死のイメージを幻覚にすぎないものとして退け、戒律や出家の概念も解体し、在家の身分で、ただ一心に念仏をとなえれば浄土にいける、善行や修行はむしろ往生の妨げになる、ということを説いた」からである（吉本、一九九六b、三〇〜三一頁）。

一方、親鸞思想において問題になるのは、「悪人正機」である。悪人の方が往生できるのであれば、悪行を重ねるべきであるという「造悪論」が横行した際、親鸞は「いい薬があるからと言って、わざわざ病気になる者があるか」と言って反論したが、吉本の見るところ、「親鸞も、本音の部分では、論敵たちの言い分を認めていた」（吉本、一九九六b、三二頁）。

そのばあいに親鸞が依って立つ唯一の論拠というのは、要するに、浄土の阿弥陀仏のもっている〈善悪〉の規模というのは、人間にくらべてはるかに大きい。だから、人間的規模の〈善悪〉の差なんて、浄土ではあんまり問題にならないんだということなのです。それじゃやっぱり悪いことをしてもいいんじゃないか、と重ねて言われたら、それはそのとおりさ、とけっきょくは答えざるをえない。そういう危険は、親鸞のなかにもうやはり、あるとおもいます。（吉本、一九九六b、三三頁）

吉本は、親鸞思想の中に「造悪論」が含まれていると見なし、この議論を地下鉄サリン事件に投影した。吉本にとって「悪人正機」の可能性は、壮大な浄土の価値によって、世俗の善悪を無化してしまう点にある。阿弥陀仏の救済の本願に比して、人間の善悪など微々たる存在に過ぎない。善人という自意識に溺れる者よりも、むしろ悪にまみれた人間の方が、浄土に接近する。

吉本は『産経新聞』に掲載された弓山達也との対談（「吉本隆明氏に聞く」）で、「造悪論」に触れ、「僕の願望では『麻原、あいつは極悪深重できっと往生しやすいよ』と言いたいわけです」と述べている（吉本、一九九五c）。

しかし、「大衆の原像」を説いてきた吉本にとって、地下鉄サリン事件は大衆の論理に反する。無差別テロ事件は大衆一般の命を奪うものであり、「まったく肯定すべき余地がない」。徹底して否定しなければならない。

ところが、僕の中で、否定だけで終わるかといったら、そうではないんです。本来、超越的な性格を持っている宗教の問題、理念の問題、思想の問題が僕の中にあります。その問題を僕が重点にすれば、『麻原彰晃、つまりオウム真理教というのは、そんなに否定すべき殺人集団ではないよ。この人は宗教家としては現存する世界では有数の人だよ』という評価になると思います。そうすると、僕の中で二重性をはっきりさせなくてはいけないでしょう。なぜ、お前の中に二重性ができたのか、分離してきたのかをですね。二重性の解決が、僕にとって、オウム真理教事件の一番の課題なんですよ。（吉本、一九九五b）

吉本にとって、最大の課題は「大衆の論理」と「宗教の論理」の相反だった。この「二重性」をどう解くかが、思想家としての難問だった。

吉本の問いは、世の中に受け入れられなかった。『産経新聞』の対談記事は吉本へのバッシングを巻き起こし、「オウム真理教を擁護した」として非難の対象となった。

浄土真宗本願寺派の僧侶・山崎龍明は、『産経新聞』（東京・九月二二日夕刊）に掲載された「『吉本隆明氏に聞く』への意見㊦」の中で、次のように述べている。

「悪いことをしても構わないのか」という問題意識は、自分を善という立場に置き、身に備わった自分の悪を棚上げしている。親鸞が造悪論を持ち出した弟子に送った手紙を、氏は「言い訳」と評したが、そうではない。その手紙の中で、造悪の者とは、教えの本質を理解しない者、念仏についてこころざしのない者であると示している。単なる言い訳などではない。ここでも「善人なおもて往生をとぐ、いわんや悪人をや」の言葉だけを切り離した観念論に陥っているように私には見受けられる（山崎、一九九五）

山崎の吉本批判は、教学の立場からの正論と言えよう。しかし、吉本は山崎に対して、猛然と批判を繰返した。吉本にとって、教派の正統な教学は世間への迎合であり、親鸞思想の牙を抜く行為に他ならなかった。吉本にとって、「悪人正機」は「市民社会の善悪観」に回収されてはならないものだった。宗教は、市民社会の善悪感をどこかで超えていなければ、救済の論理にならない。世俗的論理に包含される価値観など、宗教に値しない。そこに世俗の論理を超えた「善悪の彼岸」が現れる。

吉本は「悪人正機」のラディカルな解釈を展開する。

オウム真理教の悪は浄土に遠いけれど、またたいへん近い契機がそのなかにあると、親鸞だったらいうでしょう。（吉本、一九九六a、一〇三頁）

吉本曰く、阿弥陀仏に「いちばん遠くていちばん近い存在」が悪人であり、親鸞は「〈善悪〉の問題をふつうの社会の〈善悪〉の問題からすくい出すこと」を考えたのではないか（吉本、一九九六b、六四頁）。親鸞は「極悪非道の人間の方が浄土にいきやすいと考えていたんじゃないか」（吉本、一九九六a、一〇五頁）。では、なぜ極悪非道の人間こそが、救われるのか。

極悪非道というのはなにかというと、目にみえないかたちで善を包括している悪が極悪非道で、目にみえるだけで奥はなにもないというのがただの悪じゃないか。極悪非道というのは、要するに悪のなかに善が潜在的に含まれていて、庶民の社会でいう悪にはそれだけの含みはないと、親鸞は本気で思ってたんじゃないか。
（中略）親鸞的に麻原彰晃の無差別殺人をおこなった極悪非道の者は往生しやすいところがあるといえるんじゃないか。その極悪非道のなかに善の影があったとしたら、それはただ一つ、未来性ということです。これから人類がたどる歴史のなかで、善として組み入れられるものが彼の極悪非道な行為のなかに含まれているんじゃないか。未来性だけは含まれているんじゃないか。（吉本、一九九六a、一〇五～一〇六頁）

問題は、地下鉄サリン事件にいかなる「善の影」が含まれるかである。無差別殺人という悪の奥に、潜在的な善は含まれているのか。

しかし、それは「未来性」であるが故に、現在の我々に把握することはできない。麻原彰晃は、事件の動機について口を閉ざし続けた。吉本の「二重性」は解消されることなく、永遠の未来に投企されるしかない。吉本が構想したのは、極悪非道の中から彼岸の善が起動し、「大衆の原像」と合流する姿だろう。それは宗教的ユートピアであり、人々は愚者のまま救済される。「二重性」は解消され、殺人は聖化される。これは大東亜戦争中の詩集『草莽』へと回帰する道に他ならない。戦中の吉本は、現人神である天皇のために命を投げ出す絶対性を抱きしめ、大東亜戦争の殺戮の中に、アジア解放という「未来性」を幻視したが、それは敗戦によって、侵略という「悪」であることを晒した。

実際、吉本は地下鉄サリン事件を論じながら、戦中の自己を想起している。

ぼくが二十歳で兵隊に行って死ななきゃならないと納得できるためにはどうしたらいいかということを、ものすごくかんがえたんです。そうすると近親が生きていけるためとか、この国が戦争に勝つためにとか、いろんな理屈をかんがえるわけですが、全部相対的なんです。そうすると絶対的なものとはなんだといったら、神聖にして侵すべからざる天皇という現人神みたいなものにたいしてならばじぶんは死ねるんだという、そういう宗教理念と似たものをもたなければいられなかった。それをかんがえたら、この人たち（オウム真理教の信者達――引用者）が麻原に帰依するというのはなんとなくわかります。精神内容が満たされるものを探したいわけだし、そういうばあいに、全面的じゃないかもしれないけれど、いちばんそれがあるように見えたのがきっとオウムじゃないかなとおもうんです。

（吉本、一九九六b、一九一頁）

最後の吉本隆明は、最初の吉本隆明へと回帰している。そこに残されたのは、可能性と危険性が表裏一体となったメビウスの輪である。親鸞の非僧非俗という立ち位置は、安定した場所ではなく、特定の場所に立つことを許さない。吉本はエリートであることを拒否すると同時に、大衆の論理に埋没することも拒絶した。この二重性の解消は、不可能性を前提としなければならず、強引に突破しようとすれば、異形の宗教者が現れる。「まったくの愚者となって老いたじぶんの姿」を晒す親鸞、そして地下鉄サリン事件を起こした麻原彰晃。大衆の原像は、生活感覚によって宗教の極北を拒絶するが、両者を合致させようとすると、全体主義が現れる。そこには「現人神としての天皇制」と「命を取り替えられる」と考えた若き吉本隆明が立っている。

四　おわりに

左派の中核を担った戦後民主主義者やマルクス主義者たちは、生活感覚を捨象したエリート主義だった。吉本は彼らの足もとを厳しく攻撃することで、独自の地位を確立した。吉本が依拠したのは「大衆の原像」だった。大衆は理知的な存在ではなく、知識人の啓蒙主義に従順ではない。時に暴力的で、政治権力を馴化しようとするアモルフな主体である。エリートがコントロールできるような生やさしい存在ではない。吉本は、あくまでも大衆の側に立ち、大衆との間に「関係の絶対性」を構築しようとした。

この視点は、必然的に理性の外部への関心につながった。理性に依拠しない大衆への関心は、理性を超える宗教への関心と一体のものとして追究された。その嚆矢が「マチウ書試論」である。

吉本にとっての宗教との出会いは、詩との出会いにはじまる。詩の言語（「詩語」）は「自己表出」の表現であり、根源において宗教的世界へと接続する。

若き吉本が没入したのは、宮沢賢治の文学だった。賢治は自然を師とし、宇宙と交わった。農民として生活と格闘し、自然とともに生きることで、宇宙の神秘に接触した。吉本は、生活世界の宗教性を土台に近代の超克を見据えた宮沢賢治の方法に魅了された。

このロマン主義が、親鸞の説く「愚者」への関心につながり、戦中の詩集『草莽』を生み出した。ここでは賢しらなはからいや卑小な自意識を捨てて、天皇の大御心へ随順することが謳われた。吉本は現人神の絶対主義に命を捧げる覚悟を固めた。

敗戦によって茫然自失となった吉本は、「悪」という問題を追究する。そして、新たな親鸞と出会い直す。吉本が取り組んだのは「悪人正機」という論理だった。人間は存在することの悪から逃れることができず、死からも逃れることができない。人間が生きることの苦しみや悲しみから解放されることはなく、懊悩を抱えて生きざるを得ない。しかし、その苦しみこそが、浄土への逆説である。苦悩や迷いの中にある人間こそが救われるという「悪人正機」が、吉本にとっての救済となった。

その後、吉本は労働者として挫折し、労働運動の指導者としても挫折を味わう。このプロセスを通じて、共産党やエリート左派に対する批判を強め、「大衆の原像」と共に生きる覚悟を固めた。彼は本格的な論壇デビューを果たし、左派言論人を大衆の論理から批判する論客として支持された。

吉本が本格的に親鸞を論じたのは、一九七〇年代以降であり、その代表作が『最後の親鸞』である。ここで追究されたのは「非知」という問題である。知者が愚者になることは、思いのほか難しい。仏教エリートとして比叡山で修行を積み、その限界に出会った親鸞は「非知」の獲得に苦慮する。

吉本が注目したのが、「老もうして痴愚になってしまった」最後の親鸞の姿だった。そして、その苦難のプロセスの中で生まれた「和讃」だった。吉本は、そこに真の詩人の姿を見出した。

この異形の親鸞は、麻原彰晃への評価につながった。吉本は「悪人正機」を「造悪論」として解釈し、地下鉄サリン事件の中に、浄土の善の契機を見出そうとした。しかし、宗教の極北は、「大衆の原像」と衝突する。命を無差別に奪い、日常生活を破壊する論理に、大衆は激しく反発する。ここに論理の「二重性」が立ち現れる。

この矛盾を強引に突破しようとすると、全体主義が顔をもたげる。吉本の問いは、戦争をめぐって苦悩し、天皇の絶対主義に命を捧げようとした若き日のロマン主義に回帰する。彼は難題に直面し、立ち往生した。

吉本のアポリアは、ヒッピーブーム以降の左派知識人の宗教論とも共通する課題である。近代のオルタナティブを宗教やスピリチュアリティに求める運動は、今後も終わることがないだろう。そのムーヴメントがもつ可能性の探究と共に、危険性への自覚が求められる。そのとき吉本隆明の親鸞論の軌跡は、私たちを照らす鏡として重要な役割を果たすだろう。

引用文献

安藤礼二（二〇一九）『吉本隆明――思想家にとって戦争とは何か』NHK出版

川端要壽（一九八一）『墜ちよ！さらば――吉本隆明と私』檸檬社

山崎龍明（一九九五）「『吉本隆明氏に聞く』への意見㊦」『産経新聞』東京・九月二二日夕刊

吉本隆明（一九七二）『どこに思想の根拠をおくか――吉本隆明対談集』筑摩書房

――――（一九七五）『思想の根源から――吉本隆明対談集』青土社

――――（一九八三）「日本仏教の諸問題」『〈信〉の構造Ⅰ――仏教論集成』春秋社

――――（一九九五a）『親鸞再興』春秋社

――――（一九九五b）「吉本隆明氏に聞く①」『産経新聞』東京・九月五日夕刊（弓山達也との対談）

――――（一九九五c）「吉本隆明氏に聞く②」『産経新聞』東京・九月七日夕刊（弓山達也との対談）

――――（一九九六a）『世紀末ニュースを解読する』マガジンハウス

――――（一九九六b）『宗教の最終のすがた』春秋社（芹沢俊介との共著）

――――（二〇〇二）『最後の親鸞』ちくま学芸文庫

――――（二〇〇四）「詩と思想の60年」『文藝別冊』二月号

――――（二〇〇六）〔一九六四〕「過去についての自註」『初期ノート』光文社文庫
――――（二〇〇八）「肯定と疎外」『現代思想』八月増刊号
――――（二〇一六）〔一九四七〕「歎異抄に就いて――亡吉本邦芳君の霊に捧ぐ」『吉本隆明全集1』晶文社
――――（二〇一六）〔一九四九〕「詩と科学との問題」『吉本隆明全集2』晶文社
吉本隆明研究会（二〇〇一）『吉本隆明が語る戦後55年⑤――開戦・戦中・敗戦直後』三交社
――――（二〇〇三）『吉本隆明が語る戦後55年⑩――我が少年時代と「少年期」』三交社
渡辺和靖（二〇一〇）『吉本隆明の一九四〇年代』ぺりかん社

コラム③　戦後キリスト教と人権思想

森島豊

戦後日本に人権が確立されていく中で、キリスト教は思想的にも実践的にも大きな役割を果たした。政治的な後押しによって進められたこの動きの受け皿にキリスト教が関わっていたからである。戦後の平和構築の課題を「神学的な問題」と言ったＧＨＱ最高司令官ダグラス・マッカーサーは、民主化と政教分離の確立のために、一方で新憲法を制定し、他方でその内実を担う多くの宣教師を日本に招いた。この動きの受け皿となったのも、戦前からキリスト教の影響を受けていた日本人たちである。

一　日本国憲法に与えたキリスト教の影響と課題

今日様々な研究により、日本国憲法の成立過程の中で民間の憲法草案がＧＨＱの目にとまり、日本国憲法制定に影響を与えたことが分かっている。中でも憲法研究会の鈴木安蔵（一九〇四〜一九八三）が起草した草案は民主的で人権条項を取り入れ、大きな役割を果たした。熱心なキリスト教信者の家庭で育った鈴木は、プロテスタント教会が形成した抵抗権の感覚を育んできた。抵抗権とはスイスの宗教改革者ジャン・カルヴァンが主張した理念で、聖書に反する行為を君主が強制した時に、民衆が君主よりも上位にある存在（神）を根拠にして、君主に抵抗する権利を持つとした。抵抗権の理念は英国ピューリタンに影響し、絶対王政時代に英国人の権利を守る運動を支え、世界で最初の人権項目を明記した憲法草案を生み出した（『人民協約』）。その影響はアメリカに渡り、人権項目を最初に法制化したヴァジニア憲法や独立宣言を生み出した。明治期の自由民権運動家の多くはこれらの憲法から学んだ。特に高知の植木枝盛（一八五七〜一八九二）は人権思想の淵源にキリスト教の影響があることを知り、積極的にキリスト教に近づき、抵抗権・革命権など人権項目を入れた私擬憲法『日本国国憲按』を作成した。抵抗権に関心を示していた鈴木安蔵は植木の私擬憲法から影響を受けて憲法研究会の憲法草案を作成した。それがGHQの目にとまり、GHQ案の下敷きとなって、日本国憲法制定に至る。したがって、潜在的な仕方でキリスト教は日本の人権の法制化に影響を与えたのだ。

けれどもその後、この方面においてキリスト教が人権思想を牽引することはなかった。その理由は人権思想の法制化に与えたキリスト教の影響が潜在的であったため、これを自覚して継承発展する人材が生まれなかったことにある。鈴木安蔵はキリスト教思想の影響を自覚しておらず、むしろマルクス主義の影響を受けて無宗教の立場を貫いた。憲法学を牽引した宮澤俊義は人権における宗教的要素を否定し、「キリスト教が少しも人権思想の推進に役立たないどころか、反対にその冷却に寄与している」と評した。この傾向は今日も続いており、キリスト教の影響の消極的評価と人権軽視に積極的な政治動向は比例している。

明治時代に生成した欧米と異なる人権理念（天皇型人権）もキリスト教の影響を骨抜きにした。内実は天皇への平等な忠誠という「天皇型人権」は君主に勝る位置に天皇が置かれているので抵抗権の確立を阻んだ。戦後の日本において平等意識が高いけれども人権意識が低いのは、日本の人権思想の構造原理が「天皇型人権」となっている可能性がある。詳しくは拙著『抵抗権と人権の思想史――欧米型と天皇型の攻防』（教文館、二〇二〇）を参照して欲しい。

二　教育・福祉への影響

戦後人権思想へのキリスト教の関わりは教育や福祉の分野で顕著に見られる。一つは教育基本法の成立過程である。戦後の民主化政策の中で設置された教育刷新委員会の責任者の中にはキリスト教徒の内村鑑三や新渡戸稲造の影響を受けた有識者が多くいた。新渡戸は自由主義的、人格的教養教育を求め、人間はどうあるべきかという人間のあり方の追及を示した。その影響を受けた人々が戦後の教育を担った。委員会の中には東大総長の南原繁、後に文部大臣になる天野貞祐《ていゆう》、恵泉女学園長の河合道、憲法研究会のメンバーでもあった森戸辰男等がいた。文部大臣の田中耕太郎や文部次官の山崎匡輔《きょうすけ》も新渡戸の弟子にあたるキリスト教徒である。彼らの天皇制に対する姿勢には慎重な検討が求められるが、結果的に教育勅語を神格化することや学校の儀式で奉読することを廃止し、国民を代表する国会が採択する教育基本法を作ることへと尽力した。

男女同権についてもキリスト教の影響がある。戦前の女子高等教育に大きな貢献をしたのはキリスト教学校である。日本で最初に日本婦人参政権協会を一九二一年に作ったのはキリスト教矯風会である。その中心にいた牧師でもある久布白落実《くぶしろおちみ》（一八八二〜一九七二）の働きかけで、戦後すぐの一九四五年八月二五日に戦後対策婦人委員会が組織され、日本はマッカーサーの命令が出る前に、女性に参政権を与える決定を下した。

実践的な人権活動において特筆すべきことは福祉へのキリスト教の貢献である。戦後深刻な問題となっていたのは当時一二万七千名いたと言われる戦災孤児である。彼らへの働きかけを担ったリーダーの多くはキリスト教徒であった。孤児救済事業は明治の時代から石井十次や留岡幸助らキリスト教徒の働きがあったが、戦後もキリスト教が大きな働きをすることになる。北米のキリスト教徒たちは「クリスチャン・チルドレン・ファンド」を作り、キリスト教関係施設の子どもたちに毎月援助を送り、二〇年近く生活を支えた。

戦後復興の中で取り残された人々へ手を差し伸ばした多くもキリスト教徒たちであった。生産性重視の社会の中で取り残されたのは、生産性と労働能力がないとみなされた人々である。その一つは障がい児たちである。養護学校の義務化は一九七四（昭和五四）年に定められたが、戦後三四年間障がい児は学校に入れなかった。早くからこの問題に目を向けて活動してきたのは一九六二年止揚学園を創設したキリスト教徒の福井達雨《たつう》（一九三二

〜）である。高齢化社会における老人問題も同様である。特別養護老人ホームを日本で最初に始めたキリスト教徒の長谷川保《たもつ》は、政治家として生活保護法の制定にも尽力した。キリスト教は社会的弱者への支援と救済活動において開拓的な働きを担ったのである。

三　キリスト教の影響力の低下

以上のように、戦後キリスト教は日本の人権の確立に目覚しい働きをしてきた。キリスト教が人権思想に影響を与えるのは人間の罪認識と無関係ではない。人間は完璧でないので、国家が犯す間違いに歯止めをかける術も形成してきた。さらに、キリスト教は罪人を見捨てないキリストの十字架の贖罪愛に支えられた宗教なので、社会的弱者に対する救済活動へ積極的に働きかけたのである。

けれども、近年思想的にも実践的にもキリスト教に目立った働きかけが見受けられなくなった。その最大の要因はキリスト教会の伝道不振である。戦前も伝道は困難であったが、教会の社会事業への関わりが多くあった。ところが戦後、宗教法人法によってキリスト教社会事業がキリスト教会からこぼれ落ちた。学生紛争は教会の社会活動との繋がりをさらに困難なものにした。教会と社会事業の分裂は、社会活動家に聖書的福音理解を喪失させたため、ますます修復が難しくなっている。

人権の確立に欠かせない政教分離の理念は、歴史的にプロテスタント教会が形成してきた文化価値だが、日本においてはキリスト教徒に政治から距離を持たせる方向に働いた可能性がある。政教分離は、国家による特定の宗教の公認を禁止して信教の自由と個の尊厳を守るためにあるが、信仰者の政治的関与を否定するものではない。けれども、日本のキリスト教会においては政治的消極性を生み出し、戦後しばらくはキリスト者の政治家や官僚を輩出したが、近年は政治的影響力のある存在を失った。教育・医療・福祉に取り組んでいる人々はいるが、キリスト教の側から政策を提言する存在が出てこないという課題がある。

第五章　戦後の宗教とジェンダー

猪瀬優理

一　はじめに

近代における宗教には、さまざまな面で近世以前からの宗教的伝統を引き継いでいる部分や明治期以降に新たに「創られた伝統」を強化している側面がある。ジェンダーにかかわる問題も例外ではなく、現代の価値観からみて問い直される必要のある「伝統」も数多く残されている。

たとえば、二〇一八年四月、京都府舞鶴市で行われていた大相撲の春巡業において、土俵上であいさつをしていた舞鶴市長が倒れたため、複数の女性看護師らが土俵に駆け付け心臓マッサージを施したところ、土俵上の女人禁制を守るために、少なくとも三回にわたって「女性の方は土俵から降りてください」などと場内アナウンスが流れたという事件があった。幸いにして市長は回復し事なきを得たが、人命よりも「伝統」を優先する姿勢や、いまだに女人禁制という性差別ともいえる「伝統」を守り続ける保守性が問われた。大相撲における土俵上の女人禁制に対して日本相撲協会は、女性に対する不浄観に基づいているという見方を否定し、「相撲は神事が起源」「大相撲の伝統文化を守りたい」「大相撲の土俵は男が上がる神聖な戦いの場、鍛錬の場」の三つを女人禁制としている理由に挙げ、「性差別」を否定し、土俵は「男だけの世界」との「伝統」を強調する（『朝日新聞』二〇一八年四月二九日「「戦いの場、男だけの世界」　相撲協会、考え方表明　女人禁制」）。

大相撲のいう「神道との関わりがあるから女性を排除する」という論理は明治期に人為的に形成されたとの指摘がある（吉崎祥司・稲野一彦「相撲における『女人禁制の伝統』について」『北海道教育大学紀要　人文科

学・社会科学編』五九（一）、七一―八六、二〇〇八）。そうであるなら大相撲における女人禁制は、近代以前より存在していた「神道」という「伝統」を基盤として、近代において「創られた伝統」だといえる。この場合、宗教は「創られた伝統」を支える論理として機能している。

本章では、戦後日本社会におけるジェンダーに関わる変化を確認したのち、このような変化を経験した戦後日本の宗教がジェンダーに関わる問題に対していかなる対応をしてきたのかを確認することによって、戦後の宗教とジェンダーの関係を明らかにしていきたい。本シリーズの第六巻にはジェンダーを中心的なテーマとする章はないため、本章では戦後から平成期に至るまでの宗教とジェンダーに関わる状況について取り上げる。

二　日本におけるジェンダー

戦前・戦中の日本のジェンダー

一般に「ジェンダー」は、「社会的・文化的につくられた性差」であり、「男役割、女役割などの性別役割の内容」、「社会の中で共有されている男らしさ／女らしさ」と定義される。しかし、このような定義は「性差」に着目することになるため、結果として単に「女性／男性」という単純な二分法の維持につながる場合がある。

これに対し、スコットはジェンダーを「肉体的差異に意味を付与する知」（ジョーン・W・スコット『ジェンダーと歴史学』荻野美穂訳、平凡社、一九九二、一六頁）と定義し、バトラーは「ジェンダーがセックスを規定する」（ジュディス・バトラー『ジェンダー・トラブル――フェミニズムとアイデンティティの攪乱』竹村和子訳、青土社、一九九九、二七～二九頁）と主張した。つまり、「ジェンダー」という概念の中に、性別に対する意味形成や意味付与といった社会的なダイナミクスが含まれることを明確にしたのである。このダイナミクスは社会全体に作用する。江原は、「性別にかかわる規範によって男女それぞれに与えられる行動規範が形成する社会秩序」を「ジェンダー秩序」と称し、「ジェンダー」が社会秩序を形成する一要素であることを確認している（江原由美子「ジェンダー秩序と社会の脆弱性――「災害とジェンダー」研究を手掛かりとして――」『学術の動向』二〇二一、九七頁）。

本章では「ジェンダー」をこのような当該社会の秩序を形成するダイナミクスを捉えるための概念として扱う。そして、「ジェンダー秩序」の変容に対して果たしてきた戦後の宗教の役割について考察する。そのためには、まず戦前・戦中のジェンダーのありようについて、確認しておく必要がある（以下の歴史全体の流れについては、久留島典子・長野ひろ子・長志珠絵編『歴史を読み替える ジェンダーから見た日本史』大月書店、二〇一五を参照した）。

ジェンダーの視点からみた歴史学では、中世社会よりも近世社会における女性の方が歴史の表舞台に立つことが少なくなっていると指摘されている。その要因として、近世社会の政治体制が武家身分を中心とした身分制に基づいたものであったことが挙げられている（大口勇次郎「近世社会のジェンダー」、大口勇次郎・成田龍一・服部早苗編『新 体系日本史九 ジェンダー史』山川出版社、二〇一四、一六七～一七五、一六七～一六八頁）。

近世社会のジェンダーは家父長制的「家」と身分制社会に基づいたものであり、男性のみが「家」を代表して家督相続権や財産管理の権限を有するものとされ、一部の公家や武家の女性をのぞき、多くの女性は公的役割から排除された。奉公人賃金や労働環境にも明確に男性が優位となる差があった。また、近世においては儒教思想に基づく女訓書が普及したことにより、女性たち自身が男尊女卑思想を身に着けることになった。一方で、女訓書の普及は女性たちが文字による自己表現を可能とする素地を広げていくことにもつながり、この時代には社会批判を行う女性も登場している。

明治維新による近代国民国家の形成にともなって新たに編成されたジェンダー秩序は、西洋近代の構成要素を選択的に摂取することによって、近世におけるジェンダー秩序とは異なる性質を持ったものとして形成されていった。

この時期に再編されたジェンダー秩序を象徴する「良妻賢母主義」は、「近代国民国家の形成や『近代家族』の成立と不可分の思想」であり、「戦後の日本社会や欧米の近代国家における期待される女性像との共通点・連続性を持つ、『近代』の思想」である(小山静子『良妻賢母という思想』勁草書房、一九九一、七頁)。「近代家族」の定義としては、(一)家内領域と公共領域の分離、(二)家族成員相互の強い情緒的関係、(三)子ども中心主義、(四)男は公共領域・女は家内領域という性別分業、(五)家族の集団性の強化、(六)社交の衰退、(七)非親族の排除、(八)核家族、という八項目の整理が良く用いられてきた(落合恵美子『近代家族とフェミニズム』勁草書房、一九八九、一八頁)。

これに対し、「近代家族」を「近代国家の基礎単位とされる」という点から定義し、落合による上記の八項目に「この家族を統括するのは夫である」との項目を加えた九項目を「近代家族の一般的性質あるいは近代家族のメルクマールにする」という提案もある（西川祐子『近代国家と家族モデル』吉川弘文館、二〇〇〇、一五頁）。

近代国民国家の形成と運営において家族は重要な要素であり、家族を基礎単位として社会全体においていかなる「ジェンダー秩序」を形成していくのかは、常に重大な政治的な課題であった。ここで重要な点は、このために行われた「ジェンダー秩序」の再構築において、変革の対象となったのは、女性だけではなく、男性も同様という点である。

たとえば、加藤（二〇一四）は、近代国家形成時の男性ジェンダーの再構築の過程において、「剛健不屈」などの望ましい「青年」モデルを「男らしさ」と結び付けるとともに、「青年」にふさわしいセクシュアリティ規範が合わせられることによって、男性たちに女性や高齢者など「弱者」（他者）に対する優越の意識が生み出されたと指摘する。

一八九八年に公布された明治民法は、女性の男性家長に対する従属的な地位を特徴としている。近世社会では、生家の姓を名乗る「妻」が広く見られ、家産をめぐって妻と夫が対等な立場にあった離婚事例もみられたが、このような旧来の家族形成をめぐる慣習は明治民法には反映されていない。夫であり父である男性戸主に強い権限があり、「妻」は法的行為者として「無能力者」とされたことはよく知られている。このことは、「戸主」となった男性が従来よりも強く「男性国民」としての義務や規範の順守を求められるようになったことを意味している。

このようなジェンダー秩序を形成することとなった背景として、戦前・戦中期の近代日本が近代国民国家としての秩序を形成する中で、「帝国」として立ち現れたことがある。「近代日本の規範的女性像」は、「日本の国民国家形成、「帝国」化と緊密にかかわりながら明確にされていった」のであり、「良妻賢母」は、「日本の『国民性』を体現した日本女性像としてつくられた」のである（加藤 二〇一四、五七頁）。

この「良妻賢母」モデルは、日本の「『国民の優秀性』についての議論が、家族主義をナショナリティの核とする方向に確定していく中で、それに対応する形で打ち出されていく」。このようなジェンダー秩序は、韓国に対する日本の植民地統治の展開にあたり、「『帝国』経営の表舞台を担う男子に対して、現地の人びとの反感を押しとどめ経営の遂行を助けるという役割」を女性に与えることとなった（加藤、二〇一四、五八頁）。近代におけるジェンダー秩序の再編は、日本の帝国化、植民地主義政策を支えるものとしてなされたのである。

このような「良妻賢母」提唱の背景には、「国力の基礎となる『優良な民族』を作るための優生学の存在」がある（加藤、二〇一四、五八〜五九頁）。

他国・他民族を蔑視することにより「国民」の統合を図ろうとするありようや、国家を繁栄させるために「国民」の質を向上する優生学が重要視されるといった、帝国的な価値観のもとでのジェンダー秩序の形成は、従軍慰安婦や優生思想に基づく戦後の強制的な不妊手術などの非人道的な行為の正当化にもつながっていった。

戦後日本のジェンダー

敗戦後の日本は帝国主義国家から民主主義国家となるためのジェンダー再編の必要に迫られた。一九四五年一〇月、GHQ総司令マッカーサーは、日本政府に対して民主化に関する五大改革指令を示し、憲法改正の検討を求めた。

民主五大改革の内容は、「女性参政権の付与」「労働組合の結成奨励」「教育の自由主義的改革」「秘密警察などの廃止」「経済機構の民主化」である。

「婦人参政権付与による日本婦人の解放」が民主化改革のトップにあげられた要因については、帝国日本における女性の地位が低かったことから、GHQ関係者の中に異論はあったものの、マッカーサーが日本の民主化をすすめるために民主主義が何たるかを示す最良の手段と考えたことが大きいとの指摘がある（菅原和子「婦人参政権の成立経緯再考――加藤シヅエの役割をめぐって」『近代日本研究』二四、二〇〇七、三一二頁）。

男女平等の選挙権は一九四五年一二月という早さで成立に至った一方で、日本政府は女性の権利保障には非常に消極的だった。ベアテ・シロタが草案に盛り込んだ理念は「個人の尊厳と両性の本質的平等」を明記した日本国憲法第二四条としてかろうじて残された。それに伴い、民法家族法も抜本的に改正されたが、家制度廃止には保守派からの抵抗が強く、改正は難航した。結果として、家制度と戸主権の廃止、妻の無能力制度の廃止、夫婦別産制度の新設、夫婦の離婚原因の平等化、離婚財産分与制度の新設、父母共同親権、相続における男女平等、妻の相続上の地位の向上が主な改正内容となった。

しかし、現在でも民法には、婚姻可能年齢が男女で異なることなど、ジェンダー・バイアスを持つ条文が残存している。夫婦別氏を認めるなどの内容を盛り込んだ改正案は幾度も出されているが、国会で承認されていない。

戸籍制度は、近代日本独特の制度であるが、これは戦後も維持された。戦後戸籍制度は、「日本人男女の法律婚」と「嫡出親子関係」を単位とし「家族の一体性」を重視する。そのため、戸籍制度は選択的別氏制導入を阻み、事実婚カップルや婚外子を差別し、離婚を抑制する仕組みとして機能しており、今日急増する国際結婚にも対応できない要因となっている。

刑法についても、姦通罪の廃止、一九七〇年代になってからの尊属殺人規定の廃止などの動きがあったが、性犯罪については依然として司法に強いジェンダー・バイアスが残存している。

新憲法制定や民法改正によって、男女平等の法的基礎が築かれ、優生保護法による中絶の実質的合法化と家族計画等の普及により、女性にとって大きな負担だった生殖のコントロールも一定程度可能になるなど、女性が自由に生きていけるための素地は作られた。

一方で、高度経済成長期には経済的安定とともに再び男女の性質や役割の違いを強調する性別分業論が主流化し、女性の高学歴化が進んだにもかかわらず、結婚後の女性を家庭に制限する考え方が普及した。そのような状況のなか、一九七〇年代以降にウーマン・リブや女性学、フェミニズムという男女ともに性別規範にとらわれない個人としての生き方の自由と平等を実現しようとする運動が活発となった。

一九八五年には、男女雇用機会均等法、一九九九年には男女共同参画基本法が成立するなど、雇用等の場における男女平等が法的に保証される基盤が整えられ、その法律のもとに数々の異議申し立てを経て是正も重ねられてきたが、実際の雇用の現場では、募集、採用、昇進、賃金、などあらゆる面で女性に対する差別が未だ横行しているのが現状である。戦後の民法改正によって男性の家父長を頂点とする家族制度の法制度的基盤は崩壊したが、近代家族の特性は戦後日本においても変化を伴いながら継続している。

家族社会学では、高度経済成長のはじまりの年でもある一九五五年以降に戦後家族ともいうべき日本型近代家族、すなわち「家族の戦後体制（五五年体制）」が成立したとみる見方がある（落合、二〇一九、初版一九九四)。

落合(二〇一九)は、「一九世紀近代家族」と「二〇世紀近代家族」とはかなり異なるため区別する必要があるとし、二〇世紀の特徴として、「近代家族の大衆化」を挙げる。一九世紀近代家族は中産階級のものであり、女中がいることが典型であった。だが、女中となる人びとが形成する労働者家族は近代家族の典型からは外れている。一九世紀の「近代家族」は複数ある家族類型の一つでしかなかったが、二〇世紀に至り、「これこそが家族、というような家族をみんなが作る」という考えを持つに至ったのである。それが日本でも成立したのが「家族の戦後体制」である(落合、二〇一九、一〇三～一〇六頁)。

「家族の戦後体制」の特徴として、落合(二〇一九、九六～九七頁)は、「女性の主婦化」「再生産平等主義」「人口学的移行期世代が担い手」という三点を挙げる。

「女性の主婦化」とは、「男は公共領域・女は家内領域という性別分業」が普及し、女性が「社会進出しなくなった(賃金労働に従事しなくなった)」ことを意味する。だが、二一世紀の現在では、共働き家族が増加し、ジェンダー秩序に更なる再編が生じている。女性が賃金労働に従事することが一般化しても家事・育児などの再生産労働を女性が担う体制を「新・性別役割分業」(セカンド・シフト)と呼ぶ。女性が二重負担を背負っているのである(アーリー・ホックシールド『セカンド・シフト』田中和子訳、朝日新聞社、一九九〇など)。

「再生産平等主義」とは、適齢期に結婚すること、出産・育児を婚姻関係の中に制限すること、子の数は「二人」に調整するといった規範と行動が政策的に推進され一般化したことを指す。つまりリプロダクションとセクシュアリティに関する画一的コントロールが生じたということである。

三点目の「人口学的移行期世代が担い手」については、多産多死型から少産少死型へと社会の人口構造が変化する「人口転換」の移行期を担った世代が「家族の戦後体制」の担い手となったということである。日本では一九二五から一九五〇年、昭和一桁世代から団塊の世代までが当たる。日本の人口転換の特徴は、わずか二五年という非常に短い期間にこの人口転換が起きたことにある。人口移行期の第二世代である団塊の世代において育児や介護を家族で担うことが可能であったのはきょうだいが多く、きょうだい同士の助け合いが可能だったからである（落合、二〇一九、八九頁）。

しかし、二一世紀の現在、介護や育児といった再生産労働を家族で吸収することを可能にする「人口ボーナス」は既に尽きており、「家族の戦後体制」を支えたジェンダー秩序に無理が生じてきている。二一世紀も二〇年を経たが、「二〇世紀家族」から「二一世紀家族」へと移行するためのジェンダー秩序の再編が必須なのである。

ここでは、「家族の戦後体制」の特徴から戦後日本におけるジェンダー秩序について考える際には、性別役割分業、リプロダクションとセクシュアリティに関するコントロール、介護・育児など再生産労働の担い手という三つの観点が重要であること、また現代日本社会において社会的再生産を維持していくためには「家族の戦後体制」からの転換が必要不可欠であることを確認しておく。次節では、これらの観点に注意して戦後日本における宗教がジェンダー秩序の再編に関わる働きについて概観する。

三　戦後の宗教と「ジェンダー秩序」

宗教とジェンダーの関係――新宗教と寺院仏教

日本が近代化していく時期、天理教、金光教、黒住教、大本教など相次いで新宗教が誕生しており、今あげた中でも天理教、大本教は女性が教祖となって生まれた。また、戦後に花開いた新宗教の中にも、霊友会や立正佼成会、円応教、妙智会など女性教祖の存在が確認される。

安丸良夫『出口なお』（二〇一三、初版一九七七）は、「出口なおと大本教を通じて、近代化してゆく日本社会の全体を逆照射し相対化できるはず」（安丸、二〇一三、二九一頁）との見方から、日本の民衆、とりわけ多くの女性たちが培ってきた社会や「他人に対する不満や憤りを、幾重にもはりめぐらした自己規制によって抑制し、ひたすらに辛抱づよく耐えるという生の様式」（同上、vii頁）を誰よりも体現して「膨大な抑圧」を抑え込んでいた出口なおに着目している。重要な点は、なおが、「神がかり」という宗教の力を借りて、「既存の秩序や価値から無意味で無価値なものとして遺棄されてしまった」「自分の苦難に満ちた努力」を、「無意味で無価値なのは既成の秩序や価値の方ではないのか、とむきなおって問いかえす」という「近代化していく日本社会とのほぼ全面的な対決」へ意味付け直したという解釈である（同上、x頁）。

江戸期末期に成立した如来教、大理教、大本教の各女性教祖の母性観を検討した妻鹿（一九八五）は、「三教祖はともに男女の存在が世の基本であると述べると同時に、この世を救済する（メシア）は、貧困と苦難の道を歩んだ女でなければならぬ」とし、「女性の存在意義を高く評価」した一方で、「子を得る手段としての母の立場でのみ女を評価せず、女の社会進出、自我意識による主体性確立を主張することによって、一人の人間としてトータルな生き方を主張しているようにみえる」と女性教祖たちが「母性のみの賛美に至らなかった」ことを指摘し、彼女らにも限界があったことを指摘しつつも、そこに男性教祖からは生み出されにくい女性救済の可能性をみている（妻鹿、一九八五、八八〜九六頁）。

つまり、初期の新宗教においては女性教祖たちが、国家による「良妻賢母」主義的ジェンダー秩序再編に抗する教えを作り出していたのである。

新宗教は戦後の「女性の主婦化」において、主婦を信者として多く取り込んだとされる。いのうえ（一九八八）は、実践倫理宏正会、本門仏立宗、立正佼成会、生長の家、世界救世教、数強真光、ものみの塔聖書冊子協会（エホバの証人）などに取材し、これらの新宗教が「〝夫にしたがう〟女性像」を求めているにもかかわらず、多くの「主婦」が入信する理由を、新宗教の教えと活動が「男は仕事、女は家庭」という性別役割分業の範囲内での〝社会参加〟の場を主婦たちに提供していることにみている。

井桁（一九九二）は、現代都市の夫婦家族の生活に適合するとされた霊友会の夫婦双系の先祖観・祭祀儀礼のありかたを、「妻＝主婦を近代的な性別役割を聖化する真理の体系の実践者、権威の担い手にする一つの回路であった」として、このような新宗教運動が「近代的な性別役割の宗教的な意味を自覚し、妻として、母としての女の聖なる務めを遂行し、……夫を立て、夫の男としての優位性を奪うことなく」、「女たちが己を本来内にあるべき主婦と位置づけたまま、しかも、自らの生のエネルギーを家の外に流出させ得るもの」として主婦たちに選ばれたとみて、「全体社会の近代化過程に、フェミニズム運動とは逆の方向で展開された、女たちの意識覚醒運動」として捉えている（井桁、一九九二、二一一〜二一三頁）。

別の角度から見れば、憲法二四条で謳われた男女平等の理念と「家族の戦後体制」の間に生じる矛盾と葛藤を一部の新宗教が吸収する働きをしたということである。

仏教や神道などの従来から日本にある宗教の女性宗教者や女性信徒に着目した調査研究はあまり多くはないが、那須・本多・碧海編（二〇一九）『現代日本の仏教と女性――文化の越境とジェンダー』（法藏館）は、研究者や宗教者自身によって現代仏教に現存するジェンダー秩序のあり様を現場から報告する貴重なものである。その中の一編、宮崎県にある寺院の男性住職の伴侶となったために坊守となり、自身のサバイバルのためにも僧侶資格を取った英国人女性・吉村ヴィクトリアによる「ニッポンの田舎における英国人女性僧侶の冒険」と名付けられた手記には、日本の伝統仏教の寺院とその周辺において渦巻いている根深い差別と偏見と不平等とハラスメントの実態が率直につづられている。女性であり、外国人である彼女は複合的な差別を体験している。このような差別に対して、根本的に男性中心主義的な理念の下で運営されている寺院仏教は、抑止になるどころか、むしろそれを強化・正当化する役割を果たしていることも、本書全体を通して読み取れる。

戦後になっても寺院仏教が女性蔑視的な価値観と性別役割分業意識を更新できずに保守性を残存させている傾向が強かったゆえに、「家族の戦後体制」を支持する新たなジェンダー秩序を提示しえた新宗教に一定の需要が生まれたとも考えられる。次項では、寺院仏教のジェンダー秩序のあり様について理解するため、具体的な事例を二例紹介する。

浄土真宗本願寺派「全国坊守・寺族女性連絡会」

川橋（二〇一二）は、「現代日本の仏教を語るとき『妻帯仏教』の存在とそれにともなう世襲仏教の定着化の事実を外すことはできない」（同上、七一頁）とし、「出家主義」を取る教団に対して「自己批判と現状把握をふまえた在家主義を取りいれていくべきだ」と主張している（同上、九二頁）。この議論のなかで「出家主義」を取る曹洞宗との比較対象として言及されている浄土真宗は、もともと僧侶が「妻帯」する伝統を持っており、「出家主義」教団とは抱える問題が多少異なる。

一九六四年に浄土真宗本願寺派の組織局婦人青少年部（当時）が発行した『宗報別冊　わたしは坊守』は寺族女性への手引書として主に男性僧侶の手によってまとめられた冊子である。この冊子では、「坊守」とは何たるかを次のような独特の調子で提示している。

「ボウモリさん！アナタの、ご主人であるお坊さん（お寺のお住職）のおもりと、その坊（お寺）のおもりをするカタであるから、アナタが、坊守さんと呼ばれるわけですね（中略）現代風にいいかえますと、Ⅰ、ご主人であるご住職をたすけて　Ⅱ、お寺がお寺らしく整えられ、お寺の役わりを果たすように、お寺の中の万事について心くばりとお世話をされるから、またそのようにと心がけておられるので、アナタはボウモリさん「わたしの名まえは坊守です」―とおっしゃるわけですね」「アナタは、親鸞聖人のはじめられた浄土真宗のみ教えを弘めようと、布教を続けられているお寺にすまわれるオクサマでありだから〝坊守さん〟です。アナタの名まえは坊守‼―です」（一九六四年発行『宗報別冊　わたしは坊守』五〜六頁）。

住職である「ご主人」をたすける「オクサマ」という「家族の戦後体制」を支える性別役割分業を支持していることとともに、「オクサマ」がお寺に存在することに何の問題も見出されていないことが分かる。「お寺の中の万事について心くばりとお世話」については、別記事より、お接待の仕方や多様な世代への教化など、この「心くばり」と「お世話」が多岐にわたること、かつまたお寺の維持・運営の根幹にかかわっていることが描かれている。

一九六四年発行『宗報』二八号には、この冊子への反響が掲載されており、「参考になった。だが、もっともっと早くに発行してもらいたかった」という待望していたとの声や、更に具体的な活動で役に立つ情報提供を求める声がみられる。『宗報』二七号（一九六四年発行）には、「「坊守としての本分を尽くすことに努めます」と仏祖のおん前で誓約する『坊守式』を、是非実施してほしいとの強い要望が、全国におこり」、全国各教区で坊守式が挙行されることになった旨が報告されている。

これらの記録からは、住職の妻となったために自動的に「坊守」となったものの、その立場と役割の曖昧さに困って、宗門からの何らかの援助を求めている女性たちが多数いたことが推測される。

五〇年以上も前の「坊守」に関わる資料に触れたのは、「全国坊守・寺族女性連絡会」の歩みを考えたとき、この時期に当事者である坊守・寺族女性から聞きとられていた声は一体どこにいってしまっていたのだろうか、という思いが沸き起こったからである。

「全国坊守・寺族女性連絡会」は一九九九年に結成された浄土真宗本願寺派の寺族女性や女性僧侶たちの任意団体である。この会が結成されるきっかけは、組織教化部が「寺族婦人・坊守の組織上の問題と今後のあり方等についての意見を聴取するため」に全国各教区の寺族女性の代表を本山に招請したことにある（以下の「全国坊守・寺族女性連絡会」についての記述は、当会の機関紙『ともに』の記事による）。

聴取内容は、「（1）各教区寺族婦人活動紹介及び意見交換（2）意見具申のための組織づくりについて（3）坊守講座開設について（4）坊守式・坊守の位置づけについて（5）仏教婦人会総連盟活動方針について」である。この検討内容から一九九六年当時において、坊守（寺族女性）向けの研修会や「坊守式」の位置づけについて十分な改善や検討がはかられていなかったことが推察される。

各教区から集まった寺族女性たちはこのような情報共有や協議の機会を持つことに意義を感じた。組織教化部がこの会合を二年で終了してしまった後、坊守・寺族女性が研修・情報共有の場を持とうという機運が高まり、一九九九年に有志による会の結成となり、ピーク時には会員数は五〇〇名を数えるほどとなった。現在は徐々に会員が減少しているものの、任意団体のまま二〇年間毎年、本山での研修会と本山への報告書と要望書を提出する活動を続けている。

当会に参加する個々の女性たちの立場や目的は自己研鑽や仲間づくりなど様々であるが、当会自体が本山に要求してきたことは、「宗門における「寺族」「坊守」の位置づけの改善」、具体的には法規の改定、坊守式・研修会内容等の改善、また、「全国的な「寺族女性」「坊守」の組織を宗門組織の中に正式に作ること」、「宗会への女性議員の選出」、「女性の法要における位置づけの改善」といったことであった。

「女性の法要における位置づけの改善」については、当会が要望を出すことにより、恵信尼七五〇回忌の際に宗祖讃仰作法（音楽法要）を女性僧侶のみで執り行うという形で女性僧侶による本山法要が実現されているほか、当会独自の恵信尼七五〇回忌法要を行うなどの形で自らの要望を自主的に実現してきている。

また、毎年、本山で当会による研修会と交流会が合わせて開かれることにより、他では得られない充実した研修の場と寺族女性同士の交流の場を作り出すことも自らの手で実現している。

一方で、「宗会への女性議員の選出」の実現には困難が伴った。「宗会への女性議員の選出」を目指したのは、寺族女性が日々の寺院での生活で得ている現場からの声を宗門に伝える仕組みを作るためである。当会発足以来、数年間にわたり特別なプロジェクトチームを作って女性議員を選出する取り組みを続けていたが、女性議員選出の壁は高く、実現が困難であることがみえてきたのである。そのため、現在では「宗会選挙における参政権を寺族（坊守）が持つことができるようにすること」にその手段が変化している。

また、女性たちが任意団体のまま、自力で自らの要望を満たす活動を継続している一方で、「全国的な「寺族女性」「坊守」の組織を宗門組織の中に正式に作る」という要望については、二〇年来、その要望が宗門に聞き入れられていないことも事実である。坊守規程改定の際の専門委員会に、当会から専門委員を出すなどの一定の成果も得られているが、その改正内容については十分に当会の納得のいくものとはならなかった。当会の運営にかかわった人びとの間には、「宗門には自分たちの声が届かない」との思いを持つ人も少なくない。

宗門に要望が聞き入れられない要因には種々あると思われるが（今後解明すべき課題でもあるが）、ここでは考察の手掛かりとして宗門が定めている宗規および寺族規程の文言に着目する。

まず、寺族規程の寺族の定義として示されている第一項が「住職又は住職であった者と同じ戸籍にある者」とされていることから、寺族が戸籍制度のもとに位置付けられていることが明らかになる。

次に、僧侶と寺族・坊守の定義の違いに着目する。宗規においては、僧侶が「得度式を受け、寺院に所属し、宗務所備付の僧籍台帳に登録された者」と定義されているのに対し、寺族は「当該寺院備付の寺族名簿に登録された者」、坊守は「寺族であって、当該寺院備付の坊守名簿に登録された者」という定義である。なお、門徒規定には「寺院に所属し」の文言が含まれている。僧侶や門徒と比較して、寺族・坊守の定義に「寺院に所属し」の文言が盛り込まれていないことが重要である。

以上の二点から、浄土真宗本願寺派の「寺族」がいまだ明治民法的な「家」の論理を基礎にしていることが推測される。つまり、寺族・坊守は、「寺院」ではなく「(男性)戸主」たる「住職(僧侶)に所属するもの」との暗黙の前提がある、ということである。明治民法において妻が法的「無能力」にされたように、宗門法規において寺族・坊守は宗会への参政権を持たされない。戸主制は戦後民法では廃止されたが、宗門法規の中には残存している。このような形で更新されていない寺院仏教内部の「ジェンダー秩序」と周囲の社会とのズレが、現実社会に生きる寺族・坊守の生活に矛盾や葛藤をもたらしていることが推測される。

真宗大谷派「経典の中で語られた差別」展で起きたこと

真宗大谷派では、一九九六年に「真宗大谷派における女性差別を考えるおんなたちの会」が発足し、真宗大谷派教団の女性差別を問い、制度上の男女間格差の是正など「男と女がともにあゆむ教団」を願って具体的な問題提起をしてきた(尾畑、二〇〇四、三八頁)。一九九一年に女性の住職就任が可能となり、一九九四年に宗務審議会「女性の宗門活動に関する委員会」が開催され、女性たちの声を反映した「答申」が教団機関紙『真宗』に掲載され、一九九六年に、解放運動推進本部に「女性室」が設置されて以降、女性住職に関する条件の緩和、各委員会、研修会等の女性スタッフ登用など、「女性参加が進んでいる教団」として知られている(同上、三九頁。また、二〇一九年には真宗大谷派女性室から、これまでのあゆみや背景となる資料をまとめた『女性史に学ぶ学習資料集』（真宗大谷派宗務所）が発行された）。

しかし、尾畑（二〇〇四）は「坊守問題」についての課題を整理しているなかで、真宗大谷派の内部においても、「ここにきて教団の性差別を問うてきた女性たちの意見に対して、それは権利獲得運動であって、信心が課題になってないとか、批判する自分自身はどこに立っているのか、という男性たちの声が研修会の場などで、以前にもましておおくきこえるようになってきた。教化される側を生きてきた女性たちは、それらの声にたじろいでしまい、宗門の性差別を批判する力を萎えさせてしまう」状況があることを報告している（同上、五二頁）。

それから一五年、真宗大谷派において一つの事件が起きた。真宗大谷派の本山・東本願寺が開いたギャラリー展「経典の中で語られた差別」で、女性差別に関するパネルの一部が宗門の意向で展示から外されたことに対して監修者が抗議したのである（『朝日新聞』二〇一九年二月一五日「東本願寺、経典の女性差別隠した展示パネル監修者が抗議」）。

当展示は解放運動推進本部が企画したもので、二〇一八年一二月六日から翌年二月一五日まで開催されていた。前半は浄土教の根本経典である『仏説無量寿経』の中にある「是旃陀羅」という言葉についての展示である。この展示は、部落解放同盟広島県連合会より、真宗教団が「是旃陀羅」をめぐって差別的な教説を布教してきたことについて、厳しい指摘を受けたことが背景にあり、その応答として企画されたものでもあった。

この展示のパンフレットには「私たちは、様々な差別が現存する社会において、今一度この厳しい指摘の前に立ち止まらなければなりません。今回のギャラリー展では、部落差別をはじめとして、女性、アウトカーストに対する差別問題から時代社会に開かれた仏事の在りかたを共に学ぶ一歩としてまいりたい」とある。

このような趣旨のもとに用意された展示であったが、開幕の前週になって女性差別に関して用意された七枚のパネルの内、三枚を外すことが宗門側から求められた。外された三枚の内容は、それぞれ「女性は修行しても仏になれないとする『女人五障《にょにんごしょう》』の教え」、「男に生まれ変わって初めて成仏できる『変成男子《へんじょうなんし》』の思想」、「経典で表現される『罪深い存在とされた女性』」である。実際の展示では、この三枚のパネルは、入試差別や男女格差の指数など現代の問題に触れた内容のパネルに差し替えられた。

差し替えを求めた理由として、宗門側は「差別とは言えない」「宗門として見解が出せていない」等の理由を述べた。「女人五障」などの文言は寺院の朝の勤行で読まれる「御文」にも含まれており、この点に関して以前より門徒女性らから「差別であり痛みを感じる」との訴えがあったことから、女性室で対応を検討していた事案であり、宗門として「差別とは言えない」「見解は出せていない」とは不可解な見解である。しかし、実際に総長の名のもとに真宗大谷派の展示内容としては不適切として判断され、排除されたのである。外された三枚のパネルの内容（監修者・源淳子が二〇一九年二月一四日に開催されたシンポジウムにおいてこの件を抗議した際に開示した）を見ると、これまで女性史の分野で繰り返し指摘されてきた仏教における女性差別の事実を確認するごく基礎的な内容であり、展示から外すように指示した宗門の態度は、明らかに「過剰防衛」と思われる。

不可解とは述べたが、このような事件が生じる背景に尾畑（二〇〇四）が報告していた「宗門の性差別を批判する力を萎えさせてしまう」男性僧侶の声があることは容易に推測できる。日本の寺院仏教におけるジェンダー秩序のあり様を示す事例である（源、二〇二〇、「第一章　東本願寺ギャラリー展での女性差別問題」も参照)。

ただし、真宗大谷派が、女性差別の問題に比較的組織的に対応してきた実績のある教団であるからこそ、つまり、差別を真正面から取り上げる展示やシンポジウムを実施できる力があるからこそ、このような問題も表に出て議論する機会を得ることが可能となっている。他の宗派では「問題」は表に出て来ず、隠されてしまっているのではないだろうか。

この件を機に、「真宗大谷派における女性差別を考えるおんなたちの会」を中心として女性たちの宗派を超えたネットワークづくりも動きつつあり、今後が期待される。問題が起きた時に、どのように対応していくかもジェンダー秩序の再編を考えるには重要な論点である。

四　戦後宗教のジェンダー再編とその課題

戦後宗教におけるジェンダー再編

賢明な読者は、上記の二事例において寺院仏教が女性蔑視的な価値観と性別役割観を更新できずに保守性を残存させている一方で、そのような教団の在りかたを是とせず、ジェンダー秩序の再編を求める声が宗教内部から出てきていることにお気づきだろう。

上記で紹介した浄土真宗本願寺派における「全国坊守・寺族女性連絡会」、真宗大谷派における「真宗大谷派における女性差別を考えるおんなたちの会」と「女性室」は、教団内のジェンダー秩序再編のために結集した内部の女性たちの運動である。詳細は割愛するが、日蓮宗や浄土宗など他の宗派の中でも、女性たちの集まりや声を聞き取る動きが見られている。

また、仏教の各宗派を超えた取り組みとして、一九九六年に発足した宗派を超えた女性仏教関係者のネットワーク「女性と仏教　関東・東海ネットワーク」がある。機関誌『女たちの如是我聞』を毎年発行しているほか、複数の書籍を発行し「ジェンダーイコールな仏教をめざして」いる。

宗教を超えた取り組みとしては、一九八六年に奥田暁子・源淳子らが「フェミニズム・宗教・平和の会」を発足させ、その会の活動をもとに一九九三年に岡野治子・奥田暁子編『宗教のなかの女性史』（青弓社）や、奥田暁子編『女性と宗教の近代史』（一九九五、三一書房）などを発刊し、フェミニズムの視点から宗教への批判を世に問うている。

日本のキリスト教においても、フェミニスト神学や解放の神学などに基づいて、キリスト教徒自身からの神学の問い直しが生じている。

また、差別構造の改善を求める声を直接に出さずとも、女性宗教者たちはジェンダーの再編を促してきた。たとえば、小林（二〇一六）は、女人禁制が今も守られている大峰山において女性行者たちが毎年奥駈修行への参加を継続したことによって、男性行者たちの態度が徐々に変わり、女性たちの参加を認めるようになるなど行者としての真摯な姿勢が女人禁制の在りかたを変えている状況を報告している。猪瀬（二〇一六、二〇一九）が報告した「広島県北仏婦ビハーラ活動の会」の病院ボランティア活動も、女性仏教者が寺院を基盤に行う活動の意味付けを変えていく可能性を示している。今後は、このような現場の地道な活動から生じている宗教におけるジェンダー秩序再編のあり様を確認していくことも重要であろう。

リプロダクションとセクシュアリティへのコントロールと再生産労働

最後に積み残していた、「家族の戦後体制」の特徴であるリプロダクションとセクシュアリティに関するコントロールの問題と、介護・育児など再生産労働の問題と戦後宗教との関りについても簡単に触れておく（本章では触れられなかったが、「セクシュアル・マイノリティ」の位置づけも、これからのジェンダー秩序の再編には重要な論点である〔堀江二〇〇七など参照〕）。

生殖（リプロダクション）に対するコントロールは、セクシュアリティに対するコントロールとイコールではないが深い関係にある。一つの例として、多くの政治家とつながりを持つ保守系団体として知られる「日本会議《にっぽんかいぎ》」の主張をみてみよう。

日本会議公式サイトによると、「日本会議がめざすもの」は、「一　美しい伝統の国柄を明日の日本へ」「二　新しい時代にふさわしい新憲法を」「三　国の名誉と国民の命を守る政治を」「四　日本の感性をはぐくむ教育の創造を」「五　国の安全を高め世界への平和貢献を」「六　共生共栄の心でむすぶ世界との友好を」との六つである。四つ目の「日本の感性」とは「国を愛し、公共につくす精神」であり、説明の文章の中で「行きすぎた権利偏重の教育、わが国の歴史を悪しざまに断罪する自虐的な歴史教育、ジェンダーフリー教育の横行は、次代をになう子供達のみずみずしい感性をマヒさせ、国への誇りや責任感を奪って」いるとの危機感が表明されている（日本会議公式サイト「日本会議がめざすもの」http://www.nipponkaigi.org/about/mokuteki〔最終アクセス二〇一九年四月一九日〕）。

二一世紀におけるジェンダー秩序再編を促す声は、日本会議の観点からは明確に「日本の感性」に反するものと認定されているわけである。

日本会議は「国への誇りや責任感を奪っている」状況を回復させるために、昭和初期の日本、戦前・戦中の日本への回帰を企図している（山崎雅弘『日本会議――戦前回帰への情念』集英社新書、二〇一六など）。この根底には、国家の権力の行使を個人の権利の擁護より優越したものととらえる価値観がある。日本会議の活動の中でジェンダーに直接かかわりのあるものとしては、彼らの価値観に立脚した、「家族の絆」を守るための選択的夫婦別姓への反対、行き過ぎた「個人の権利」を抑えるための公立学校における包括的性教育やジェンダーに配慮した教育への反対、「正しい歴史」を伝えるための従軍慰安婦問題の存在の否定などが挙げられ、日本会議の活動の中でも重要な位置を占めている。このような価値観に基づいた「草の根の運動」として、日本各地でバックラッシュが起こっている（山口智美・斉藤正美・荻上チキ『社会運動の戸惑い――フェミニズムの「失われた時代」と草の根保守運動』勁草書房、二〇一二など）。

日本会議を支える大きな力として宗教がある。具体的には、副会長に神社本庁総長が就任しているほか、代表役員として念仏眞教、崇教真光、解脱会、比叡山延暦寺、靖国神社、明治神宮などの多くの宗教関係者が名を連ねる（塚田、二〇一五、七三〜七四頁）。また、その団体結成時に主要な役割を果たした人物たちの多くが生長の家の創始者・谷口雅春の影響を大きく受けていると指摘される（青木理『日本会議の正体』平凡社、二〇一六など）。谷口雅春は、戦後の混乱の原因が日本国憲法にあるとみて、大日本帝国憲法の復元改正を繰り返し主張し、その実現のために生長の家政治連合（生政連）を結成（一九六四年）し、全組織をあげて選挙活動に取り組んだ時代があった（一九八三年以降、生長の家は政治から離れており、教団公式サイトで「日本会議の主張する政治路線は、生長の家の現在の信念と方法とはまったく異質のものであり、はっきり言えば時代錯誤的」との見解を公表している。生長の家公式サイト「与党とその候補者を支持しない」http://www.jp.seicho-no-ie.org/news/sni_news_20160609.html（最終アクセス二〇一九年四月一九日）。

谷口雅春が主導する生長の家の政治活動の重要な課題として、中絶反対の立場からの優生保護法改正が掲げられていた（ティアナ・ノーグレン『中絶と避妊の政治学――戦後日本のリプロダクション政策』岩本美砂子監訳、青木書店、二〇〇八）。その理由としては、「優生保護法はアメリカに押し付けられた「人口統制政策」の一環だと主張し、それが、やはりアメリカに押し付けられた憲法同様に日本の伝統的価値を蝕み」、性道徳の崩壊などの社会病理を招いたというものであった（ノーグレン、二〇〇八、一〇三頁）。

ノーグレンが着目した戦後の優生保護法における中絶を優先した「人口統制政策」は、水子供養が一九七〇年代に一定の流行となった要因の一つでもある。ハーデカーは、ジェンダーとセクシュアリティの観点から水子供養を分析した書で、「一九四五年から一九七〇年代までの宗教界のエートスは、拡大主義的で楽観的だった」が、「一九七〇年代半ばのオイルショックと、一九五五年に始まった高度経済成長の終焉を経て、日本の宗教界のエートスは変化し……各種の新新宗教が登場し、人々に恩恵をもたらすとは限らない運命や偶然、霊魂などに次第に大きな役割が与えられるようになった」として、オカルト・ブームが、「胎児の祟りを強調した水子供養」の流行に資したと分析している（ヘレン・ハーデカー『水子供養――商品としての儀式：近代日本のジェンダー／セクシュアリティと宗教』塚原久美監訳・清水邦彦監修、明石書店、二〇一七、三八四～三八五頁）。「オカルト」的な要素のある水子供養を推進する声の中には、女性の自由な意思を尊重するセクシュアリティのありかた自体を「害悪」とみなして批判するものがあるが、その「感性」は上記の日本会議の価値観とも共通する点が多い。

日本会議の価値観は、個人、特に女性の権利の行使を、国や集団の伝統秩序を乱すものとして否定する。これは、男性の優位性を重視し、男女の異なる性質と役割を強調するジェンダー秩序を是とする価値観である。「家族の戦後体制」を支えてきたジェンダー秩序への問い直しは、女性たちが家事や育児、介護などの「再生産労働」を一手に引き受けてきたことによって保たれていた「家族」という「伝統秩序」を「破壊」するものとして、日本会議的な価値観においては攻撃対象となる。時の政権にも一定の影響を与えている日本会議において宗教が少なからぬ役割を持っていることは、戦後の宗教のジェンダーを考える際に重要な課題といえる。

五　おわりに

「家族の戦後体制」という観点から、戦後の宗教とジェンダーについて概観してきたのは、ジェンダー秩序のもとで影響を受けているのは、「女性」だけではなく、「男性」も同様であることを確認するためである。「男は公共領域・女は家内領域」とする性別役割分業を前提とする「家族」を基礎単位として形成された「近代国家」のジェンダー秩序の中には、女性だけでなく男性も組み込まれている。

「家族の戦後体制」のなかで、男性労働者が稼得責任以外の「家庭責任を持たない特殊な労働者」として成立した一方で、出産・育児期に「主婦化」した女性たちは、その後急激にパートタイム労働を中心として賃金労働を担う労働者となった。女性たちがフルタイム労働ではなくパートタイム労働に従事していくのは、ケア役割を担うことのない「ケアレス・パーソン」を前提とする労働者観が社会に浸透しているからである。

宗教集団もこの労働者観を基本的には無批判に受け入れて、それを維持するように働いてきた。しかし、このような社会では、家事・育児・介護といった再生産労働の担い手が疲弊し、システムを維持できなくなることは必至である。

戦後の宗教は「ジェンダー秩序」に関して、能動的に再編を促すような動きはしてこなかったように思われる。充分には論じられなかったが仏教や神道などの伝統的な宗教は受動的に「使われてきた」り、不作為であったりしてきた側面が強く、新宗教においてはジェンダー再編を援助する機能を果たしてきた面が指摘できる。宗教内部の有志女性をはじめとする関係者たちから異議申し立てや変革の動きはあるが、その声は宗教集団の指導者たちには積極的には聞き入れられてこなかった。

寺院仏教をはじめ旧来の宗教集団の衰退が懸念され、宗教の社会活動などに注目が集まる昨今であるが、諸教団が能動的にジェンダー再編に動けないでいることは、その衰退の要因として少なくない割合を占めているのではないだろうか。

参考文献

井桁碧（一九九二）「『主婦』を祀る先祖―従属する主体―」、脇本平也・柳川啓一編『現代宗教学四　権威の構築と破壊』東京大学出版会
いのうえせつこ（一九八八）『主婦を魅する新宗教』谷沢書房
猪瀬優理（二〇一六）「仏婦がつくる地域―ビハーラの可能性」櫻井義秀・川又俊則編『人口減少社会と寺院――ソーシャル・キャピタルの視座から』法藏館

猪瀬優理（二〇一九）「女性の活動―広島県北仏婦ビハーラ活動の会」大谷栄一編『ともに生きる仏教――お寺の社会活動最前線』ちくま新書
落合恵美子（二〇一九）『二一世紀家族へ――家族の戦後体制の見かた・超えかた 第四版』有斐閣
尾畑潤子（二〇〇四）「大谷派における「坊守問題」について―勝手に総集編―」、女性と仏教東海・関東ネットワーク編『ジェンダーイコールな仏教をめざして――続・女たちの如是我聞』朱鷺書房
加藤千香子（二〇一四）『近代日本の国民統合とジェンダー』評論社
川橋範子（二〇一二）『妻帯仏教の民族誌――ジェンダー宗教学からのアプローチ』人文書院
小林奈央子（二〇一六）「第二章　ロマン化されたイメージにあらがう――日本における霊山と女性行者」川橋範子・小松加代子編『宗教とジェンダーのポリティクス――フェミニスト人類学のまなざし』昭和堂
塚田穂高（二〇一五）『宗教と政治の転轍点――保守合同と政教一致の宗教社会学』花伝社
堀江有里（二〇〇七）「宗教と性的少数者」田中雅一・川橋範子編『ジェンダーで学ぶ宗教学』世界思想社
源淳子（二〇二〇）『仏教における女性差別を考える――親鸞とジェンダー』あけび書房
妻鹿淳子（一九八五）「創唱宗教における女性教祖の母性観――如来教・天理教・大本教を中心に」脇田晴子編『母性を問う（下）――歴史的変遷』人文書院
安丸良夫（二〇一三、初版一九七七）『出口なお――女性教祖と救済思想』岩波現代文庫

コラム④ 戦後日本の仏教学——国体論から国際論へ

オリオン・クラウタウ

一 日本仏教学協会

戦後日本における仏教学の展開を考えるには、大正期から昭和初期にいたるまでの状況も理解しなければならない。特に、一五年戦争期に当たる一九三一年から一九四五年にかけて、官学アカデミズムにおける仏教研究は新たな使命感を助長しつつその事業を展開した。東京帝国大学印度哲学研究室の宮本正尊（一八九三〜一九八三）は、その中心人物の一人として、日本の「国体」と仏教の「真髄」との関係を様々な著作において、強く主張していった（拙稿「十五年戦争期における宮本正尊と日本仏教」『近代仏教』一九、二〇一二）。太平洋戦争の時期までそのような仏教の語り方を提示した宮本は、敗戦の際、東京帝国大学の同僚・平泉澄（一八九五〜一九八四）と同じく、それまでの活動を理由に連合国軍最高司令官総司令部（GHQ）によって公職を追われると考えたようであるが、実際には大学を離れることなく、そのまま教鞭をとり続けたのみならず、戦後学界の中心的存在ともなっていった。議論の余地はあろうが、彼の最も大きな事業はおそらく、一九五一年における「日本印度学仏教学会」（Japanese Association of Indian and Buddhist Studies）の創立であり、この団体の存在は日本の「仏教学」に独特な方向性をもたらしたといえよう。

戦前において、「仏教学者」というアイデンティティをもつ者が集まる主要な学会として、現在の日本仏教学会の前身たる「日本仏教学協会」がまず挙げられる。当団体は昭和天皇の即位を記念して一九二八年に、宗門大学と帝国大学の研究者の総合団体として結成された。当時、まだ刊行途中の『大正新脩大蔵経』編者の一人であった渡辺海旭（一八七二〜一九三三）を呼びかけ人として、大谷大学、龍谷大学、高野山大学、大正大学、駒澤大学、立正大学などの宗門大学に、東京、東北、京都などの帝国大学も加わり、総合一七の教育機関が加盟する団体となった（『日本佛教學會六十年のあゆみ』一九九五）。設立当初から機関誌『日本仏教学協会年報』を発行しつつ、一九一八年の大学令が公布されてから次々とできていった仏教系の私立大学と、帝国大学のような公的機関を包括する事業として、昭和初期のコンテキストにおいて大きな意義をもつ団体であったことは言うまでもないが、帝国大学の「印度哲学」や「印度学」のような講座所属の研究者は不満を抱えてもいた。日本仏教学協会は「仏教」を表に出す一方、「仏教」とときには無関係な「印度学」は、学会活動としては二次的なものだったからである。

そして戦後、日本を含むアジア全体の状況が一変する。一九四七年八月におけるイギリスからのインド独立は、国外のレベルにおいて恐らく日本の「仏教学」に関わる最も大きな出来事であった。敗戦に伴って、日本のアジアへの「使命」とともに役割の一部を失った帝国大学系の「印度哲学」研究者は、これを戦後の秩序において自己の位相を改める機会とみた。そして国内の事情としては、一九四九年一月に、戦後における研究活動や学問分野の標準化を果たすものとして、政府公認の「日本学術会議」が設立され、それへの加盟を目指す団体として「日本印度学仏教学会」の立ち上げがいっそう具体化していく。

二　日本印度学仏教学会へ

一九四七年一一月に、改称から間もない「東京大学」の文学部長・戸田貞三の「内意」の下、宮本正尊は龍谷大学で開催された敗戦後初の日本仏教学協会の大会で、当時まだ企画段階であった日本学術会議への加盟の可能性を提案した。そのため、それまでの「協会」という制度から「学会」に改める必要があり、それ自体は実施されたものの、その新組織は諸事情で当時の「文学・哲学・史学」の「学会連合」への加盟を果たすことができなかった。そこで一九四九年一一月に行われた大谷大学大会の際、東京の研究者を中心とする「東部理事会」より、「日本仏教学会」を「日本印度学仏教学会」に改める案も出されたが、結論を得られずに終わった。翌年の大正大学大会で問題が再び取り上げられ、関東側は「日本印度学仏教学会」、関西側は「日本仏教学印度学会」と主張が割れ、また延期となった。

やはり「日本仏教学会」という組織のままでは、最終目的たる「学会連合」や「日本学術会議」への加盟は困難であると実感した東京（帝国）大学印度哲学研究室出身者を中心とする東部理事会――金倉円照（一八九六～一九八七）、干潟龍祥（一八九二～一九九一）、辻直四郎（一八九九～一九七九）、花山信勝（一八九八～一九九五）、中村元（一九一二～一九九九）、水野弘元（一九〇一～二〇〇六）、西義雄（一八九七～一九九三）、坂本幸男（一八九九～一九七三）、そして宮本正尊など――は、一九五一年四月に、別組織としての「日本印度学仏教学会」の構想に取り組むようになる。宮本は駒澤・立正・大正など関東の諸大学を訪ねて関係者に了承を得た後、若き中村元と結城令聞と共に関西に赴き、日本仏教学会西部理事の中心人物たる龍谷大学長・森川智徳（一八八〇～一九七〇）を訪問した。森川の尽力もあり、一九五一年七月に開催された日本仏教学会の高野山大会で「日本印度学仏教学会」が認められ、それが「日本仏教学会」と「二本立てとして進む」ことになる。

こうした問題も乗り越えて「日本印度学仏教学会」が結成され、一九五一年一〇月に、東京大学山上会議所で創立総会が開かれることになった。代理を通してではあるが、当時の在日本インド大使のK．K．チェトルや、タイ国公使のサンガ・ニルカムヘンに加え、外務大臣の吉田茂、文部大臣の天野貞祐も祝辞を述べ、日本宗教学会・岸本英夫および哲学会・伊藤吉之助の両会長も出席し、慶賀の言葉を表した。会長制をとらず、学会の成立に最も力を尽くしたであろう宮本が「理事長」に就任した。翌一九五二年一一月に、第一回学術大会が東京大学で開かれ、全国の研究者が集まった。ちなみに、それまでの日本仏教学会との最も大きな相違としては、まさに、学術大会の構想にあった——前者は組織として、個人でなく大学単位で加盟し、大学が推薦した人間のみ報告できるのに対し、日本印度学仏教学会は個人会員の制度を実施した。すなわち会員となれば、誰でも自由に報告の応募ができる体制である（『学会七年の歩み』日本印度学仏教学会、一九五八）。

以降、日本印度学仏教学会は組織として、日本仏教学会よりも大きくなり、戦後日本の「仏教学」や「印度哲学」の研究者が集まる最大のハブへと展開した。そして当初、「四選」（死線）を越えないと主張していた宮本は、一九五七年に再任し、死去する一九八三年まで理事長を務め、彼の配偶者いわく「学会と心中」し、「日本印度学仏教学会」はその最大の事績として残った（三枝充悳・他「日本印度学仏教学会の思い出」『印度学仏教学研究』九一、一九九七）。

以上、敗戦に伴って植民地を失った「日本」にとって、仏教を通じて「アジア」を統合する必要性が消滅し、戦時期に「国体」の雰囲気を色濃く示していた仏教学者は「日本仏教」に関する積極的な語りを避け、それまでとは異なる形で「印度」を重視するようになる。そういった意味で、「印度」を掲げつつ、一九四〇年代後半の独特なコンテキストで成立した日本印度学仏教学会の成立は、一九四五年八月まで公的な使命も有した「仏教学」の戦後への展開を考える上で、極めて象徴的な出来事であり、分野としての「仏教学」のアイデンティティ形成に向けた、再出発でもあった。

第六章　慰霊と平和

西村明

一　敗戦からの出発

一五年戦争におけるる日本の敗戦とともにはじまった「戦後」において、敗戦処理がさまざまな形で着手された。日本社会全体としてみれば、政治体制の民主化をはじめ、経済の再興、教育の改革など、抜本的な制度の見直しが図られた時期であった。空襲や原爆の被災地や、沖縄や硫黄島のような地上戦の戦場となった場所では、戦災復興が進められた。戦地に留まっていた日本軍の将兵たちの多くは、武装解除や捕虜収容所への送還ののち日本本土に復員し、ある者は郷里を目指し、ある者は新たな定着先を探した。

戦火をくぐり抜けた人々にとって、「戦後」という現在は、過去と未来を共に見据えながら進むべき次の一歩を探るような時期であった。日々の生活の再建は喫緊の課題であったが、同時に戦禍に斃れた家族や友人への思いや自らが抱えた戦争体験の精神的傷痕、翻ってそうした過酷な状況に再度向かわないようにするための将来像の展望もまた、捨てておくことができない事柄であった。

本章では、戦後直後から一九七〇年代を時代的射程として、その間に戦争死者の慰霊・追悼と、それとの関わりで平和に向けた取り組みがどのように進められたのかについて取り上げる。宗教界（教団・宗教者・信仰者）の動きとともに、宗教者や宗教教団が関わっていなくとも戦後社会の宗教性の表れとみなしうる事象も併せて注目しながら、叙述を進める。国家体制の大きな転換を受け、それまでにはない慰霊・追悼や平和希求のあり方が模索され、それにどのような対応が見られたのかということ、そして、「戦後」とは言いつつも冷戦構造へと国際情勢が舵を切っていく中で平和をめぐる理想と現実がどのように交差していたのかということ。この二点が本章の中心的な問いとなるだろう。そうした問いを明らかにするために、占領期に「国家神道の解体」という措置を受けたのちの靖国・護国神社の再出発、日本宗教連盟をはじめとした宗教界の慰霊や平和運動への関わり、千鳥ヶ淵戦没者墓苑の設立、靖国神社の国家護持法案をめぐる動き、戦地慰霊と草の根の国際交流、戦災死者の慰霊と平和祈念などについて、具体的に検討していくことにしたい。

二　神道指令と靖国神社・護国神社

靖国神社の存亡

一九四五（昭和二〇）年八月一四日にポツダム宣言を受諾し、九月二日に降伏文書に署名して、戦争が終結した。それによって、日本軍の武装解除をはじめ、あらゆる方面で戦後処理が開始された。

同一〇月一二日から連合国軍最高司令官総司令部（ＧＨＱ／ＳＣＡＰ）民間情報教育局（ＣＩＥ）の顧問として、宗教や教育、情報メディア等に関する占領政策に関与した当時東京帝国大学助教授の宗教学者岸本英夫（一九〇三～一九六四）が回想しているように、連合国側では国家神道廃止の問題を、「全占領政策中の根本政策の一つとしてとりあげ」、「日本の軍備をなくすのと同じくらい重要なレベルの問題」とみなしていた（岸本英夫「嵐の中の神社神道」『岸本英夫全集第五巻』渓声社、一九七六、一一頁）。すでに一九四四年三月の段階で、米国内の極東地域関係諸省庁協同委員会において、「信教の自由にかんする勧告書」が作成され、占領開始直後の一九四五年一〇月一四日には、連合国軍最高司令官から日本政府に向けていわゆる「人権宣言」が出され、政治的自由、社会的自由とともに宗教的自由の制限除去が謳われた。

戦中までは名目上、非宗教として国民が崇敬すべき対象であった神社（および神社神道）が、戦後日本社会において、国民各自の信仰や諸宗教に対する国家による制約とならぬようにすることが目指された。しかし同時に、神道自体も宗教の一つとして、占領政策によってその信教自由が侵害されてはならぬという前提であったため、複雑な課題として立ち現れた。その複雑な性格は、敗戦によって大きく転換した体制の移行の複雑さを反映したものでもあり、その後もその複雑さに付随してさまざまな問題が立ち現れ、三四半世紀をすぎた現在にまで長く影を落とすほど、日本社会に大きな影響をもたらすものであったと言える。

靖国神社では、一九四五年一一月一九日〜二〇日に臨時大招魂祭が開催された。これは、同年九月二日の降伏文書への署名までに死亡した軍人軍属等への儀礼的対応をその数や氏名が不詳のままで実施されたもので、それまでの方針を踏襲していない異例の措置であった。従来は、軍による戦没までの状況調査を受け、靖国神社側で合祀基準への合致の有無を判定した上で、天皇から霊璽簿（祭神名簿）の裁可を受け、祭神を招魂し「合祀」する手続きが取られていた。しかし、この時は氏名不詳の戦死者の霊に対する招魂儀礼を臨時に行い、調査や合祀については後回しにするという措置が取られた。それまで靖国神社を所管していた陸・海軍の解散が間近に迫る中での対応であったという（赤澤、二〇一七、四二〜四五頁）。

この時、先述の岸本英夫は、ＣＩＥ局長のケン・Ｒ・ダイクと宗教文化資源課長のウィリアム・バンスの神社理解のために靖国神社訪問を考えていた。他方で、岸本はバンスから、「防諜本部（対敵諜報部隊・ＣＩＣ）」部隊長のウィリアム・ソープが、この臨時大招魂祭の執行に対してＣＩＥが許容していることをダイクに詰問したため、その内容見分としてダイクが参列し対処するつもりであること、そしてその印象次第では、靖国神社の存亡に関わる可能性があることを聞かされる（岸本、前掲、一八～一九頁）。

ソープはたしかに占領当初はＣＩＣの部隊長であったが、同年一〇月にＣＩＳの局長になっているので、この段階でＣＩＣの部隊長というのはバンスの認識違いだろう。ＣＩＣは第二次大戦中より米国陸軍内では参謀第二部（Ｇ２）の指揮下に置かれたが、ＧＨＱ／ＳＣＡＰの発足と共に専門部の民間諜報局（ＣＩＳ）のもとに置かれていた。Ｇ２は情報・保安・占領地行政を担当し、部長のチャールズ・Ａ・ウィロビーほか職業軍人で固められ、占領当初から東アジアにおける日本の軍事戦略的地位を重視していた。そのため、ポツダム宣言に基づいて日本の軍国主義の一掃と民主化政策の推進を担った民政局（ＧＳ）やＣＩＥに対して批判的・対抗的であったとされる（関寛治「対外関係の構造変化と外交」『日本政治學會年報政治學』28（0）一九七七）。したがって、ソープからの意見ということは、ＣＩＥの動向に対するＧ２‐ＣＩＳ‐ＣＩＣ側の認識が反映されているものと考えられる。

Ｇ２の反共・保守の姿勢から言えば、ソープの批判の真意が靖国神社の軍国主義的な面に向いていたのかどうかは疑問である。しかし結果的に、岸本は靖国神社に急行して祭典から「軍国調」をなくすよう軍人たちを説得し、過激な軍国主義宣伝の場を予想していたＣＩＥ局長のダイクに好印象を与えて、「第一の、しかも最大の危機を脱した」と見ている。他方で、陸軍省と靖国神社側ではそれ以前から、海軍省や宮内省、神祇院などの関係省庁と占領軍の動向を睨みながら改革案の模索が続けられていた（赤澤、前掲、四八～五二頁）。

一九四五年一二月一五日、連合国軍最高司令官総司令部参謀副官より日本政府に対して、いわゆる「神道指令」が出された。正式には、「国家神道、神社神道ニ対スル政府ノ保証、支援、保全、監督並ニ弘布ノ廃止ニ関スル件」と呼ばれる覚書である。国家による神社神道の直接的・間接的な強制から国民を解放し、神道の教理や信仰を歪曲して敗戦に至る事態をもたらした軍国主義や過激な国家主義のイデオロギーの宣伝に再度利用されることがないよう、国民の再教育によって、「国民生活を更新し永久の平和及民主主義の理想に基礎を置く新日本建設」の実現を支援することが謳われている。

赤澤史朗が指摘するように、靖国神社はこの神道指令によって、組織運営の面では軍の管轄から離れ、思想や活動内容の面でも、自民族中心主義に結びつきかねない文化的ナショナリズムから脱して、非軍国主義化することが求められた。その上で、靖国神社・護国神社を神社として継続するか、非宗教的な「記念碑的の廟」に改変させるかが争点となった。すなわち、神道指令に謳われ、のちに日本国憲法でも踏襲された政教分離を踏まえて、宗教法人化することで民間の神社の立場から国家や皇室との結びつきを非自明化する方向に向かうか、あるいは神社であることをやめて非宗教化した国家施設の道を模索するかを迫られたのである。岸本英夫も含む日本側の多くが前者であり、GHQ側では後者の意見も強かったが、神社破壊が狙いではなく、あくまで主眼は非軍国主義化という内容面にあった。靖国神社では神道指令が出された直後の一九四六年前半から、軍人宮司の更迭や、例大祭における遺族の昇殿参拝の開始（それまでは軍人と神職のみ）、実現はしなかったが「神道の本質は笑いにある」との趣旨と民営化後の財源確保のための娯楽・遊戯施設の併設など、非軍国主義化に向けた改革が着手された（赤澤、前掲、五三〜六四頁）。

護国神社の処遇

護国神社の抱えた事情は、靖国神社とはやや異なっていた。靖国神社は一八六九（明治二）年に東京招魂社として創建され、一八七九年には「靖國神社」に名称変更して、別格官幣社に列格された国家的な戦死者の慰霊・顕彰施設として、陸軍省を中心に管轄されていた。それに対し、護国神社の方は主に一八六八（慶応四）年五月一〇日の太政官布告「伏見戦争以来ノ戦死者ノ霊ヲ東山ニ祭祀ノ件」を受けた各藩によって、あるいは私的に建てられていた全国の招魂場・招魂社が、一九三九（昭和一四）年三月一五日の内務省令「招魂社ヲ護國神社ト改称スルノ件」に基づいて、神社として正式に位置づけられたものであった。一九〇七（明治四〇）年二月二三日の内務省神社局長依命内牒「招魂社創建ニ關スル件」において、招魂社の祭神を靖国神社の合祀者に限るという基準が設けられてはいたものの、陸海軍省管轄の靖国神社と、内務省管轄で具体的には府県知事の監督下にあった招魂社＝護国神社とは、別系統のものという位置づけであった。

その点については、ＣＩＥが靖国神社権宮司横井時常（一九〇五〜一九九八）や、前宮司で陸軍大将の鈴木孝雄（一八六九〜一九六四）に対して一九四六年に実施したインタビューおいても、両神社は互いに直接の関係をもたないことが確認されている。同年一二月二日にＣＩＥに示された軍国的神社に対する文部省の案でも、靖国神社と護国神社を別個に扱う案が示され、護国神社に関して文部省の意向としては、別の名称を用いること、合祀対象は戦死者に限らず地域の祖先的人物なども併せて祀ること、各道府県に一社が適当であること、儀礼に関しては靖国神社と同様に国家的要素を廃することなどが挙げられている（国立国会図書館『新編靖国神社問題資料集』二〇〇七、八四〜九七頁）。

こうした文部省の案と前後して、多くの護国神社では実際に鎮座地の地名などに因《ちな》んで名称を変更し、警察官などの公務殉職者や地域の功労者など合祀される祭神の追加が進められた。ただし、改称については、一九五一年のサンフランシスコ講和条約締結後にほぼ復称されている。また、富山や愛知、徳島のように空襲によって焼失した護国神社で、主権回復後に再建されたものも多い。いくつかの例を挙げておくことにしたい。

北海道護国神社→北海道神社（一九四六年改称、一九五一年復称）
福島県護国神社→大霊神社（天照大神を祀る。一九五二年九月復称）
千葉県護国神社→頌徳神社（一九五二年に復称）
富山県護国神社→富山県鎮霊神社（一九四七年改称、一九五一年復称。一九七五年、戦災殉難者・公務殉難者・県功労者の霊を祀る富山県鎮霊神社を別途造営、二〇一〇年伊佐雄志神社と改称）
大阪護国神社→浪速宮（仁徳天皇を祀る。一九五二年復称）
高知県護国神社→大島岬神社（一九五九年復称）

公葬・慰霊祭・慰霊碑の扱い

戦死者慰霊をめぐる軍国主義的要素の除去は、靖国神社と護国神社の処遇にのみ集中したわけではなかった。神道指令で問題とされたような神道式の戦死者儀礼に止まらず、仏教やその他の宗教的儀式も含めて、それまで戦死者の郷里等で行われていた公葬（町村葬）や慰霊祭などに行政が主体的に関与することは、政教分離の原則から避けることが求められた。GHQと折衝する上で、日本側の窓口となった終戦連絡中央事務局による公葬等の扱いについての照会に対し、バンスは一九四六年一月一六日に口頭で、地方公共団体や国公立学校が葬儀や追悼式を主催できないこと、教師が私的機関や団体の主催による葬儀に援助や施設提供をしないこと、公務員や教師が公的資格で追悼演説をしないこと、労働組合・同窓会・青年団体・婦人団体・私立学校等の私的機関が特別の例外を除いて戦死者の葬儀や追悼式を行ってはならないことを伝達した。

それを受けるように、地方長官あて内務・文部次官通達として「公葬等について」が一九四六年一一月一日付けで出された。そこには、個人や民間団体が戦没者の葬儀・儀式・行事を行うことが許容されており、バンスの伝達事項からの変更が見られるほか、さらに細かい条件が記されているものもある。例えば、地方官衙や地方公共団体の名において実施できるのは、文民としての功労者や殉職者への宗教的儀式を伴わない慰霊祭であるとしたり、あるいは次節以降で述べる遺骨の輸送や伝達に関して、政府が行うものであるため公共施設の利用を許容しつつ、一般会衆の参列は認められないとした。また、忠霊塔や忠魂碑、その他戦没者・軍国主義者・極端な国家主義者のための記念碑、銅像等の建設の禁止や中止、学校や公有地に所在するものの撤去などが求められた。

しかしながら占領後期には、「公葬等について」で示されたような、儀礼やモニュメントの扱いを通して非軍国主義化を徹底しようとした当初のCIEの姿勢に変化が見られる。例えば、一九五〇年七月二一日のCIE部内の覚書「靖国神社について」では、占領軍が宗教儀礼を伴いつつ五月三〇日にメモリアル・デーの儀式を行っているのに対し、日本人は「神道指令」と「公葬等について」によって、国に殉じた人々に対する公共的な認識手段が奪われたままであることを、同年六月一二日の『神社新報』の社説を引きながら指摘している。その上で、「公葬等について」に示された建碑の制限方針を変更することで、戦死者崇敬や公共的な記念行事における神社の独占状態をやめさせることができると考えている。さらには、一九五一年九月四日、CIE局長のD・R・ニューゼントによって作成された「戦没者のための神社の国有地境内の譲渡及び国による戦没者の葬祭に関する政策の変更に関する案」でも、そうした建碑の制限によって、政府も遺族も特定宗教によらない戦死者記念の手段が奪われ、結果的に戦死者のための神社を私的な宗教法人としてではなく、公共的なものとみなしてしまう危険があると述べている。その上で、公共的な慰霊の新たな形態を模索することが、そうした神社へと大衆が再び向かうことを妨げるだけではなく、必要であれば将来的な戦死者の慰霊にも寄与するだろうと論じている（国会図書館、前掲、一〇四〜一〇七頁）。

最後に触れられた「未来の戦死」の想定は、わずか四年前の一九四七年に施行された日本国憲法第九条によって、戦争と武力の放棄が理念として掲げられていたことを考えれば驚くべき言明である。ただし、一九五〇年六月に勃発した朝鮮戦争を受け、東西対立の緊迫化のなかでマッカーサーが警察予備隊と海上保安庁の設置を当時の首相吉田茂に要請し、五一年三月には旧軍の下級将校の公職追放を解除して警察予備隊（のちの自衛隊）の幹部に迎え入れた状況下ということも念頭に置くならば、まったくありえない想定ではなかった。日本の再軍事化を推進するマッカーサーの方針のもと、ＧＨＱ内でもＧＳやＣＩＥの非軍国主義化路線よりもＧ２やＣＩＳの発言力が増していたが、旧軍将校の一部復帰はあっても、靖国神社や護国神社を公的な慰霊施設に戻すことは選択肢にはなかったと言える。しかし五節で見るように、その選択肢の可能性を探る動きが一九六〇年以降に靖国神社の国家護持運動として再度浮上してくることになる。

三　敗戦直後の日本宗教連盟の動向

戦中期からの来歴

ここで靖国神社と護国神社から離れて、戦中から戦後直後の宗教界全体に関わる動向に注目しておきたい。まず一九四〇年四月一日施行の宗教団体法を受けて各教団の整理・統合が行われ、宗教団体ごとに戦時報国会が置かれたことから見ておくべきだろう。その後、神道・仏教・キリスト教の各宗教系統の連絡組織として神道教派連合会・大日本仏教会・日本基督教連合会が置かれたが、一九四一年五月には大政翼賛会の主導で大日本宗教報国会が結成され、翌四二年五月にはイスラームを加えて興亜宗教同盟として発展的に改組された。他方、四一年一二月には文部省主導で宗教団体戦時中央委員会も発足していた。この二系統の連合体の併存を受けて宗教政策の効率化が議論され、一九四四年九月になって「三宗教の全教団が一致協力のもと、文部省と表裏一体となり宗教報告に邁進する」という趣旨のもと、それらを解散・再編する形で財団法人戦時宗教報国会が設立された（大澤広嗣「文部省と財団法人大日本戦時宗教報国会」『宗教研究』八八巻別冊、二〇一五、三七二〜三七三頁）。

この戦時宗教報国会は戦後、日本宗教会と名称を変更し（一九四五年一〇月二一日）、「戦災対処宗教教化活動」の要綱を定めて再出発している。その際に、財団法人戦時国民協助義会（一九四四年一〇月一日設立）を前身とする恩賜財団戦災援護会（一九四五年四月二八日改称）と協力して合同慰霊祭を行ったと日本宗教連盟の『創立二十周年記念　日本宗教連盟小史』（滝沢清編、一九六六、二三〜二四頁）には出ているが、それに該当するような記事は当時の大手紙には見当たらず、社会的に特筆できるものであったとはとらえ難い。日本宗教会の組織そのものも、会長は文部大臣であり、総務局長に文部省宗務課長が当たるなど、監督官庁の指導が強い組織で、宗教界独自の動きとは言い難いものであった。

翌四六年六月二日に財団法人日本宗教連盟（以下　日宗連）として、ようやく現在にまで継続する体制が出発したと言える。ここで注目しておくべきは、まず、神道界からの参画がそれまでのように教派神道のみばかりではなく、非宗教とされていた神社神道が「神道指令」を受け、一九四六年二月三日に包括的な宗教法人として神社本庁を組織した上で、日宗連にも加わったことである。他方で、連盟の組織に関して、文部省の現職官僚の関わりはないものの、常務理事に前文部省宗務課長の吉田孝一、学識経験者理事として元文部省宗教局長の下村寿一が宗教界以外からの二人の役員として参画しており（大澤広嗣「昭和前期の仏教界と連合組織」『武蔵野大学仏教文化研究所紀要』三一号、二〇一五、四五〜四六頁）、官からの独立という面では疑問も残る。しかしながら、その寄附行為（設立にあたっての規則）には、「神道、仏教、キリスト教の各団体の親密な連携によって教化活動の活発な展開を図り、道義に基づく文化日本の建設に寄与し世界平和の確立に貢献する」ことが謳われていて、戦時の総力戦体制からの脱出が目指されていたことがうかがえる。

全日本宗教平和会議

では、日宗連の実際の活動の中で、本章の主題である「慰霊と平和」に関連して、どのような取り組みが見られたのであろうか。まず平和運動として挙げられるのが、全日本宗教平和会議の主催である。これは築地本願寺を会場に一九四七年五月五日から三日間、「戦争放棄、絶対平和の新憲法を国民の一人一人が身につけるまで、日本宗教連盟は献身努力しなければならないとの趣旨から」、日本国憲法の施行に合わせて開催されたもので、日宗連加盟の神道教派連合会・仏教連合会・日本キリスト教連合会・神社本庁と、宗教文化協会も共催に加わった。同会議は宗教学者の姉崎正治（一八七三〜一九四九）を議長として、各教団の管長・統理者をはじめ、政界や学界からも含めて約千人が参加した。三つの部会に分けられ、第一部会では宗教に基づいた平和構築や戦後処理の問題、第二部会では宗教教育の問題、第三部会で戦争犠牲者の追悼会や戦災者の援護の問題などがそれぞれ議論されている（滝沢清編、前掲、四五〜五〇頁）。

同会議では初日に宗教平和行進曲の合唱や平和祈念黙祷、大森亮順による懺悔文朗読、吉田首相や高橋文部大臣の祝辞、ＣＩＥバンス宗教部長による挨拶が行われた。戦後の宗教者平和運動について論じた森下徹は、この懺悔文について、「満州事変以来の戦争を懺悔し、平和憲法の擁護や戦争否認を神道・仏教・キリスト教共同で決議したことは評価してよい」としつつ、「あくまで戦争を阻止できず、巻き込まれたことにたいする反省であって、宗教者自らの戦争協力の問題など主体的な戦争責任の問題は十分自覚されていない」と批判している（森下徹「戦後宗教者平和運動の出発」『立命館大学人文科学研究所紀要』八二号、二〇〇三、一三八頁）。

また、二日間の会議ののちに、平和宣言起草委員長日野原善輔の報告によって「宗教平和宣言」が可決されている。戦前からプロレタリア文学の作家として活動した宮本百合子（一八九九〜一九五一）は同宣言について、「今日の日本の文化問題」（『思想と科学』臨時増刊号一九四九年一月刊）の中で、「自分たちの戦争協力責任については一言もふれず、宗教は平和を本領とするというようなことが強調されているだけ」とし、「封建的な頭脳の暗さの上に「情操教育」と称して宗教的要素を多分にそそぎ込もうとしていることは世界のどのような利害に対しても有益ではない」と批判している。労働者、一般有識者、学生などの間で、日本の民主化のために、天皇制をはじめ「生活感情のうちに植え込まれた封建的礼拝観念の克服」の必要性が自覚化されているものの、「真に民主的な人民の実行力が十分高まっていないために、その隙間を塗って欺瞞的な宗教教育や平和運動が起こされている」ととらえている。

宮本の共産党的な「反宗教」の視点からすれば、たしかにそのような理解になるのだろう。しかし、大谷栄一が指摘しているように、仏教社会主義同盟（一九四六年創立、後の仏教社会同盟）や全国仏教革新同盟（一九四九年結成）をはじめ、宗教者平和運動協議会（一九五一年創立）や日本平和推進国民会議（一九五一年創設）など一九四〇年代後半から五〇年代初頭にかけて、仏教者を中心としてキリスト教や神道も合流する形で組織化されていった宗教者平和運動は、仏教改革運動と連動しつつ、社会党を中心とした戦後革新勢力と連携したものであった。大谷は、こうした平和運動の前提として先述の全日本宗教平和会議における「懺悔」があり、アジアへの「懺悔」が以降の仏教平和運動でも繰り返し表明され、戦争責任の追及につながったと指摘しているものの、その成果については不十分であったと結論づけている（大谷栄一「仏教の平和運動」『宗教と社会』一四、二〇〇八、二四六～二四七頁）。

先にＧＨＱの方針転換で言及した朝鮮戦争の勃発とそれに伴う国内外の情勢の変化は、宗教者の平和運動にも大きな影を落としている。それによって、大谷の指摘のように、「内なる心の平和と外なる世界の平和」（中濃教篤）の実現に向けた運動が、両者の一致を目指して政治的な領域への積極的コミットに向かう立場と、「心の平和」と現実の諸問題を切り離し宗教界や社会に対して自説を訴える立場とに分かれていく（大谷栄一「一九五〇年代の京都における宗教者平和運動の展開」『仏教大学社会学部論集』五四、二〇一二、一七頁）。例えば、連合国との和解をめぐる全面講和か単独講和かの問題をはじめ、警察予備隊の容認や日米安保条約、原水禁運動への姿勢などが論点となった（森下、前掲、一四〇～一四二頁）。

日宗連と慰霊

では、日宗連による戦没者の慰霊・追悼への関わりについてはどうだろう。それは、平和運動とも連動しつつ、日宗連の活動の地方的展開の中に認められる。例えば、広島の原爆投下から二周年にあたる一九四七年八月六日に、日本宗教連盟広島支部が結成され、原爆犠牲者供養塔が建てられた中島町慈仙寺鼻の焼け跡の仮堂で合同の慰霊・追悼行事実施を決定している。一九五二年に広島県宗教連盟と改称したが、この慰霊行事はその後も継続されている（中外日報社広島支社編『広島県宗教連盟「戦後五十年」誌』広島県宗教連盟、一九九六、二二一〜二二三頁）。

日宗連の慰霊への取り組みとして、もう一つ注目しておかねばならないのは、政府による遺骨収集事業への関わりである。占領期にはなかなか進展がみられなかった遺骨送還の取り組みは、一九五一年九月八日のサンフランシスコ講和条約調印以降前進した。政府は米国政府の承認を得て、一九五二年に入ると硫黄島や沖縄に遺骨調査団を派遣して予備調査を行い、一九五二年六月には「海外地域等に残存する戦没者遺骨の収集及び送還等に関する決議」が衆議院で可決された。それを受け、一九五三年から具体的な遺骨収集事業が開始されることとなった。

日宗連では、政府事業が具体的に計画される以前の一九五一年末の段階から日本赤十字社（以下　日赤）とともに、東京都知事や日本商工会議所会頭らを巻き込んで、官民一体の国民運動を企画し、非公式な準備委員会を設立した。翌一九五二年六月に先の遺骨収集・送還についての国会決議があり、政府のほうでも第一次計画案が準備されたことを受け、日宗連と日赤は「海外戦没者慰霊委員会（以下　慰霊委）」を設立して対応することとした。そこでは政府とも連絡をとりつつ、戦没地での慰霊や墓標建立、遺骨収容の具体的あり方について検討がなされている。というのも、事務的処理に終始しがちな政府方針に対して、「万遺憾のないようにする」ことに慰霊委としての狙いがあったためである。遺骨収集の実施の上では政府と歩調を合わせつつも、国民感情を踏まえて政府の取り組みでは不十分と考えられる部分に積極的に働きかけていく役割を慰霊委にもたせようとしたわけである。

そこで、日宗連と日赤の代表はさっそく引揚援護庁長官と会見し（六月七日）、政府側の計画内容を確認した。最初の対象地として、米国統治下の南方八島（南鳥島・ウェーク島・サイパン島・テニアン島・グアム島・ペリリュー島・アンガウル島・硫黄島）が挙げられた。政府による事業の計画ではあくまで遺骨の収集に終始し、現地での慰霊・墓標建立・送還後の慰霊などについては含まれておらず、日宗連と日赤としては、準備委員会で検討した計画を説明し、政府側への理解を求めた。

慰霊委そのものは同年一一月に正式発足した。発足に当たって、各界代表二三〇名を委員とし、当時の参議院議長佐藤尚武を総裁とし、衆議院議員で一九五〇年まで日宗連理事長を務めた安藤正純が委員長となって、日宗連理事長で神習教管長芳村忠明や日赤社長の島津忠承は副委員長を務めた。

慰霊委の発足準備と並行するかたちで、日宗連では「遺骨引揚代表団（以下 代表団）」として南方八島の遺骨収集活動へ同行する宗教代表の人選を進めた。米国からの実施条件に、一島あたり一週間の滞在とし、渡航人数も制限されたが、政府との協議の結果、宗教代表は三名の枠が設けられた。そのため政府からの要望は、慰霊祭の実施だけでなく実働を担える健康な壮年層であったが、日宗連側は相応の人物を代表にという考えで、渡航希望者も多かったという。結果的に、正式代表候補者として日宗連理事長の芳村忠明と曹洞宗権大教師で可睡斎住職の永江金栄、神社本庁講師で岐阜護国神社宮司の森重雄の三名が選ばれ、予備員候補として日本キリスト教連合会幹事の瀧沢清と立正佼成会理事長の長沼基之が指名された。慰霊委では、一一月二六日開催の第一回役員会において、ラジオや新聞等で遺族からの戒名や弔詞、写真、遺髪等の依託を呼びかけること、現地の適当な地にこれらを埋めて「敬弔戦没者の霊」の標木を建てることを決定した。

代表団は翌一九五三年一月末に日本丸で出港し、現地では形式的な遺骨発掘や宗教代表による簡単な宗教的行事の執行、各島に高さ二尺の自然石の記念碑と慰霊委の敬弔碑の建立が許可された。また海戦があった場所では船上で慰霊行事を行い、船中には引揚遺骨の安置所が設けられた。三月下旬の帰国に際し、援護庁から日宗連に宗教的慰霊行事の執行について申し入れがあり、それを受けて慰霊委や日本遺族厚生連盟（以下　日遺連）と対策を協議し、日宗連、日遺連、慰霊委、東京都遺家族厚生会の共同主催で「太平洋諸島戦没者大慰霊祭」を執り行った。具体的には政府の追悼行事の後、四団体の代表が厚生省から遺骨を受け取り、浅草本願寺を会場に仏教、教派神道、キリスト教、神社、新宗教の各連合会推薦の代表者が奉仕して、共同儀式を厳修した（西村明「遺骨収集・戦没慰霊と仏教者たち」京都仏教会監修、洗建・田中滋編『国家と宗教――宗教から見る近現代日本』法藏館、二〇〇八）。

一九五八年まで行われた政府の第一次遺骨収集事業では、日宗連からの宗教代表の派遣と帰還後の慰霊祭が継続的に実施された。次頁の表1はその概要である（滝沢編、前掲、六八～六九頁）。

こうした第一次遺骨収集計画における宗教者の動きから、戦時期に総力戦体制下で上意下達の組織であった戦時宗教報国会の後継として戦後に出発した日宗連が政府との一定の距離を保ちつつ、宗教界独自の動きを模索していたことがうかがえる。宗教代表として旧戦地に派遣された宗教者の中には、ビルマ・インド方面の上田天瑞や、西部ニューギニア・北ボルネオ方面の加藤亮一のように、戦時期に宗教宣撫班要員として現地に赴いた者もいて、彼らにとってこの遺骨収集の機会は、戦時の延長上に立ちつつ、戦後の視点から自

表1　日宗連派遣の宗教代表と帰還後の慰霊行事

アッツ島方面	一九五三年七月	藤井晋（仏教）、志村卯三郎（キリスト教）、松井伝一（教派神道）	合同慰霊祭	浅草本願寺	七月二七日
ソロモン諸島・東部ニューギニア方面	一九五五年一―三月	西山是兼（仏教）、田中靖麿（神社）	合同慰霊祭	日本青年会館	三月一九日
ビルマ・インド方面	一九五六年二―三月	上田天瑞、吉田道稔（共に仏教）	追悼式	中央共同募金会館	三月一七日
西部ニューギニア・北ボルネオ方面	一九五六年六―八月	松田亮孝（仏教）、加藤亮一（キリスト教）、市川彰（教派神道）	合同追悼式	千代田区公会堂	八月二三日
フィリピン方面	一九五八年一―三月	稲葉真意（仏教）、青木毅三（キリスト教）	合同慰霊祭	九段会館	三月一一日
中共地区からの送還遺骨の慰霊祭	一九五八年三月	全日本仏教会に一任		舞鶴市仏連	三月一一日

らの戦争との関わりを反省的にとらえうるかという課題でもあった（大澤広嗣『戦時下の日本仏教と南方地域』法藏館、二〇一五／原誠『国家を超えられなかった教会』日本基督教団出版局、二〇〇五）。しかし、一九六七年から七二年にかけて実施された第二次遺骨収集計画や、続いて七三年から三か年で行われた第三次計画では、日宗連の宗教代表の関与は認められない。そこには五節で見るように、民間人の海外渡航自由化や宗教界の独自の動きが関わっている。

四　千鳥ヶ淵戦没者墓苑の世俗性と宗教性

皇居の北西部に面する堀端に、国立千鳥ヶ淵戦没者墓苑（以下　千鳥ヶ淵墓苑）が立つ。さらに四〇〇メートルほど北に向かえば靖国神社があるという位置関係である。ここには、先に紹介した政府の遺骨収集事業によって日本に送還された遺骨のうち、引き取り手のない遺骨が納められている。一九五二年一〇月に遺骨収集事業が閣議で了承された段階で、納骨施設の建設が予定されていたが、実際の竣工は一九五九年の三月にまでずれ込んでいる。一九五二年五月には、首相の吉田茂（一八七八〜一九六七）を総裁とする官民合同の組織として「全日本無名戦没者合葬墓建設会」（以下 建設会）が発足し、海外に見られる「無名戦士の墓」に相当する施設の建設が目指された。この場合の「無名」とは「有名ではない」ということではなく、納められる戦死者の個性を特定しない匿名性によって、非戦闘員も含めた全戦争死者を象徴させようとするものであった。実際、政府の第一次遺骨収集計画でも、旧戦地への渡航に対する米国（軍）側の制約もあって、訪問場所のすべての遺骨を対象とした訳ではなく、短い滞在期間で収集可能な範囲の遺骨を一部持ち帰ることが行われた。それを象徴的にこの墓に納めることを念頭に置いていたことがうかがえる。

吉田は前年一〇月の靖国神社の秋季例大祭をはじめ、在任中靖国神社に五回参拝しており、CIEではそれに対して、戦前の靖国の地位の復活への懸念と同時に、共産主義者を含む国内外の左派に現政権批判の材料を提供することになることも憂慮していた（「部内覚書：吉田内閣総理大臣の靖国神社参拝について」国立国会図書館、前掲、一〇九頁）。しかし他方で、吉田が建設会を推進した理由には、靖国神社のような宗教色がなく海外の要人も表敬訪問できる国立の施設を準備するねらいがあったようだ。一九五三年一一月に米副大統領ニクソンの来日の際には、靖国神社への参拝拒否という出来事も起こった（赤澤、前掲、一四一頁）。

五三年一〇月、政府は建設会に加え、日本遺族会（以下 遺族会）や日宗連、慰霊委等に意見聴取し、この段階では国による墓の建設への賛同が得られた。しかしその後、改めて意見聴取の対象となった靖国神社や遺族会から、墓の性格や立地などをめぐって反対意見なども出され、計画は二転三転することになる。全戦没者を象徴するという当初のねらいはいったん後退し、氏名が判別できない遺骨や、遺族がわからない遺骨など、いわゆる「無縁死没者」の納骨施設という性格づけで進められた。結局、五九年の完成間際の段階で全戦没者の象徴であることが再確認された（伊藤、二〇一六、三九六〜四三〇頁）。

墓苑の設計に当った谷口吉郎は、「宗教的な手法を用いずに」、「神道人にも、仏教徒にも、キリスト教の信者や無宗教の人にも、さらには敵でさえ哀悼を感じさせる必要がある」として、「尊敬や畏敬よりも親和と敬愛の念」を起こさせるよう道路に近いところに墓域を定め、シンボルとして古代豪族の寝棺を模した長さ二・五メートル、重さ五トンの陶棺を六角堂の中央に据えた。またこの陶棺製作に携わった九州耐火煉瓦の長崎勤によれば、原料には旧戦地の粘土や陶石が加えられ、職場を清掃してしめ縄を張り巡らし、元兵士も含まれる作業員たちは、斎戒沐浴し真心をもって処するようにとの訓戒のもとで行われた（（財）千鳥ヶ淵戦没者墓苑奉仕会編『千鳥ヶ淵戦没者墓苑創建50年史』二〇〇九、五一〜五二頁）。そうした点では、特定の宗教色は排しつつ、まったくの世俗的な空間とは言えない要素をはらんでいた。

しかし特定宗教を母体としない、戦後憲法の政教分離と信教自由の原則に適合的なあり方が、その後の諸宗教による慰霊・平和祈念の場として展開していく状況を用意したと言える。墓苑竣工の一九五九年に立正佼成会や日本キリスト教連合会などが慰霊行事を開始したのに続いて、仏教系・神道系・キリスト教系・諸教のさまざまな教団が、それぞれ異なった時期に墓苑において行事を行っている（表2）。

立正佼成会の慰霊法要を見てみると、赤澤史朗の指摘のとおり、当初は「英霊」の「慰霊供養」という性格が強かったものの、一九六〇年代には平和祈願の観点が強くなる（赤澤、前掲、二一四〜二一五頁）。ちょうど六〇年代初頭には、立正佼成会とその青年部を中核とする新宗教の連合組織である新日本宗教団体連合会と新日本宗教青年会連盟の共催で、八月一四日に慰霊と平和祈願の行事を開始しており、次節でみるような六〇年代後半からの靖国神社国家護持法案推進に対する反対運動なども相まって、千鳥ヶ淵戦没者墓苑が靖国神社への対抗的な慰霊実践を行う場としての性格を帯びていくことにもつながった。

五　一九六〇～七〇年代の展開と反動

千鳥ヶ淵と全国戦没者追悼式

ただし、千鳥ヶ淵戦没者墓苑が靖国神社の戦死者祭祀に対する戦後の代替として登場したことは、全国戦没者追悼式との関係からうかがえる。一九五二年に先述の建設会が発足した直前の五月二日に新宿御苑で第一回の全国戦没者追悼式が挙行され、昭和天皇・皇后も臨席しているが、翌年以降しばらく中断し、第二回の式典は、墓苑の竣工式と同時に実施された。伊藤智永は「墓」と「式」は元来セットになっているものと見なすのが至当で、靖国神社と日本遺族会による「墓」建設への妨害運動が式典の中断に追い込んだと考えている（伊藤、前掲、三九五・四〇二頁）。一九六三年以降毎年八月一五日に実施されるようになるが、国の手による「慰霊祭」実施という遺族会からの要望を受け、同時に軍国主義復活論や政教分離問題の批判への対応として原爆空襲等の民間人戦災死者も対象としつつ（六四年の式典こそ遺族会の請願から靖国神社境内で行われたものの）、日比谷公会堂や日本武道館を会場として「宗教的儀式をともなわない」ことが閣議決定に加えられた。

こうした一連の動きは、戦前には非宗教とされた神社が占領期の「神道指令」によって一宗教となり、特に靖国神社や護国神社は軍国主義的性格をもつとみなされたこと、それに、日本国憲法でも強調された政教分離の原則によって主権回復後も政府が一宗教法人としての靖国神社に関与できなくなったこと、太平洋戦争末期の総力戦・玉砕戦状況によって非戦闘員も戦禍に斃れる事態が生じたことなどの複合的な要因からもたらされたこととして理解できる。言い換えれば、戦前の靖国神社を中心とした戦死者慰霊・顕彰とは異なる形で、戦後状況に沿った公（共）的な慰霊・追悼が模索されたのである。

海外旧戦地への慰霊団派遣

一九六〇年代には海外の旧戦地における慰霊においても、新たな展開が認められる。それを大きく後押ししたのが、一九六四年四月一日の民間人の海外旅行の自由化である。それまで仕事や留学、視察といった特定の目的で渡航の認可が必要であったが、外貨持ち出しも含め緩和され、六六年には年一回の回数制限も撤廃されている。その結果として、一九六三年にはちょうど一〇万人ほどであった海外渡航者数が、一九七二年には延べ百万人を超え（約一三九万人）、一九九〇年には延べ一千万人台（約一一〇〇万人）にまで上り、加速度的な増加を見せることになる（政府統計「旅券統計　旅券統計（国内）——戦後の旅券発行数及び海外渡航者数」）。

しかし仏教界では、すでに一九五〇年代後半から旧戦地での慰霊が試みられていた。一九五四年にビルマで行われた第三回世界仏教徒会議に際して、日本仏教代表が企画した現地での合同慰霊祭は住民感情を配慮

表２　千鳥ヶ淵戦没者墓苑における宗教関連団体の慰霊行事

主催宗教団体	慰霊行事	時期	実施時期
立正佼成会	戦争犠牲者慰霊法要・平和祈願式典	9月23日	1959年～
日本キリスト教連合会	キャンドル奉仕	12月21日	1959年～86年
日蓮宗宗務院	戦没者追善供養・世界平和祈願法要	8月15日	1959年～
普明会教団	月例参拝	毎月3日	1959年～
妙智會教団	戦没者盂蘭盆法要	7月14日	1960年～
新日本宗教団体連合会・新日本宗教青年会連盟共催	戦争犠牲者慰霊・平和祈願式典	8月14日	1962年～
解脱会	慰霊供養祭	3月末	1964年～
東京カトリック大司教区	戦没者慰霊・平和祈願	8月初旬	1972年～2004年
浄土真宗本願寺派	全戦没者追悼法要	9月18日	1981年～
浄土真宗東京本願寺	戦没者追悼法要	12月8日	1985年～2000年
生長の家相愛会	戦没者慰霊行事	4月	1987年～
阿含宗関東別院	太平洋戦争犠牲者成仏供養法要	7月15日	1994年～
日本キリスト教協議会	8.15平和祈祷会	8月15日	1994年～
法華宗宗務院	戦没者慰霊法要	4月初旬	1994年～
金光教東京センター	戦争犠牲者慰霊・平和実現祈願	7月	1995年～2002年
かむながらのみち	戦没者慰霊行事	2月	1996年～
八光山	戦没者慰霊行事	12月8日	1997年～
天道関東総壇	戦没者供養行事	12月	2007年～

『千鳥ヶ淵戦没者墓苑創建五十年史』
（㈶千鳥ヶ淵戦没者墓苑奉仕会編、前掲、七三頁）の表に基づく

して不許可となったが、翌年のビルマ首相の来日後に、政府の遺骨収集団の派遣が決定している。同仏教徒会議に参加した上田天瑞は、すでに三節で触れたように、一九五六年に日宗連の宗教代表として同収集団に参加した。また、一九五八年にバンコクで開催された第五回世界仏教徒会議に参加した日蓮宗の鈴木錬成は、会議参加後にタイとビルマの戦跡巡礼を行った。鈴木は戦時期に兵士としてビルマ戦線に従軍した経験を持っており、その後も毎年のように東南アジアや太平洋諸島で戦跡巡拝を続けている。一九六〇年代に入ると、同じく第五回世界仏教徒会議に参加していた日本大菩提会代表者の鈴木錦吾が、一九六一年に東南アジアや沖縄等で戦没者法要を行ったのをはじめ、一九六二年には日本仏教文化協会がそれまで実施してきた印度仏跡巡拝団による非公式の戦没者慰霊供養を、在外公館の協力によって公的なものにしてほしいと首相官邸で意見具申を行っている。

一九六五（昭和四〇）年三月二四日、超宗派的な宗教新聞を発行する中外日報社が戦後二〇年を記念して企画した、「サイパン・グアム・比島方面戦没者慰霊団」が羽田空港を出発した。遺族会と日宗連が後援となり、民間として初のグアム・サイパンへの慰霊団を謳ったものである。募集広告によれば、戦地で慰霊を行うことは「遺族はもとより国民共通の悲願」であり、「同時に恩讐を超え、旧戦場に眠る諸々の霊を供養し、その冥福と世界平和を祈願するのは、宗教界に課された一大責務である」として、「日本宗教界（神・仏・基・新宗教）の有縁の道俗ならびに、有志」の参加を呼びかけている（『中外日報』一九六五年二月二〇日付）。実際の参加者は、神道と仏教の宗教者に遺族やジャーナリストを含めた総勢一一名であった。同社は前年一一月に、スリランカの仏教復興を進めたアナガーリカ・ダルマパーラ（一八六四〜一九三三）の生誕一〇〇周年を記念して、第一回「インド仏跡参拝団」を派遣していた。その渡航に合わせてビルマにも訪問し、仏教関連の場所に加えて、戦跡慰霊を行っており、そうした点で中外日報社の慰霊団も、それまでの仏教界の取り組みの延長に位置づけうるものと言える。

サイパン・グアム・比島方面戦没者慰霊団の具体的な旅程を見てみれば、一七名の日本兵が戦犯として処刑されたフィリピンのモンテンルパ刑務所の戦犯墓地で冥福を祈り、サイパンではススペにある「日本人戦歿者之碑」前で慰霊祭を行い、サイパン市長や島民多数の参加があった。グアムでの慰霊祭は米海軍基地内の「日本人の碑」前で行われ、現地の日本人、二世のほか米兵の参列もあったという（同紙六五年四月八日付）。帰国後行われた参加者や関係者による座談会で、遺族会事務局長の吉田元久は「ご承知の通り、政府としては（中略）おおまかな遺骨収拾は終わったという格好をとっています。遺族会も是非今年は終戦二十周年ですので、これをスタートにして全戦域をやりたい（中略）政府のある程度の補助をしてもらうというほかに、宗教界の方々のご協力も得たい」（同月二八日付）と述べている。

一九五〇年代に実施された先述の第一次遺骨収集計画の実施によって、政府としては事業が概了したと見なしていた。しかし、実際には六七年から七二年まで第二次計画を実施している。その要因は、民間慰霊団の活発化と要望に後押しされる形であったという。渡航自由化によって、多くの民間慰霊団が組織され、戦後二〇年を経てもなお旧戦地に多くの遺骨が残存している様子を目の当たりにしたのであった。中外日報社の慰霊団はこうした動向を左右した一つのきっかけとなった。

先述の座談会では、参加した遺族の一人が、遺骨の散乱状況について現地で聞いた声を紹介し、「管理上も困るし、実にかわいそうだ、あなたがたは慰霊祭を行なってただ帰るというだけでなく、なんとか運動を起こしてこのまわりを整理するとかしていただきたい」と頼まれたという（同月二五日付）。

戦前に日本の信託統治を経験したサイパンやテニアンなどの北マリアナ諸島と、アメリカの植民地であったグアムとでは同じチャモロ人同士でありながら、戦争のとらえ方や対日感情に違いが見られた。サイパンとテニアンでは、サトウキビ労働者として従事した日本本土や沖縄からの民間人移民も含めてグアムの二倍以上戦死しており、一九六二年に米海軍機密保護法が撤廃されて、日本の民間人渡航が解禁された一九六〇年代後半以降には多くの慰霊団が訪問するようになった。現地住民は、日本統治時代の政治的支配の記憶や、遺骨収集団による遺体に対するずさんな身元確認のためにチャモロ人の墓まで侵害される事件も起こったが、概して日本人慰霊団に友好的に接した。

他方で、グアムでは主要な観光外客としての経済的な価値と、戦時期の日本占領時代の敵対的な記憶との間で揺れていた。戦後に訪問する日本人は「平和的な」集団であるというイメージによって、なんとか折り合いがつけられていた。

中外日報社の慰霊団が帰国して数か月した後、グアムのカトリック神父オスカー・カルボが来日した。カルボはグアムの先住民チャモロ人神父として著名な人物で、彼は日米合同の慰霊公苑と慰霊塔の建立を現地のカトリック信者によって進めるために、日本の各界に協力を要請すべく来日したと中外日報の記事では報道されている。

日本の国会議員やグアムの政財界関係者などが中心となって南太平洋戦没者慰霊協会が設立され、日本の外務省や米国務省、グアムの地元指導者や地元組織の支援を獲得し、日本のカトリック界や全日本仏教会からの協力も取り付けた。しかし、グアム島北東部に計画された慰霊公苑と慰霊塔は、完成予定の六七年以降も計画は難航し、六九年にはグアム立法院での建設反対の決議もあった。批判の急先鋒はグアム在住のアメリカ人たちであった。こうして実現が危ぶまれながらも七〇年に慰霊公苑と慰霊塔の完成を見た（カマチョ、二〇一六、一四二～一四九頁、一六九～一七八頁）。

こうした事例は、グアムやサイパンなどに止まらず、アジア・太平洋戦争で日本軍が関与した他の地域でも見られる。また個人レベルの交流から、宗派・超宗派の組織的レベルにまで及ぶ。一九七〇年代に入ると、青年や高校生などの平和学習の一環として、広島や沖縄、フィリピンやサイパンといった国内外の戦争にまつわる場所をめぐり、慰霊や平和祈念の集いが立正佼成会のような新宗教教団や伝統仏教の各宗派単位で組織されてもいる。そうした動きの延長で、三節で触れた日宗連の宗教代表で遺骨収集にも参加したプロテスタント牧師の加藤亮一の創設による東南アジア文化友好協会（一九六三年～）や、臨済宗妙心寺派の山田無文によって組織された南太平洋友好協会（一九七〇年～、現アジア南太平洋友好協会）など、慰霊・追悼や平和祈念にとどまらず、国際交流・国際貢献を行う組織も登場していった。

靖国・護国神社の性格のゆらぎ

一九六〇～七〇年代には、靖国神社や護国神社をめぐっても新たな動きが見られた。一方では、一九六三年に靖国神社宮司の筑波藤麿が、核兵器禁止宗教者平和使節団の一員として日本の宗教界の各代表らとともに欧米一三か国を歴訪し、靖国の祭神をはじめ世界の戦没者の「神々」は世界平和を念願する存在であることを一九六四年の年頭挨拶で言及している。他方で、遺族会での戦死者の名誉回復・顕彰に向けた動きの一環として、戦前のような靖国神社の国家護持を求める議論は一九五〇年代から存在したが、それが本格化して制度化への具体的な働きかけが起こってきたのが一九六〇年代半ばのことであった。靖国神社内に設けられた祭祀制度調査会が、一九六三年四月「靖国神社国家護持要綱」をまとめ、遺族会では靖国神社国家護持に関する調査会報告書の「基本的見解」を作成して、それに基づいて一九六五年一〇月に「靖国神社法要綱(案)」をまとめている。また、遺族会を中心に翌六六年の二月から四月にかけて国家護持要請の署名活動を行い、二三四七万人以上からの署名を集めた。

一九六七年から自民党内で法案の検討がはじまったが、憲法に規定された政教分離原則と遺族会が求める靖国神社への英霊の合祀奉斎との折り合いをつけるために議論が紛糾し、一九六九年に至ってようやく成案に至った。その年から自民党による議員立法として国会提案が繰り返され、一九七四年には衆議院での可決を見るものの、参議院では審議未了となり、結局廃案となった。「神社」であることにこだわりながら、同時に宗教団体ではなく、教義や教化活動を行わないという、戦後の「宗教」としてのあり方の否定であった。

それは戦前までの神社非宗教の立場への回帰であり、例えば一九六八年四月六日に全日本仏教会から出された法案への反対声明では、靖国神社の宗教法人格を一方的な政治権力によって変更することになり、それが全宗教法人の権利の侵害にもなるとしている。同年五月一〇日に新日本宗教団体連合会から出された声明書では、法案の成立は、国会が「宗教団体」の定義を勝手に下し、それに基づいて国とその機関が宗教法人の解散を命ずることすらでき、憲法で保障された信教自由などの自由権への脅威や政教分離の無視につながるという理解が示されている。この他にもキリスト者など多くの宗教者から反対の声が上がるが、靖国神社の国家護持ということが、延いては国家神道体制の復活につながるという懸念が共有されていたのである。それはまた軍国主義の復活にもつながるものとして、宗教者ばかりではなく左派の平和運動の文脈でも批判された。

一九六〇年代半ばの靖国神社は自衛隊との結びつきも強め、部隊や少年工科学校生徒の集団参拝の動きが見られ、外部からの批判が生じていた。他方、護国神社と自衛隊との関わりも生じていた。一九六八年に勤務中の交通事故で亡くなった自衛官の中谷孝文を含む二七名の殉職自衛官が、一九七二年に山口県護国神社に合祀された。翌七三年、クリスチャンであった妻の中谷康子は意に反する合祀をされたことについて、具体的な合祀の手続きを進めた退職自衛官の組織である隊友会山口県支部連合会（以下 県隊友会）や国を相手に、合祀取り消しと損害賠償を求める訴訟を起こした。地裁（一九七九年判決）と高裁（一九八二年）では原告の主張が一部認められ、損害賠償の支払いを命じたが、一九八八年に出された最高裁の上告審判決では、逆転敗訴の判決が下された。

占領期の護国神社の処遇と対応に見られたように、各道府県の護国神社の中には戦後になって警察官や消防署員などの公務殉職者の霊を祭神として合祀するところもあり、中には殉職自衛官を含むところも出てきた。山口県護国神社への自衛官合祀の場合、きっかけは一九六四年一一月に県隊友会主催で護国神社にて実施した、自衛隊発足以来の殉職自衛官一二名の慰霊祭であった。その際に、遺族から殉職者合祀の希望が出されたという。護国神社の宮司は、同社は戦死者を祀る施設であり、殉職者は戦死者とは異なるという理由から合祀に賛同しなかったが、その後県隊友会から再三働きかけがあり、他県の状況なども調査した結果、一九七一年に至ってようやく了承したという経緯があった。ちょうど、福井県（一九六三年）、香川県・熊本県（六四年）、栃木県・富山県・鹿児島県（六五年）、大分県（六八年）、佐賀県（六九年）、宮崎県（七〇年）など各県で合祀が実現されていた時期であった。

中谷康子が所属した山口親愛教会の牧師で合祀取り下げの支援をしていた林健二が、合祀の手続きに協力をしていた自衛隊山口地方連絡部の事務官に合祀の意図を質したところ、殉職自衛官は「忠臣と同じ位の資格があり、遺族の宗教には関わりなく現職隊員の死生に誇りをもたせるために奮起して祀った」ということや、「護国神社は公の宗教であり、日本人は家庭での宗教とは別に公には護国神社に祀られるのが当然である」ことなどを答えたという（「自衛隊員らによる合祀手続の取消等請求事件　山口地方裁判所　昭和四八年（ワ）第八号　昭和五四年三月二二日　判決」、「自衛隊らによる合祀手続の取消等請求事件　最高裁判所　昭和五七年（オ）第九〇二号　昭和六三年六月一日　大法廷　判決」）。「公の宗教」という表現は、戦前から戦後にかけての護国神社の性格の変化を折衷させたかっこうになっている。靖国神社国家護持法案に見られたように、戦前期の神社が担った公的な役割と戦後の「宗教」としての位置づけとのあいだのねじれがここにも表れている。それは、自衛隊が旧軍との実質的な関係を維持させつつも、戦後の憲法九条下でどのように位置づけられるかをめぐる戦後社会の葛藤とも通じるところがあるだろう。

六　戦災死者の慰霊・追悼と平和祈念

民間人の戦争犠牲者の慰霊については、三節において日宗連広島支部の原爆慰霊への関わりについて触れたが、最後に改めて取り上げておくことにしたい。というのも、戦時期までの靖国神社や部隊などにおける戦闘員を中心とした慰霊に対して、第二次世界大戦の総力戦体制のもとで空襲や地上戦などの戦禍に民間人が巻き込まれることが格段に増え、そうした人々に対する慰霊・追悼がさまざまな形で試みられていったことが戦後の特徴であるとも言えるからである。

靖国神社にも原爆や沖縄戦の犠牲者など非戦闘員が合祀されている。それは、一九五二年四月に軍人恩給法の停止に伴い公布された「戦傷病者戦没者遺族等援護法」に基づいている。この法律は、「軍人軍属の公務上の負傷若しくは疾病又は死亡に関し、国家補償の精神に基づき、軍人軍属であった者又はこれらの者の遺族を援護することを目的とする」（一条）もので、警防団員や国民義勇隊員、勤労動員学徒など、国家総動員法令で動員され亡くなった者も「準軍属」という扱いで公務中の死とみなされた。また沖縄戦における「集団自決」の死者も「戦闘員の煩累を絶つため崇高な犠牲的精神により自らの生命を絶つ者」という理解により「準軍属」とされた（石原昌家『援護法で知る沖縄戦認識』凱風社、二〇一六）。こうして、準軍属として認定された民間人犠牲者の情報が厚生省から靖国神社に提供されたことに基づいて、祭神として合祀されたわけである。

しかし、そうした適用をうけていない広島・長崎における一般の被爆死者や各地の空襲被災死者などは、全国戦没者追悼式の追悼対象とは見なされたものの、既存の慰霊・追悼の枠組みには位置づけられなかった。広島や長崎では、全市的な慰霊祭や平和記念式典が戦後直後から実施され、宗教者による慰霊実践や平和集会なども積極的に展開されてきた（宇吹暁『平和記念式典の歩み』広島平和文化センター、一九九二／西村明、二〇〇六、第四章）。一九五五年には広島平和記念資料館が開館し、長崎には長崎国際文化会館原爆資料センターが設置される。それぞれの公園施設（広島平和記念公園、長崎平和公園・原爆中心地公園）とともに、修学旅行生の平和学習の目的地となり、同時に千羽鶴の奉安など追悼の機能も担うようになっていった。

空襲被災地については、それぞれの地方行政や民間団体により慰霊・追悼の式典が行われる一方で、全国戦災都市連盟（一九四七年結成）によって、一九五六年一〇月二六日、姫路市手柄山中央公園内に太平洋戦全国戦災都市空爆死歿者慰霊塔が建立され、毎年同日に追悼平和祈念式が開催されている。東京大空襲の場合も、墨田区横網町公園にある東京都慰霊堂（一九三一年に震災記念堂として建立され、一九五一年に改称）に、関東大震災の身元不明遺骨とともに空襲の遺骨も納められ、三月一〇日に「都内戦災並びに関東大震災遭難者春季慰霊大法要」が行われている。

沖縄では、北海道の慰霊塔が建立された一九五〇年代から、とりわけ一九六〇年代後半以降に沖縄本島南部の糸満市摩文仁を中心として、各都道府県の慰霊碑（塔）が建立されていった。これらは、各地出身の沖縄戦出征戦死者のためのものであると同時に、多くが南方諸地域の戦死者を合祀し、渡航困難な旧戦地の慰霊を代表させる性格も併せ持っていた。「慰霊塔建立ラッシュ（ブーム）」と呼ばれるほど摩文仁には慰霊碑が乱立し、「本土」の軍人・軍属のための慰霊碑が戦跡地を占有する事態に対する反感と、観光収入への期待との相反する思いを抱かせた。五節で見たグアムの状況に通じる事態であった。

一九七二年の日本復帰後、摩文仁の丘周辺は「沖縄戦跡国定公園」に指定され、沖縄県平和祈念資料館（一九七五年）や沖縄平和祈念堂（一九七八年）、国立沖縄戦没者墓苑（一九七九年）が次々と整備されていく。七〇年代末には碑文に「靖国の論理」が充溢しているという批判が起こり、「靖国神社国営化反対沖縄キリスト者連絡会」が県内一四〇の慰霊塔・碑の調査をしたところ、六〇年代建立の四二基（約五七パーセント）が他県のもので、そのうち三二府県の碑文が「戦争戦死の肯定賛美」「愛国憂国の心情」を含んでいることが指摘された（北村、二〇〇九、二八八～九一頁・二九三～四頁）。

こうした戦災死者の慰霊・追悼の場は、被害の側面から戦争の非道さ・悲惨さを学ぶ平和学習の場として、修学旅行の目的地などになっていくが、しばしば戦争体験者自身の体験や死者をめぐる生々しい記憶と、非体験者の無理解や無関心との落差が生じる場ともなった。時間の経過、世代交代とともに具体的な故人に対する慰霊・追悼の性格が薄れていき、抽象的な「平和祈念」へと移行する状況も生じてくる。戦後日本では、一九七〇年に「戦争を知らない子供たち」（北山修作詞、杉田二郎作曲）という歌が登場したことに象徴されるように、すくなくとも国内的には戦争のない状況が現れていた。したがって、「平和祈念」の抽象性は戦争のリアリティが希薄化していったこととつながっているだろう。他方では、朝鮮戦争やベトナム戦争をはじめとして冷戦の東西対立構造のなかに日本も巻き込まれ、日米安保体制の維持や自衛隊の増強などといった形で現実と向き合うこととなる。核廃絶や非戦を訴えることの理想は、こうした現実とともに、抽象化と記憶の風化のベクトルに抗いながら、その後も取り組まれていくことになる。

参考文献

赤澤史朗（二〇一七）『靖国神社――「殉国」と「平和」をめぐる戦後史』岩波書店
伊藤智永（二〇一六）『靖国と千鳥ヶ淵――A級戦犯合祀の黒幕にされた男』講談社
長志珠絵（二〇一三）『占領期・占領空間と戦争の記憶』有志舎
キース・L・カマチョ（二〇一六）『戦禍を記念する――グアム・サイパンの歴史と記憶』岩波書店
北村毅（二〇〇九）『死者たちの戦後誌――沖縄戦跡をめぐる人びとの記憶』御茶の水書房
國學院大學研究開発推進センター編（二〇〇八）『慰霊と顕彰の間――近現代日本の戦死者観をめぐって』錦正社
国際宗教研究所・井上順孝・島薗進編（二〇〇三）『新しい追悼施設は必要か』ぺりかん社
西村明（二〇〇六）『戦後日本と戦争死者慰霊――シズメとフルイのダイナミズム』有志舎
浜井和史（二〇一四）『海外戦没者の戦後史――遺骨帰還と慰霊』吉川弘文館

村上興匡・西村明編（二〇一三）『慰霊の系譜――死者を記憶する共同体』森話社

コラム⑤　石牟礼道子と霊性

萩原修子

一　石牟礼道子の語り

「つい三十年くらい前まで、この世は、ひそやかな賑いに満ち満ちていました。

川べりの道を歩いておりますと、川の瀬音とともに、聞えるともないような草の葉ずれの音に呼び止められます。……」(「草の声を」一九九〇)

石牟礼道子の『苦海浄土』(一九六九)には、その「ひそやかな賑わい」が水俣病によって引き裂かれていく様が描かれている。高度経済成長の陰で犠牲になった患者たちの救済を目指した告発によって、彼女は近代批判の旗手のごとき位置づけをされることもある。その作品は、その後の患者運動・支援活動に大きな影響を与えるものだったが、何より彼女はこうした、川瀬や山野のひそやかな命の賑わいを聞き取る詩人であり、それを物語に紡ぐ語り部であった。そして森羅万象の賑わいと交感する人々や、そこから引き裂かれ、言葉を奪われた人たちと共振しつつ語りつづけてきた。では、何を語りつづけてきたのか。

『苦海浄土』に次のような描写がある。母親は去り、父親も水俣病となった胎児性患者の杢太郎の祖父「爺やん」は、杢太郎の行く末を案じ、海で拾った石に焼酎《おみき》をあげ、魂を入れた護り神として拝むよう語る。

「石の神さんも在らすぞ。

あの石は、爺やんが網に、沖でかかってこらいた神さんぞ。あんまり人の姿に似とらいたで、爺やんが沖で拝んで、自分にもお前どんがためにも、護り神さんになってもらおうと思うて、この家に連れ申してきてすぐ焼酎《おみき》ばあげたけん。もう魂の入っとらす。あの石も神さんち思うて拝め。

爺やんが死ねば、爺やんち思うて拝め。わかるかい杢。お前やそのよな体して生まれてきたが、魂だけは、そこらわたりの子どもとくらぶれば、天と地のごつお前の魂のほうがずんと深かわい。泣くな杢。爺やんのほうが泣こうごたる。」(『苦海浄土』「天の魚」)

水俣病に生活を一変させられ、言葉を奪われた孫と老い先短い「爺やん」の姿は、ただ貧しく悲惨な漁村の絶望的な一風景にすぎないかもしれない。しかし、石牟礼の感官を通して捉える「爺やん」の語りは、言葉を発さない杢太郎の魂の無垢さ、深さを称え、魂を込めた石に祈る、悲しみの底から溢れる情愛と美しさに満ち満ちている。

また、一〇歳前後の胎児性患者たちが病院に行くためにバスに乗っている時、久しぶりに家の外に出ることに、貌《かお》が輝き出す様子を次のように描く。

「そのような様子の子どもたちをみるのは、自分たちの死後、この子がどうなるか、と考えざるをえない親たちにとってはいかにもいじらしく、お互いに今はまだ生きていて抱《いだ》きあっているという束《つか》の間《ま》の交感は束の間の慰藉《いしゃ》であるのにちがいなく、専用バスの中は、そのような肉親の情愛がひしひしと切なく、……」(『苦海浄土』「椿の海」)

この子供たちと親たちにとっての救いとは何か。絶望的な悲しみの果てには、石の神さまに託された「爺やん」と杢太郎の情愛の交感に現出される「束の間」の美しさのほかにはないように、子供たちと親たちの、まさに情愛の交感の「束の間」の輝き以外にはない。

二　もうひとつのこの世

水俣病という近代が生んだ災禍を前にして、既成の宗教に救いを見出せなかった石牟礼は、こうした魂の交感、人間の情愛の交感の悲しさと美しさを描きつづけていたように思われる。とはいえ、その人間の情愛の交感は極めて切なく束の間のものにすぎない。であるがゆえに、共にそれを幻視しながら、この世ならぬ「もうひとつのこの世」として、描きつづけた。これらの営為は、この世界を感受しつつ超越に向かう彼女の霊性の発現そのものであったと捉えられる。

水俣病の患者支援運動においては、この「もうひとつのこの世」が、近代批判としての共闘の思想的支柱となり、新しい社会的な局面を切り開いてきた。一方で、それは到達点として存在するというより、その魂の交感の刹那を重ねて共に生きる者の世界という意味あいであったに違いない。「もうひとつのこの世」とはこの世と対比的に美しく完結した世界であった。例えば「爺やん」は次のように語る。

「あねさん、魚は天のくれらすもんでござす。天のくれらすもんを、ただで、わが要ると思うしことって、その日を暮らす。

これより上の栄華のどこにゆけばあろうかい。」

「なああねさん、わしども夫婦《みょうと》というもんは、破れ着物を着とったが、破れたままにゃ着らず繕うて着て、天の食わせてくれらすものを食うて、先祖さまを大切に扱うて、神々さまを拝んで、人のことは恨まずに、人のすることを喜べちゅうて、暮らしてきやしたばい。」(『苦海浄土』「天の魚」)

天の賜物である魚を漁り、それによって生かされている人と自然の調和する完結した栄華。それを崩壊させたものが近代、水俣病である。そのはざまにいるのが石牟礼である。

「石牟礼道子は渚に立つ人である。前近代と近代、この世とあの世、自然と反自然、といった具合に、あらゆる相反するもののはざまに佇んでいる。」(米本浩二『評伝石牟礼道子　渚に立つひと』新潮社、二〇一七)

さらに言えば、「爺やん」と杢太郎の世界は、文字の介在しない、抽象的な概念を必要としない世界でもあった。それはまさに患者たちが、チッソの社長相手に、法や権利、補償などの「概念」を介さず、相対峙して、直接交渉を行った行動にもあらわれている世界である。涙ながらに魂を込めて積年の思いを訴える患者と、補償金という計量可能な形でしか応え得ない会社組織。その非対称性のはざまに、石牟礼道子の安住できない語りの源があった。概念に封じ込められた近代の側から「もうひとつのこの世」を、累々と描きつづけるためには、常に定型を超えた新しい詩の形を模索して、石牟礼は安住することができない。孤高に闘いつづける。

彼女は、晩年、チッソも、自分たちを差別した人たちも、人と自然の命の繋がりの中で「全てを許す」という患者たちに、既成の宗教を超えた新しい思想、そして希望を見出していた。しかし、彼女自身ははざまに立つゆえに、患者当人のように「許すこと」はできないし、安住することはできない。彼女の孤高に続く闘いは、私たちに問いかけている。近代に生きる私たちの立っている場所がどのような場所であるか、そこに救いや希望はあるのか、と。

それでも、私たちに、まだできることはあるようだ。

石牟礼によれば、これまでこの国の宗教の裾野の豊かさを作ってきたものは、森羅万象の小さな声に紡がれる物語の綴れ織り（真宗寺「蔓芥忌」での講演、一九九〇年）である。宗教的な力を再び豊かにし、救いの道筋を開いていくには、物語の豊かさを回復していくということだ。

では、いかにしてそれは可能なのか。石牟礼は、世界の聞こえない声を聴き、救いに向かって語りつづけてきた。石牟礼の作品を通して彼女の霊性に対峙しながら、私たちが森羅万象の声に耳を澄ましていくことだ。その語りに共振した人々が水俣病事件において新しい時代を開いてきたように、それが次代の希望を開いていくのかもしれない。

第七章　都市化と宗教——高度経済成長期の東京を中心に

寺田喜朗

一　はじめに

本論は、近代日本の都市化と宗教の動態を概括することを目的とする。ただし、都市化については様々な議論があるため、まずは都市化とそれを特徴づける都市的生活様式という概念を押さえたい。次いで東京を事例として――人口動態を注視しながら――都市化の諸相を俯瞰する。その後、諸宗教の様態を摘記し、その特徴を剔出してみたい。

なお都市化と宗教をテーマにした論考は、一九七〇年代前後に多数提出されている。ただし石井研士も指摘するように、その多くは抽象的な一般論・予見に留まっており、実証的な調査研究に即した成果は限られている（石井、一九九八）。磯岡哲也は、一九八四年に三七一本の文献リストを作成している（磯岡、一九八四）が、『現代日本の宗教社会学』所収の「都市化と宗教」で取り上げたのは、森岡清美、藤井正雄、川崎恵璋、高橋勇悦、芹川博通、および森岡や磯岡が参加した成城大学民俗学研究所の成果のみである（磯岡、一九九四）。なお同書はよく読まれ、二〇一六年には改訂版も公刊されている（井上編、二〇一六）。

本論は、同書との内容重複を避けるため、右掲の論者の実証研究の成果を同要領でパラフレーズするのではなく、議論の空間的枠組みを東京に焦点化し、中長期的な時間軸を意識しながらアウトラインを描く作業を試みたい。つまり各地の事例研究から索出された小作業仮説をパノラマ的に列挙するのではなく、また一足飛びに抽象的な一般論を展開するのでもなく――いわば中範囲の理論を志向する形で――実証研究から析出された知見をピックアップしながら都市化と宗教の動態を概括し、その特徴に迫ってみたい。

二　都市化と都市的生活様式

都市化（urbanization）は様々な学問分野で用いられる概念であり、その定義も論者によって様々である。また都鄙における人口移動ないし都市人口の集積は、近世以前にも見られる現象であり、古代以来、わが国には多様な都市化の展開があった、と言える。しかし社会学や宗教学では、単なる都市人口の集積ではなく、産業化に紐付けられた第二次産業（製造業・建設業・鉱業等）および第三次産業（小売・卸売・運輸・金融・保険・不動産・通信・飲食・サービス業・医療・福祉・教育・公務等。日本の分類では電気・ガス・水道も含まれる）に就業する労働人口の高密度集中、並びにそれに伴う行動様式・思考パターンの変化、すなわち都市的生活様式の浸透をもって都市化と見なすことが一般的である。本論も、近代化・産業化と不可分な社会変動の一局面を指す概念として都市化というタームを用いたい。

都市的生活様式（urban way of life）についても――貨幣経済の浸透、職業の分化、共同体規制の弛緩等――様々な議論がある。おそらく研究史上もっとも参照されたのは、シカゴ学派第三世代のワース（Wirth, Louis）が一九三八年に発表した論文「Urbanism as a Way of Life（生活様式としてのアーバニズム）」である（鈴木広編、一九七八、一二七～一四七頁所収）。ワースの議論を筆者なりに摘要すると、（一）人口の量・密度、組織、施設、交通、サービス、職場と住居の距離、（人種・民族・階層に応じた）住民の空間的凝離（segregation）等、都市の物理的構造および住民の生態、（二）親族集団・近隣集団の紐帯の弱化、新たな自発的結社・利害集団の結成等といった（社会的連帯の伝統的基盤を流動化させる）都市の社会関係・社会組織の体系、(三)全人格的な接触(第一次的接触)を伴わない匿名的・皮相的・功利的・一時的な第二次的接触の反復による都市生活者の思考・態度・行動パターンの変化(孤独感・不安感に惹起される自殺、非行、犯罪、背徳等)と概括できる。

都市研究を牽引したワース等の拠点であったシカゴは、一八四〇年頃は人口約四千の田舎町に過ぎなかった。しかし、一八七〇年約二九万、一八九〇年約一〇九万、一九一〇年約二一八万、一九三〇年約三三八万へと拡大し、様々なルーツをもつ移民が断続的に流入することによって――異質性の高い住民の高密度集中――様々な社会問題が生起した。トマス(Thomas, William Isaac)とズナニエツキ(Znaniecki, Florian Witold)は、移民が生まれ育ったヨーロッパ農村では当たり前だった規範や価値、規制が移住先の都市において十分な影響力を発揮し得ない状態を社会解体(social disorganization)と概念化している。

人々の生態、社会関係・社会組織、思考・態度・行動パターンを変える普遍的な因子として都市化という概念は提唱されたが、果たして近代日本とりわけ終戦から高度経済成長期の東京における宗教動態にはどのような影響を与えたのか。その見取り図を描くことが本稿の企図である。もちろん都市化の様相、とりわけ人口集積の時期や住民構成は、世界各地の諸都市で大きく異なっている。本論は、東京の近代史をやや詳しく記述する作業を通して、特有の都市的生活様式を剔抉し、その相関で宗教動態の特徴に接近していきたい。

三　東京の都市化――人口動態と産業構造

東京の人口変化（岸本、一九六八、石塚・成田、一九八六等）

東京の前身・江戸の町方（町人）人口は、一八四〇〜六〇年の期間約五六万であり、このうち他所出生者（江戸生まれではない流入人口）は一三〜一五万で推移している。武家人口は不明だが、町方人口と同規模から倍程度だったと考えると江戸時代末期の江戸（朱引内）の総人口は一〇〇〜一五〇万程度だったと推定される。幕府崩壊を受け、朱引内（大江戸＝町奉行支配地に相当）人口は、一八七二年頃には約五七万まで減少するが、明治二〇年代には幕末と同規模に回復したと推定され、一八九七年には、東京市（麹町・神田・日本橋・京橋・芝・麻布・赤坂・四谷・牛込・小石川・本郷・下谷・浅草・本所・深川の一五区）人口は約一四〇万、東京府郡部人口は約六二万へと増加した。この後、欧州大戦による好況を受け人口は急増し、第一回国勢調査が行われた一九二〇年には約二一七万、郡部人口は約一五二万となった。この時期は、大戦特需と産業革命をプル要因、農村部における農民層分解（大地主の土地集積と小作農の増大）をプッシュ要因に工場労働者が急増し（一九一四年の約八五万から一九一九年には約一四七万に）、都鄙間の挙家離村型の人口移動が相次いだ。東京市は住宅欠乏（地価・借家料の高騰）が深刻化し、貧民窟と呼ばれるスラムも発達した。日本経済の主力は繊維を中心とした軽工業だったが、市東部（本所・深川＝現江東区）と西側（川崎町・御幸町・大師町＝一九二四年に合併して川崎市）では重工業化（機械・器具・化学工場）が進展した。

関東大震災（一九二三年）では、約二〇万世帯が被災し、死者不明者約一〇万、約一〇〇万の疎開者が出た。この時期以降、郡部への著しい人口移動（郊外化）が進行する（市内人口は震災によって約六六万減少したが、うち約三二万は市郊外に定住）。これを後押ししたのが国鉄および近郊民営鉄道で、高速・頻回・大量輸送を可能にする新技術・電気鉄道の敷設が相次いだ。歓楽街の中心は浅草から銀座へ移り、貧民窟も旧市域から郊外へと拡散した。深川・本所に集中した在日朝鮮人の住居は、震災後、北豊島郡・荏原郡・豊多摩郡等へと分散が進んだ（GHQの報告書によれば、一九四八年時点の東京には、約三万の朝鮮人、約七千の中国人、三千足らずのその他外国人が居住していた）。昭和に入ると（昭和恐慌の影響で）東京府の失業者は約一〇万に膨れ上がった。失業者は、日雇い労働者が多かった荒川・深川・本所・城東・向島に集中した。犬養内閣（高橋是清財相）による政策転換（積極財政）によって軍需産業が急成長し、東京の人口は再び急増トレンドに移行する。東京市は、一九三二年、周辺五郡八二町村を編入して計三五区、人口約五八〇万を擁する世界第二位の巨大都市となった。

第二次世界大戦は東京に未曾有の被害をもたらした。一九四五年三月九日の大空襲では本所・深川・京橋・日本橋・神田が焼失、四月一三日の空襲では豊島・淀橋・小石川・四谷・麹町・赤坂・渋谷・牛込・荒川・滝野川、五月二五日の空襲では山の手地区の大半が甚大な被害を受けた。資料によって異なるが、大戦中の被害は死者約九万五千、負傷者約一四万、家屋被害約八〇万、罹災者約三〇〇万と推定されている。

東京都（一九四三年に府から都へ移行。前年には三五区が整理・合併されて二三区へ）人口は、一九四四年時点で約七二七万を数えたが、一九四五年一一月には約三四八万へと半減した。終戦後、疎開者・引揚げ者・復員者等の帰還によって一九四七年時点で約五〇〇万まで人口は回復した。その後、一九五〇年に約六二八万、一九五五年に約八〇四万、一九六〇年には約九六八万へと急増トレンドが続いた。一九五〇年以降の人口増は、朝鮮特需をテコにした消費の拡大、ビル建設ラッシュ、重工業化（電力・鉄鋼・海運・石炭）の進展、そして一九五五年から約一五年間続いた高度経済成長がもたらしたドラスティックな産業構造の転換および労働市場の拡大によっている。「地すべり的」と表現された大規模な人口移動は、農村部で進展した農業の機械化（集約化）がプッシュ要因、都市部の逼迫した労働力不足とそれに起因する賃労働収入の上昇が強力なプル要因となっていた。

戦前と戦後の人口急増トレンドのうち、大戦特需から日米開戦の期間の社会増（年間平均流入者・東京都単位・概数）は、一九二一〜二五年九・二万、一九二六〜三〇年一三・四万、一九三一〜三五年一二・五万、一九三六〜一九四〇年一一・四万であり、戦後のそれは、一九四五〜一九四七年七一万、一九四八〜一九五〇年三三・三万、一九五一〜一九五五年二八・一万、一九五六〜一九六〇年二四・四万、一九六一〜一九六五年一三・二万である。終戦直後の二年間を例外としても、戦後復興期から一九五〇年代は、戦前を大きく上回る人口流入があったことがわかる。「一九六〇年代の高度経済成長期以降の人口集中は特に急激で大規模であった」と記した概説書があるが、東京の社会増が「特に急激」だったのは一九六〇年代ではなく一九五〇年代である。

立体化が進む都心には、大企業の本社および中枢管理機能が集中し、住宅地・団地は西南郊外、やや遅れて北・東部に拡大した。関東大震災後は、都心の周辺部を浸蝕する郊外化（スプロール化）が見られたのに対し、昭和三〇年代のそれは、都心人口が漸減し（中央・千代田は一〇年間で二五％減）、都心に通勤可能な五〇キロ圏内に人口が密集する郊外化（ドーナツ化）が進行した。日本経済は、三種の神器（白黒テレビ・冷蔵庫・洗濯機）・新三種の神器（カラーテレビ・自動車・クーラー）に代表される耐久消費財を主力とした消費拡大に下支えされて驚異的な成長を続け、一九六四年開催の東京オリンピックに向けて都市インフラの整備が急ピッチで進んだ。国民総生産は、一九六八年には、アメリカに次ぐ世界第二位の水準に到達した。

東京都の人口（概数）は、一九六〇年九六八万から、一九六五年一〇八七万、一九七〇年一一四一万へと増加するが、その後は、一九七五年一一六七万、一九八〇年一一六九万と踊り場状態に入る。他方、二三区内と市部の人口構成（概数）を見ると一九六〇年時点で区部八三一万・市部一二七万、一九六五年区部八八九万・市部一八七万、一九七〇年区部八八四万・市部二四五万、一九七五年区部八六五万・市部二八九万、一九八〇年区部八三五万・市部三一二万となっており、一九六五年以降は区内人口は減少し、郊外人口が大きく増加していることがわかる。

産業構造の転換

高度経済成長は、我国の産業構造を転換させた。産業別人口構成は、一九五〇年第一次四八・五％、第二次二一・八％、第三次二九・六％、一九五五年第一次四一・一％、第二次二三・四％、第三次三五・五％、一九六〇年第一次三二・七％、第二次二九・〇％、第三次三八・三％、一九六五年第一次二四・七％、第二次三二・二％、第三次四三・〇％、一九七〇年第一次一九・三％、第二次三四・〇％、第三次四六・六％、一九七五年第一次一三・九％、第二次三四・一％、第三次五一・七％と移行しており、農林漁業人口は激減、高度経済成長を支えた工業人口の伸びは一九六〇年代で一段落し、その後は、商業・サービス業人口の伸びが目立っている。一九五五年時点で全労働力人口のうち労働者（ブルーカラー・グレイカラー・ホワイトカラーの合算）は約四二％であり、農林漁業は約三八％、都市自営層（商工業者・医師・弁護士等）は約一六％であった。その後、一九六〇年労働者約五〇％、農林漁業約三〇％、都市自営層約一五％、一九六五年労働者約五七％、農林漁業約二三％、都市自営層約一五％、一九七〇年労働者約五九％、農林漁業約一八％、都市自営層約一七％へと推移している。農林漁業従事者の減少は、労働者の増加に直結していることが了知される。自営層は微増し（他の先進国と比べると多い。一九九〇年代以降に激減する）、ブルーカラー層が増加しているが、同じく大きな伸びを見せたのは新中間層（ホワイトカラーとグレーカラーの合算）である。一九五五年から一九七〇年にかけて、ブルーカラー層は約二一％から約二九％に、ホワイトカラー層（専門技術・事務）は約一三％から約一八％に、グレイカラー層（販売・サービス・保安）は約八％から約一一％に（併せて新中間層は約一九％から約三〇％へ）、経営・管理層は約二％から約六％へと推移している（第三次産業人口の内訳を一瞥すると、一九五五年から一九七〇年にかけて、卸売・小売は約五四七万から約一〇一三万、金融・保険は約五八万から約一一一万、不動産は約四万から約二七万、運輸・通信は約一八二万から約三二四万、電気・ガスは約二三万から約二九万、サービスは約四四二万から約七七二万、公務は約一三六万から約一七四万へと推移している）。この時期以降の人口動態と産業構造の変化については他稿に譲るが、高度経済成長期までの東京の都市化を俯瞰した時、以下の特徴を指摘することができる。

（一）東京は、シカゴのようにほぼゼロ・ポイントから都市化が進展したのではなく、近世末期から一〇〇万規模の人口を擁し、（三度激減したが）産業化の進展とパラレルにさらなる人口集積を見た都市である。とりわけ二つの大戦後の重工業化の影響で大きな社会増を見た。城下町としての江戸から行政都市・商業都市の性格を引き継ぎ、産業化のプロセスで工業都市の性格が加わり、住宅都市としての性格がここに付加される形で拡大を遂げた。東京はエリア毎に住民層の性格が異なる。

（二）シカゴのような移民の共棲すなわち住民の人種・民族的な多様性・異質性は希薄である。在日外国人の急増が見られるのは一九九〇年代以降であり、高度経済成長期までの東京は、国内農村部からの移住者によって大規模化している（一九八〇年時点の我国の在日外国人総数は約七八万であり、うち約六六万が在日韓国・朝鮮人であった。なお二〇一八年現在、在日中国人約七六万、在日韓国・朝鮮人約四五万を筆頭に約二七三万の在日外国人が在住している）。住民は、職業階級によって階層化されているが、労働者の増加、経済成長に伴う所得の向上、耐久消費財の普及等の影響で中流意識が分有されることになった。

（三）高度経済成長期における東京の都市化は、都心部におけるオフィスの集中、近郊の市街化・宅地化すなわち郊外化（suburbanization）を意味しており、そこに居住する労働者、とりわけ小売業・サービス業をはじめとした第三次産業就労者および新中間層・俸給世帯（サラリーマン世帯）の急増に特徴づけられる。

四　高度経済成長期に普及した日本型の都市的生活様式

一方、東京のみに限定されることではないが、近代日本の大都市に見られる住民特性とそこで普及した社会生活の様式として以下の五点を指摘しておきたい（高橋一九八四、渡辺編二〇〇四等）。

（一）近世都市に見られた身分的な異質性（職制および地域性）が稀薄化し、言語・文化等において住民の均質性が高まった。一君万民を是とする国民皆学の方針下、二〇世紀に入ると義務教育就学率は九〇％を超え、一九二〇年代には活字メディア（新聞・雑誌・書籍）が急成長し、大都市では大量生産・大量消費が普及、大衆社会が形成された。普通選挙法（一九二五年）は、財産・教養を条件とした名望家政治（選挙権は内地人口の二・八％）から大衆民主政治への転換を促し、一九三〇年代以降の総力戦体制・一五年戦争は、国民の処遇の均質化を推し進めた。つまり近世都市と比べた時、戦前の時点で（学校・メディア・軍隊を介して）大都市住民の均質化は大きく進んでいた。ただし、産業化によって拡大することになった階層（階級）間の所得・教育・生活インフラ等における格差は非常に大きかった。

（二）戦前の時点で達成されていた一定の均質化が更新され、働き方や生活様式の同質化、格差縮小が進展したのが高度経済成長期の特徴である。一九五〇年代末から六〇年代にかけ、政権与党（自民党）の中心施策は、大国復権（憲法改正・国軍再建）から経済成長（所得倍増・国土総合開発）へとシフトし、大都市圏においては日本的経営（ないし日本型雇用）に特徴づけられる企業社会が形成される。企業と労働者が協調して業績アップに猛進する特有の経営プロトコルは、一九五〇年代後半に鉄鋼産業で試行され、他産業に波及した。大企業（全労働力の約一割）で導入された日本型雇用（新規学卒一括採用、定年制、内部昇進、年功賃金制）は中小企業にも波及し、規模の大きな事業体から漸次的に試行され、一九七〇〜八〇年代にかけて普及した。新しい企業支配の核となったのは、すべての正規労働者（正社員）を企業への忠誠競争に巻き込む特殊なマネジメントだった。（欧米の能力主義とは異なる）日本特有の査定制度、ブルーカラーとホワイトカラーの昇進・昇格を一本化する社員制度の導入によって労働者間の身分的格差を解消し、すべての正社員（会社員）の貢献度・忠誠度を長期的・包括的に評価する人事システムが確立する。一方、一九六一年に保険・年金の普遍化が達成されたが、公的セーフティネットの脆弱性は残置され、諸種の福利厚生を企業が負担する企業依存型の生活構造が定着した。所得のみならず雇用の安定度、生活保障の程度も企業規模によって左右される、いわゆる二重構造（大企業と中小零細企業）が常態化する。しかし、右肩上がりの経済成長の下、失業率は抑制され、大多数の労働者は中流意識を分有するようになる。

（三）会社員の多くは、労働組合に加入して労働条件の改善を図るのではなく、会社に奉仕・貢献し、昇進・昇格によって私生活の向上を目指すマイホーム主義を志向するようになる。近年刊行された概説書に「高度経済成長期は労働運動が高まった時期でもある」という記述があったが誤認であろう。この時期、組合員数は増えているが、雇用者数の増加に即応したものではない（労働組合組織率は停滞している）。一九六〇年の三池闘争（労働組合側の敗北）を機に、総評（労働組合総評議会・一九五〇年代における労働運動の中心的役割を担った全国的中央組織）のプレゼンスは低下し、労働運動の企業主義的変質（労使協調路線・御用組合化）は加速した。労働運動の政治的インパクトが稀薄化することによって政権与党（自民党）は安定を得、いわゆる五五年体制の確立に帰結した。公共部門の労働組合（国労・自治労・日教組・全逓・全電通等）は健在であり、彼らは社会党を支えたが、一九五〇年代のような政治的インパクトは失われ、その後も民営化・行政改革によって影響力を低下させていく。企業社会へ統合されていない周辺層に大きく伸長したのは共産党と公明党（創価学会）であり、両者は競合・対立した（一九五九年の参議院選挙では共産党の約五五万票に対し、公明党は約二五〇万票）。

（四）核家族化と家族の小規模化が進行し、専業主婦世帯が増加したのが高度経済成長期の都市部の特徴である。核家族世帯の割合は、一九六〇年五三・〇％、一九七〇年五六・七％、一九八〇年六〇・三％へと増加し（一九八〇年代以降は減少し、単独世帯が増加する）、家族の世帯規模（平均）は、一九六〇年四・一四人、一九七〇年三・四一人、一九八〇年三・二二人へと縮小が進んだ。一方、女性の就業については、第一次産業従事者は男女ともに就業（労働）することが一般的であり、専業主婦は稀な存在であった。戦前までの女性の非農林漁業部門の就業先は、家事使用人、女工など一部の職業に限られており、就業率は低かった。高度経済成長がスタートし、第一次産業人口が減少すると女性の就業率は低下する。その後、経済成長によって様々な職業への就業が容易になると女性就業率は上昇する。一九八〇年時点では、（非農林漁業部門における）共働き世帯は約三六％、専業主婦世帯は約六四％であったが、この割合は一九九〇年代に拮抗し、その後逆転する。換言すれば高度経済成長期は、核家族化・小家族化が進行し、専業主婦世帯が歴史的にもっとも多かった時期である。企業社会の形成は、会社員として働く夫と専業主婦の妻という性別役割分業（第二次産業大企業の世帯モデル）を浸透させた。都市インフラの整備と生活家電の普及は家事労働の負担を軽減させた一方、育児・介護をはじめとしたシャドウ・ワークの負担を主婦に集中させた。専業主婦を擁する俸給世帯は戦前から存在したが、この層が大幅に増大し、企業依存型の生活構造が浸透したのが高度経済成長期の特徴であり、とりわけこの傾向が顕著に観察されるのが東京郊外である。

（五）この時期の農村部についても補足的に言及しておきたい。農地解放（一九四七〜一九五〇年に施行）によって寄生地主（不耕作地主）は没落、零細小作民は自作農化し、農村部は活気づいた。しかし高度経済成長によって一変、農山漁村は労働力の供給源となった。一方、農地解放が生み出した自作農を支持基盤とする保守政治家（農林族議員）は、一九五〇年代には農業補助金、一九六〇年代には土木関連補助金を大量投下することによって農村人口の滞留を図った。これにより農業からの離脱は、兼業化とりわけ第二種兼業農家の増大という形で進行し、農業就業人口の減少（および農家から他産業への就職者の増大）とは裏腹に農家数自体の減少は抑制された。農家の農外所得（出稼ぎや土木業就労収入）は年々増加し、一九六〇年代半ばには勤労所得世帯を上回る。加えて、地価上昇により農地・共有林の資産価値にも注目が集まった。つまり政権与党が推進した国土総合開発計画（利益誘導型政治）によって挙家離村型の人口移動は抑制された。都市の流入人口の多くは、家郷に縁者を残す形で転出したケースが多く、盆・正月は、家郷との繋がりを維持する都市生活者によって帰省ラッシュが繰り返されることになった（一九九〇年代以降、国土総合開発政策は批判の対象となり、地方への利益誘導は抑制され、地方経済の衰退と首都圏一極集中化が進行することになる）。

五　都市化と伝統宗教——氏子・檀家としての意識・行動

来住者と氏子意識

以下では、終戦から高度経済成長期の東京に焦点を合わせる形で神社・氏子組織と寺院・檀家組織を見ていきたい（紙幅の都合によりキリスト教には触れない）。

都鄙における地すべり的な人口移動は、都市部においては氏子意識・檀家意識が希薄な流入人口の増大、逆に地方の農山漁村では人口流出によって担い手を失った集落神社（村の鎮守）・寺院の増加を招いた。全国の神社（総数約一二万）、寺院（総数約七万八千）のうち大都市部に立地しているのは一割弱であろう。藤井正雄は、「慣習的に伝えられてきた固定的な旧寺檀関係・氏子関係が、農村から都市へ（中略）の移動によって切り離され、一定の寺院、神社とは無関係な状態におかれた人口」を「宗教浮動人口」と概念化した。森岡清美は「宗教帰属未定率」あるいは「宗教無関心層」等と表現したが、両者が念頭に置いた事態は同じである。藤井は、宗教浮動人口を対象とした研究を（一）特定の地域を扱った地域研究のアプローチ、（二）特定の宗教施設を取りあげてそこに群集する人々の動態を調査するアプローチに大別した。

東京をフィールドにした（社会学的な調査設計に基づいた）実証研究を一瞥すると、前者のアプローチに基づく主要な成果には、森岡清美（三鷹市・狛江市他）、高橋勇悦（荒川区）、川崎恵璋（東京近郊の団地群）、芹沢博通（府中市）、磯岡哲也（荒川区）等による住民調査、松平誠（府中市・杉並区高円寺）、有末賢（中央区佃・月島）等による祭礼調査が挙げられるが（書誌情報は、井上、二〇一六等を参照のこと）、以下では、地域研究アプローチのうち、もっとも名高い成果といえる森岡清美による三鷹市を対象とした一連の調査研究を見ていきたい（森岡、一九七五等）。

東京（江戸）の近郊農村であった三鷹村（一八八九年村制施行）は、満州事変以降の軍需工場設立と戦後の疎開およびベッドタウン化によって急速な人口増を経験した（一九三五年約一万一千、一九四〇年約二万七千、一九四五年約四万、一九五〇年約五万四千、一九五五年約六万七千、一九六〇年約九万二千。一九四〇年に町制施行、一九五〇年に市制施行）。地元住民は、各家の先祖を祀り、穴掘り仲間でコロバシとよばれる葬儀互助を行う組（近隣集団）、榛名講・御嶽講・三峯講をはじめとした参拝講、そして集落神社（村の鎮守）の氏子組織に加入して祭礼参加を墨守していた。森岡等は、三鷹市の野崎地区（旧野崎村）を対象に地域住民を「氏子崇敬者の中核（地元住民・約一四〇世帯）」「その他の氏子崇敬者（準地元住民と来住世帯のうち町会加入者・約一五〇世帯）」「町会未加入者（一時的な居住地と考える流動性が高い人々・約二四〇世帯）」の三グループに分け、一三一世帯を無作為抽出し、一一九世帯への訪問面接調査を実施した。その結果、地元住民と準地元住民（明治以降～終戦以前の来住者）は地元近辺の出身者が多いが、戦後の来住者は東北から九州まで様々な地域から移住した人々であることが明らかとなった。地元住民は拡大家族（三世代家族）が七割弱を占めているが、準地元住民は核家族が多く（六三％）、戦後の来住者はさらに多かった（八八％）。世帯主は、来住年が新しい程若い傾向があり、学歴も高い。地元住民は自営業（農家）が約八割、来住者は、労務・事務・専門・管理など勤務者が約八割で、約半数は二三区内を勤務先としていた。当地へ来住した時期と地元神社（八幡社）の氏子意識には明瞭な相関関係が見られた。地元住民・準地元住民は明確な氏子意識を有していたが、戦後の来住者は希薄・曖昧であった。神札、神棚、祭礼への関与、初詣などの氏子行動についても来住時期に応じて規則的な逓減が観察された。ただし、新生児の宮参りについては戦後の来住者の実施率は高く、正月の松飾り、地元以外の神社への初詣の実施率も高かった。他方、仏壇の保持率も来住時期に応じて規則的な逓減が観察されたが、これは葬式の経験・墓地の保有とパラレルな関係が見られた。なお地元住民の間では葬儀互助の組や各種参拝講が維持されていたが、これらに参加・加入している来住者は皆無だった。また町会未加入者が積極的に参加する地域活動はＰＴＡのみであった。なお一一九の調査世帯のうち創価学会世帯は八（六・七％）であり、立正佼成会は一、キリスト教も一であった。森岡は、地元住民と準地元住民が神社祭礼と仏教儀礼を実修し続けているのは、宗教心が篤いというより「地元の社会生活に深く包絡されている」ためであり、戦後の来住者が地元神社の祭礼や仏教儀礼にコミットしていないのは、宗教心の薄れというよりは「地元の社会生活に根を下ろしていない」ためだと分析している。一方、新しい来住世帯ほど地元神社に対する氏子意識が希薄である一方、松飾りは飾り、居住地に関係しない社寺（マスコミで報じられる著名な神社仏閣）に初詣へ赴く傾向が見られた。これを森岡は、「神社信仰の脱地域化」と概念化している（都市祭礼や初詣の研究も同様の傾向を指摘している。東京の神社祭礼は、伝統的な氏子関係の流動化によって衰退・小規模化と繁栄・大規模化の二極化が進んだ）。

森岡は地名は明かしていないが、山梨の一農村（九二世帯）、東京の商業地区（一〇三世帯）、東京の住宅地区（一〇〇世帯）を比較する神棚・仏壇の保持率調査も実施している。調査時（一九六五・六六年）における三地区の核家族率は農村三八％、商業地区五八％、住宅地区八〇％であり、神棚・仏壇の保持率は、拡大家族→核家族、農村→東京の商業地区→東京の住宅地区の順に低下していることを実証した。これは東京の住宅地に暮らす数多くの核家族世帯（神棚三八％・仏壇三一％）が伝統的な宗教儀礼から疎遠になっていることを暗示させる結果といえる。森岡は、生家の影響圏の外に居住し、核家族率が高く、世帯年齢も若いことに加え、乳幼児死亡率が逓減することによって身内の不幸を経験していない世帯が多く、従って葬儀を介した宗教帰属の契機をもたないため、多くの流入人口の宗教帰属は未定に留まっていると分析している。

寺院経営と檀信徒の獲得

続いて、（二）特定の宗教施設を取りあげてそこに群集する人々の動態を調査するアプローチの数少ない研究実践として、藤井正雄による東京蒲田の浄土宗寺院Gの檀信徒調査を見ていきたい（藤井、一九七四）。G寺は、関東大震災により浅草から蒲田に移転した寺であり、寺院墓地を所有していない（移転時の檀家は一七戸であり、うち蒲田の檀家は三戸）。蒲田は、大正中期以降に人口増を見たが、G寺は終戦以前には信徒を二七人増やしたに過ぎない。しかし終戦から一九六五年までの二〇年間に檀家を三倍（五四戸）、信徒を四倍強（一一〇人）に増加させている（浄土宗では、「信徒」のうち継続して法要を依頼するのが「檀徒」とされる）。全信徒の面談調査の結果、職業内訳は会社員・公務員三四（三一％）、商工・自営業二〇（一八％）、労務者一六（一五％）、職人一四（一三％）、教師・医師一二（一一％）、自由業八（七％）、無職・その他六（五％）であることが判明し、このうち二名を除く信徒の年収は中クラス以上で、安定した生活を送り、定住を決定した人々（持ち家）であることを明らかにした。浄土宗以外の檀家でありながらG寺の信徒となっている者は一一人（一〇%）、創価学会入会による離檀者は二人、他の新宗教との二重帰属者は二人いた。宗派意識が強いと認められる信徒は二二人（二〇%）であった。浄土宗以外の檀家のうち六人は地方に菩提寺を有し、残りは都内だが蒲田からはかなりの距離があった。G寺は、幼稚園経営を核に舞踊教室・ピアノ教室・オルガン教室を開催し、敬老会や町会の会合に場所を提供する等、開かれた地域活動に取り組んでいた。これらの活動を介して地域住民から認知を得、葬式をモメントに檀信徒を獲得していた。藤井は、経済的要因と墓地購入が「定着化」の鍵になっていると述べている。

藤井の調査は、都内のみで五〇〇ヶ寺あるとされる浄土宗寺院の一事例を扱ったものに過ぎないが、寺院墓地を所有していない寺の経営と宗教浮動人口の関連を扱った点で非常に興味深い。なお関東大震災によって東京市内の寺院墓地は、全面移転か、納骨堂あるいは特設墓地（地面への埋葬を禁じる火葬骨の収蔵施設。三分の一以下の面積への改修が要件）への転換を強いられた。そのため、罹災寺院が東京市内の別な土地で再起を図る際、寺院墓地の保持を断念せざるを得ない状況が生じた。つまりG寺の生存戦略は、東京に限っては必ずしも例外的なケースとは言えない。こういった寺院墓地をもたない寺の経営にとって重要であるのは公営墓地・郊外霊園と葬儀社の存在である。

東京の事例ではないが、藤井は、横浜市の大規模霊園（約三万基）に隣接するA寺（一九三八年に寺号を公許）の檀信徒調査を実施している。全信徒一〇六四世帯を対象とした質問紙調査の結果、「八五%は葬儀屋による紹介」でA寺と機縁が結ばれていることを明らかにした。また信徒の職業は、会社員・公務員（四〇%）、自営商工業者（一三%）、労務者（一一%）、職人（四%）、教師・医師（三%）、無職（八%）、その他（五%）、不明（一五%）という内訳で、収入は中層以上が六三%、住居は持ち家が六〇%であった。このうち寄付を行ったり、年中行事に参加する層に焦点を当てると、会社員・公務員・自営併せて七一％、中層以上の収入七五％、持ち家は七七％と、豊かで安定した生活を送る人々が中核を占めていることが判明した。家族構成は核家族四八％、拡大家族二九％、単身九％、その他・不明一四％であった。

これらの調査を踏まえ藤井は、宗教浮動人口を年齢的に若く、家族構成も核家族で先祖祭祀の必要もなく、旧来の氏子意識も菩提寺意識もない真空・無風状態に置かれた人々であり、また、宗派観念が希薄で、寺を訪れる契機は肉親の死（葬儀・回向の依頼・葬儀屋などの紹介）を媒介にしており、郷里の菩提寺と縁を絶っていないケースも見られ、流動性が高いが、農村的体質が残存（先祖祭祀の実修）し、定住の意志が強ければ入檀しやすい人々だと分析している。なお特定寺院への定着には、墓地取得と経済事情が大きく影響を与えていることを指摘している。

森岡と藤井の研究は、実証的な調査研究に基づいて分析を試みた貴重な成果であり、都市化と宗教をテーマにしたもっとも著名な研究である。二人の事例研究をピックアップする形で都内における伝統宗教の様態を見てきたが、以下では、この時期に大きく伸長を遂げた新宗教を見ていきたい。

六　都市化と新宗教——立正佼成会と創価学会を中心に

新宗教界の両横綱

敗戦による急性アノミー・経済的窮乏、そして宗教法制のドラスティックな転換をスプリングボードとして、雨後の竹の子の如く宗教的小集団が大量発生したことはよく知られている（準則主義に基づく宗教法人令下、七二〇団体が法人化・「神々のラッシュアワー」とよばれる）。一九五〇年代に入ると（一九五一年に認証制の宗教法人法へと改正）、その多くは淘汰され、いくつかの新宗教が経済成長と連動する形で発展を遂げる。なお霊友会を筆頭に大規模化した教団の大部分は一九四六〜一九五〇年に大きく伸長したが、立正佼成会は一九五〇年以降に、創価学会は一九五五年以降に急伸を遂げている。

立正佼成会は、一九三八年に霊友会から分派・独立し、東京都中野区の庭野日敬（開祖・一九〇六〜一九九九）の自宅（牛乳販売店）を拠点に活動をスタートさせた。初期会員は、商工業自営・運送業自営・職人・下級職員・工員等といった職業で、三〇〜四〇歳代が六割を超え、中野・渋谷・淀橋の三区と埼玉県川口市にまとまっていた。会員数は、一九四五年時点は約一万一千だったが、一九五〇年約六万、一九五五年約三二万、一九六〇年約四〇万、一九六五年約五一万、一九七〇年約九七万、一九七五年約一二三万へと急伸を遂げた。会員の空間分布は、まず中野・杉並・渋谷等を中心とした東京で会員が増え、埼玉・千葉・神奈川・茨城へと伸長し、その後、群馬・栃木・福島・新潟・長野・山梨・静岡へと拡大していった。東京で佼成会に入信した地方出身者が家郷の親戚や知人を勧誘するルートで地方伝播が進んだ（森岡、一九八九／井上他、一九九〇等）。

一九五〇年代の立正佼成会は、長沼妙佼（脇祖・一八八九〜一九五七）の霊能力と姓名鑑定で人を集めたが、教えの要諦は先祖供養（双系供養）と懺悔の実践にあった。人が病や災難に苦しむのは例外なく成仏できない先祖の悪因縁によっており、総戒名（夫婦双系の戒名）を掲げ、霊鑑（過去帳）を祀り、懺悔を重ねて心根性を入れ替れば、必ず悪因縁は切れ、苦難・困難は解決すると指導がなされた。布教・教化活動の骨格をなしたのは、導き〔非会員への勧誘行為〕と手取り〔きめ細やかな会員指導〕と法座であった。法座とは、数人から十数人が車座になり、相談事に対して参加者が信仰体験に基づいた指導・助言を行い、解決方法を学び合う地域集会である。家庭の不和、嫁姑問題、家族の病、子どもの素行など、様々な悩みが持ち込まれ、鮮やかな解決を見た。

創価学会の前身は、一九三〇年に創立された創価教育学会〔ただし同年一一月一八日は戦後に牧口常三郎『創価教育学大系』の奥付とされた日付であり、組織的活動を開始したのは一九三五年頃、発会式を挙げたのは一九三七年〕だが、現在の創価学会〔一九四六年に改称〕の実質的な起点は、一九五一年五月における戸田城聖〔一九〇〇〜一九五八〕の第二代会長就任にある。同年の創価学会の会員数は三千〜五千だが、翌年に本部〔西神田〕・支部・班・組という基本組織が整備され、以降「折伏大行進」の号令下、怒濤の大発展がスタートする。政治進出の足がかりとなる文化部創設時〔一九五四年〕に約一〇万世帯、戸田が逝去した一九五八年に約八〇万世帯、池田大作〔一九二八〜〕が第三代会長に就任した一九六〇年に約一五〇万世帯、公明党が結成される一九六四年に約五〇五万世帯、一九七〇年には約七五〇万世帯へと急伸を遂げている〔井上他、一九九〇／西山、二〇一六等〕。

教勢拡大とその実態

教勢拡大の空間分布を選挙の得票数で見ていくと、一九五五年五月の地方選挙では、蒲田を地盤とする都議一名、区議三二名、市議一名を当選させた〔区議を三名出したのは大田・江東、二名出したのは品川・墨田・葛飾・足立・江戸川・豊島・北・板橋、一名ずつ出したのは港・台東・荒川・練馬・杉並・世田谷・中野・渋谷・

新宿・目黒・文京の各区。うちトップ当選は大田・品川・台東・荒川・練馬・杉並・目黒であり、この時点での区議選の投票総数は約六万二千票）。東京以外では、神奈川六、埼玉五、宮城四、千葉二、北海道・福岡・兵庫・群馬・秋田で各一名ずつ当選者を出した。当時の会員は東京に集中し、中でも大田・江東・品川等の工業地帯を中心に教勢を拡大させていることが了知される。立正佼成会と同様、地方出身者を介して教線は地方へ拡大するが、創価学会は組織的なテコ入れの程度が他教団と違っていた。翌年七月の参議院選挙では、全国区で約百万票を獲得している。内訳（概数）は、東京一四万二千、神奈川七万、埼玉五万六千、大阪七万、兵庫二万九千、北海道五万、福岡四万八千等であり、総体的に見ると京浜、阪神、北九州、北海道の鉱工業地帯に得票は集中している（逆に北陸・四国・山陰・南九州は少ない）。なお一九五七年五月の時点で、組織末端にあたる組（五〜一〇数人）は全国で約五万六千組織されているが、蒲田支部六一一四、足立四八九二、文京二七〇六、杉並二四五七、本郷一七〇八、向島一五八一、中野一四二〇と東京所在の支部が圧倒的に多く、首都圏では、鶴見四一三二、小岩三一二七が多い。近畿は、堺一八七八、梅田一八六六、京都一一六九、九州は、福岡一九四四、八女一二八二、東海は、名古屋九一一、浜松五九六、東北は、仙台二二六六、松島一八九一、北海道は、函館九六一、小樽三〇二となっている。必ずしも地域内に組のメンバーが居住しているわけではないが、教線の拡大経路のおおよその傾向性は看取することができる（小口・佐木、一九六〇）。

当時の創価学会は、幸福製造機と喧伝された御本尊（板曼荼羅）による現世利益を揚言し、この世の不幸の原因を邪教の蔓延（謗法）に求めた。広宣流布の使命感を鼓舞し、すべての他宗教を排撃する組織的な攻勢を繰り広げた。布教・教化活動の骨格をなしたのは折伏と座談会であった。折伏とは、日蓮仏教（勝鬘経等にある語だが、開目抄にて末法における重要性が説かれる）で摂受と対をなす、悪・迷い・誤りを破折・屈服させ正法に導く布教法であり、座談会は、勤行・御書（日蓮遺文）の講読・体験談発表等といったコンテンツで運営される十数人規模の地域集会である。折伏は組織的に行われ、教理の正しさを理論的に弁証するメンバー、同じような問題を解決した経験をもつメンバー、入会後も継続的に接触し世話を続けるメンバーという役割分業が図られ、波状的に集団布教・説得が試みられた。

高度経済成長期の創価学会は、大都市・地方都市の中小企業の未組織労働者、零細商人、自由労務者を中心に教線を拡大させたと言われている。以下、東京の調査ではないが、鈴木広が一九六二年に福岡県博多支部（約二万世帯）の会員二六八人（標本四五〇・回収率約六〇％）に実施した面接調査の結果を見ていきたい（鈴木、一九七〇）。同調査は、福岡市内の住宅地・商店街・商工業地区の三地区で実施されたが、会員属性と居住地に遍在性は確認されず、「地域特性よりもはるかに強烈な階層的特性」が見られることが創価学会の大きな特徴だと論じられている。会員の職業内訳は、サービス業約二四％、卸小売約二二％、製造工約一三％、建設約一一％で全体の約七割を占め、公務教員・金融保険ともにそれぞれ約四％、農林業は約一％であった。就業先の規模を見ると（回答を得た二三七人中）、一〇人未満約六五％、三〇人未満約七七％、一〇〇人未満は九六％であり、中小・零細企業の雇用者が多いことがわかる。男女比は二・三で女性が多く、年齢分布は五〇歳代約一八％、四〇歳代約三二％、三〇歳代約二三％、二〇歳代約一二％、学歴は大卒約二％、短大・高専卒約七％、高卒（含旧制中学）約二九％、中卒以下が約六一％であった（創価学会は、他の新宗教と比べて男性会員の比率が高く、青年会員が多いと言われていた）。また離村向都型の地域移動経験者が約八割であり、その大部分は農家出身であった。鈴木は、「生活保護世帯へ転落する危険と不安」に晒された「低収入・不安定性・不規則性」を特徴とする職業層（向都離村型の社会的下降移動の経験者）が大部分であり、安定した生活構造を提供する企業共同体（企業社会）および家郷にあった村落共同体から疎外された人々が創価学会員の特性だと分析している。

立正佼成会と創価学会は、日本宗教史に類例がない規模とスピードで教線拡大を遂げた。両教団とも、超俗的な修行や禁欲的な生活は推奨せず、家庭での主婦のあり方、家計のやりくり、ムダのない生活法、子どもの育て方、主人への仕え方、嫁姑のあり方、商売のコツ等といった具体的な生活指導を、教理に結びつけながらやさしく説いた。立正佼成会では手取り、創価学会では激励がキーワードだが、会員同士の日々の世話が重視され、新入会員を導いた者（親）は、入会後も導かれた者（子）の面倒をみることが推奨された。布教・勧誘と教化・育成は不即不離の関係にあり、悩みや不安の解決に取り組む中で自らの思考・行動を主体的・積極的に変えていくことが教導された（心根性の反省懺悔、宿命転換・人間革命）。創価学会は一九五五年に、立正佼成会は一九五九年に地区ブロック制への組織改編に着手したが、末端の現場においては、先輩会員の後輩会員に対する世話が人材育成・信仰訓練に大きな機能を果たし続けた。

「新宗教界の両横綱」と称される両教団以外にも、霊友会・生長の家・世界救世教・妙智會・佛所護念会教団等も急速な発展を遂げた。村上重良は、「一九五〇年代には日本の宗教運動の主力は、事実上、新宗教の系列に移行した」と述べたが（村上、一九六八）、戦後復興期から高度経済成長期はまさしく新宗教の大発展期であり、革新運動や伝統宗教の政治的プレゼンスを凌駕する社会的勢力へと躍進を遂げた。新宗教運動（new religious movements）は、通文化的に観察される社会運動だが、創価学会・立正佼成会を筆頭に一つの都市に十万〜百万人規模の教団が短期間に簇生・林立する事態は異例であり、世界宗教史の観点から見てもきわめて稀である。これらの運動の発火点であり、爆発的拡大の引火材が集積されていたのが膨大な流入人口を抱える東京であり、鮮やかな現証（問題解決）の頻発によって熱烈な信仰クラスターが発生し、随処にアウトブレイクが観察されたのがこの時期の特徴であった。そこで確立された布教・勧誘・教化・育成に関するノウハウの体系（教導システム systems of instruction）が地方都市へと伝播・拡散される中で全国的な展開が進み、日系人を足がかりとして海外へも教線拡大が進んだ。近代日本の都市化および都市的生活様式の浸透の一つの帰結として新宗教の大発展はあったのである。

七　まとめ

以上の議論を整理する形で結論を述べたい。都市化は、近代化・産業化と不可分な社会変動の一局面であり、第二次産業・第三次産業に従事する労働人口の高密度集中、それに伴う都市的生活様式の浸透を意味している。ワースの議論の念頭に置かれたシカゴをはじめとした欧米諸都市と比べた時、東京の人口集積は、海外移民ではなく国内農村からの流入に特徴づけられ、社会増のピークは終戦から高度経済成長期にあった。一九五〇年代は第二次産業、一九六〇年代以降は第三次産業の増大が顕著であり、ブルーワーカーと共に新中間層および俸給世帯が急増した。産業化による労働力の再編、都心近郊の市街化・宅地化は世界共通の現象だが、この時期の東京は、住民の言語・文化的な均質性、および階層格差の縮減、核家族化・小家族化の進展、専業主婦世帯の増加、そして日本特有の企業社会の形成とパラレルにいわゆる「二重構造」は残置されつつも生活構造の同質化が進んだことに特徴がある。

都鄙における大規模な人口移動は、都市では氏子関係・寺檀関係から切断された流入人口の増大、農村では困窮・衰退する社寺の増加を招いた。森岡清美は、地域の共同生活に基礎を置く神社信仰の「衰退」と「脱地域化」、家を基盤とし、伝統仏教の足場となってきた先祖供養の「解体」と「記念行事への変質」を展望した。藤井正雄も都市流入層は、農村的体質を残す伝統的思考様式の持ち主だが、宗派意識が希薄で、「脱祖先観の思想」を有していると論じた。両者の調査研究は、リアルタイムで宗教浮動人口の実態に接近した貴重な成果といえる。

森岡は、「都市化時代の教団」は、伝統的な地縁・血縁に基づく共同体ではなく、「同じ信仰を持つことによって結ばれた共同体、いわば心縁による共同体」だと論じたが、戦後急伸したのは、立正佼成会・創価学会をはじめとする新宗教だった。新宗教は、大衆向けのわかりやすい教えと積極的な布教、小集団活動、現世利益によって教線を拡大した。布教の担い手は、ボランタリーなアマチュア布教者（lay clergy）であり、その中核は常用雇用されていない家庭の主婦だった。俸給世帯の生活基盤は先祖代々の家産にはなく、系譜的な先祖祭祀は継承されにくい。霊友会・立正佼成会・生長の家・妙智會・佛所護念会教団等、この時期に大きく伸長した教団が説いた夫婦双系の先祖供養と家庭和合の教えは、彼らの置かれた境遇（家族形態）と適合的だった。これらの教団より階層的には下位へ教線を伸ばした創価学会は、先祖代々の寺檀関係の断絶（謗法払い）を説くラディカルな教えを掲げたが、世間の批判に抗しつつ未曾有の大発展を遂げた。

この時期の新宗教の布教・教化の現場では、性別・学歴・門閥・収入等といった世間的な地位や肩書きは通用せず、信仰・体験の強さ、指導力・説得力のみが評価される実力主義が貫徹されていた。実績を重ねることで得られる組織内の昇階・威信こそがアマチュア布教者のインセンティブとなっていた。布教・教化は、生活条件・生活感情を共有し、同じような悩み・不安を抱く人間から行われることが有効だが、当時の大都市には無数のデラシネ（故郷喪失者）と同心円的な悩み・不安を抱える人々が大量に存在した。とりわけこの時期の主婦は、生活能力との兼ね合いから離婚の選択が困難であり、狭く理不尽な世界に留まることを強いられがちだった。新宗教は、悩みや不安の解消のみならず、生きがい、自信、信頼できる友人・先輩が得られる魅力的な場でもあった。多くの教団は、企業社会の形成とともに増産された俸給世帯の主婦層を取り込み、彼女らのアクティビティを発揮する場を鼠算式に増設することで飛躍的な成長を遂げた。

最後に日本型の都市的生活様式との関連で、この時期の宗教動態の特徴を剔出し、擱筆したい。

（一）都市住民の生態および物理的構造と宗教との関連については、職住が分離した勤労者とりわけ近郊在住の新中間層（会社員）は総じて地域社会との接点が希薄であり、在来の住民組織（氏子集団・近隣集団・講集団等）に加入せず、身内の葬儀を経験しないと寺院とも接点をもたない（自宅・墓地を保有する層が伝統仏教と接点をもつ傾向がある）。一方、マスコミ・交通の発達もあり、初詣・祭礼などの行事への参加は脱地域化の傾向が見られる。流入人口の集積と核家族世帯の増加は新宗教の跳躍台となった。

（二）都市の社会関係・社会組織との関連については、都鄙間の人口移動は親族集団・近隣集団の紐帯を弱化させたが、企業社会の形成に伴って家族の心理的意義は強まったと考えられる。ムラの紐帯に代わって様々な自発的結社・利害集団が結成されたが、とりわけ（労働者にとって）重要な役割が期待される労働組合は、一九六〇年代以降の日本では企業別に編成され、中小零細企業あるいは不安定就労層をカバーする包括的・包摂的な結社・組合は形成されなかった。新宗教は、都市の中下層にとって帰属意識を与える一種のセーフティネットとして機能した。一九八〇年代以降、女性の社会進出が顕著になると新宗教の教勢は軒並み鈍化していくが、新宗教には、俸給世帯の主婦の組織化という性格が認められる。一方、都市の伝統的な氏子組織は地元住民に固定され、来住層を加入させるモチベーションは希薄であった。属性主義的な威信構造をもつ氏子組織への加入を来住層も敬遠したが、地縁とは無関係な単位集団（踊り連等）の参画による開放型の祝祭は多くの観衆を集め、大規模化した。開かれた地域活動や葬儀社とのパイプを介して来住層を檀信徒組織へ取り込む動きも見られた。

（三）都市生活者のパーソナリティとの関連については、匿名的・皮相的な第二次的接触の反復は孤独感・不安感の醸成につながるが、企業社会の住民は会社が（ムラに代わって）全人格的なコミットメント（第一次的接触）の機会を提供した。一方、周辺層はそういった場から疎外され、伝統宗教は受け皿として機能し得なかった。多くの流入層は社会的下降移動を伴っていたが、彼らの「気密室」「第三のムラ」として機能したのは新宗教だった。高度経済成長期は生活の向上を実感しやすく、自己変革・自助努力による問題解決（成功体験）を得やすい社会的条件に恵まれていた。日常的な思考・行動パターンから逸脱する宗教実践の結果、問題解決が得られると、伝統主義的な思考様式は相対化され、新たな信念体系に基づく思考・行動パターンが採用されることになる。新宗教の伸長は、都市化の進展と不可分かつ再帰的な関係にあり、世界的に見てもユニークな教勢拡大を遂げた要因はここにある。一方、伝統宗教の停滞ないし二極化は、家やムラの解体と不可分かつ再帰的な関係にある。ただし一九五五年に一五歳で上京した少年を仮に想定すると、彼らの多くが肉親の葬儀を経験するのは一九八〇年代以降（四〇歳）であり、自身の葬儀に備えるのは二〇〇〇年代以降（六〇歳）、終活の本格化は二〇二〇年以降（八〇歳）だと推定される。新しい葬送、直葬・家族葬、墓じまい等のトレンドは、巨大流入人口のライフステージに即応しており、人口移動第一世代を次世代以降がどのように供養・祭祀するか、多角的な検証を通してはじめて「家の解体」と「先祖祭祀の解体」との関係について実証的な検討が可能になると思われる。換言すれば、生活基盤が家産に基づかない俸給世帯の増加によって先祖祭祀は解体するという命題の検証は積み残された課題だと考えられる。

参考文献

石井研士（一九九八）『戦後の社会変動と神社神道』大明堂
石塚裕道・成田龍一（一九八六）『東京都の百年』山川出版社
磯岡哲也（一九八四）「都市社会の宗教　文献目録」田丸徳善編『続　都市社会の宗教』東京大学宗教学研究室、二五四〜二九七頁。
────（一九九四）「都市化と宗教」井上順孝編『現代日本の宗教社会学』世界思想社、一三八〜一四三頁。
井上順孝編（二〇一六）『宗教社会学を学ぶ人のために』世界思想社
井上順孝・孝本貢・對馬路人・中牧弘允・西山茂編（一九九〇）『新宗教事典』弘文堂
小口偉一・佐木秋夫（一九六〇）『創価学会』青木書店
岸本實（一九六八）『日本の人口集積』古今書院
鈴木広（一九七〇）『都市的社会』誠信書房
鈴木広編（一九七八）『都市化の社会学　増補』誠信書房
高橋勇悦（一九八四）『都市化社会の生活様式』学文社
寺田喜朗・川又俊則・塚田穂高・小島伸之編（二〇一六）『近現代日本の宗教変動』ハーベスト社
西山茂（二〇一六）『近現代日本の法華運動』春秋社
藤井正雄（一九七四）『現代人の信仰構造』評論社

村上重良（一九六八）『日本百年の宗教』講談社
森岡清美（一九七五）『現代社会の民衆と宗教』評論社
――――（一九八九）『新宗教運動の展開過程――教団ライフサイクル論の視点から』創文社
渡辺治編（二〇〇四）『高度成長と企業社会』吉川弘文館

コラム⑥　山岸会とコミューン

島田裕巳

一　山岸会とヤマギシズム

理想社会をめざす運動体として山岸会が誕生したのは一九五三年のことだった。当初は、「山岸式養鶏法」と呼ばれる独自の養鶏法の普及をめざした「山岸式養鶏普及会」として発足し、すぐに養鶏法の普及を通して理想社会を実現するための組織として「山岸会」が組織された。

山岸の名は、養鶏法の開発者であった山岸巳代蔵（一九〇一～一九六一）に由来する。山岸は戦前から養鶏家として活動し、青年期には社会主義の運動に関心を持っていたとされる。

山岸会が生まれた一九五三年と言えば、敗戦から八年しか経っておらず、社会の混乱が続く一方で、食糧の増産が急務とされていた。山岸式養鶏法は、雛を育てることが容易で、一般の農家が簡単に導入できることから、注目を集め、一気に広がった。

しかし山岸は、養鶏法を普及させることよりも、その背後にある彼の思想を理解することが重要であるとし、その点を強調し続けた。そして、一九五五年には『ヤマギシズム社会の実態』という理想社会論を発表し、翌五六年からは、「ヤマギシズム」と呼ばれる独自の思想を伝えるための一週間にわたる研修会として「特別講習研鑽会」（「特講」と略称される）が開催されるようになる。

特講は、「腹の立たない人間になる」ことをもっとも重要なテーマとしており、参加者のなかには、そこで

「回心」とも言えるような精神的な転換の体験をする人間も現れた。彼らは、その体験をもとに、特講の普及拡大に奔走した。その結果、多くの人間が特講を受講するようになる。特講の開始は、山岸会の運動の方向性を変えていくとともに、運動にすべてを捧げる熱狂的な会員を生むことにつながっていった。

そうした熱狂のなかから生まれたのが、理想の養鶏工場を作り上げようとする「百万羽科学工業養鶏株式会社」(百万羽)の構想だった。一九五八年のことだが、特講でヤマギシズムに目覚めた会員のなかには、全財産を処分して、その試みに参加する人間たちが現れた。構想は必ずしも計画的であるとは言えなかったものの、当時の日本にはまだ大規模な養鶏場が存在しなかった。その点で画期的な試みであった。集まってきた会員たちは共同で生活するようになり、それが共同体を生むことにつながる。山岸会では、共同体ということばを嫌い、それを「一体生活」と呼ぶが、一体生活の誕生はその後の山岸会の運動を大きく変えていくこととなった。

一九五九年には、特講の受講者を急速に拡大する「急進拡大路線」をとり、偽の電報を打つなどして、無理に特講を受講させようとしたことなどから警察の捜査を受け、新聞などでもそれは大きく報道された。それが、「山岸会事件」である。

この事件によって山岸会に対する社会的な評価は大幅に低下し、運動は停滞し、一時は特講も開催できなくなる。百万羽で生活する会員たちは、それから貧しい生活を長く強いられる。一九六一年には、山岸巳代蔵が亡くなるという出来事も起こる。

しかし、農家や養鶏家以外の人間が山岸会のことを知るようになるのも、山岸会事件を通してだった。そのことが、一九六〇年代後半になって、山岸会の運動に大きな影響を与えるようになっていく。

ジャーナリストや研究者のなかには、特講に参加し、その受講記録を発表したり、山岸会のことを紹介する記事を執筆する人間が現れる。その代表が思想家の鶴見俊輔や作家の小田実であった。

二　新島淳良の幸福学園運動

一九六〇年代後半には、全国の大学で大学紛争が起こり、ベトナム戦争反対の運動も盛り上がりを見せた。しかし、一九六九年の東京大学安田講堂の攻防戦で学生の側が敗北したことを契機に、運動は一時の熱気を失っていく。一九七二年には、連合赤軍の浅間山荘事件が起こり、それを通して集団リンチ事件を起こしていたことが明るみに出る。それは、学生運動や左翼の政治運動に対する強い失望を生む。

こうした状況のなか、学生運動・政治運動に挫折した若者たちが、山岸会に興味を持つようになっていく。政治的な運動は、暴力を使ってでも社会を変えようとするものだが、山岸会の運動は、怒りをなくすことによって理想の社会を実現することに力点が置かれていた。若者たちは、そこに社会を変えていくための新たな方向性を見出したのだ。

アメリカでは、共同体を作り、そこを理想の社会のモデルにしていこうとする試みは「コミューン」と呼ばれ、社会を変えていく一つの選択肢として注目されるようになっていた。そのコミューンということばが日本にも取り入れられ、山岸会はコミューンの代表的な存在として注目されることとなったのである。

その際、特講の受講者を増やしていくことに力点がおかれ、特講を行う会場が各地に生まれるとともに、大都市には、勧誘のための案内所も設置された。

しかし、特講の受講者が急増し、それで社会の変革が実現されるということにはならなかった。早稲田大学の教授を辞めて山岸会に参加した新島淳良の「幸福学園運動」も、一時は若い世代を引きつけることに貢献したものの、理想の学園の建設は簡単には進まなかった。

むしろ、山岸会を大きく発展させていくのが、山岸会のコミューンで生産される卵や鶏肉を中心とした農産物の質と安全性に着目した、意識の高い消費者の運動だった。そうした運動が高まることで、山岸会の生産物への需要が生まれたことによって、山岸会の運動に具体的な戦略が与えられ、山岸会のコミューンは大きく拡大していく。学生運動の元活動家たちは、生産物を増産するため、長時間にわたる労働にも勤しんだ。

三　山岸会の現在

その過程では、幸福学園運動が重要な役割を果たすことになる。というのも、山岸会に関心を持った消費者は、同時に成長期の子どもを抱えていて、子育てや教育ということに強い関心を持っていたからである。彼らは、そうした問題の解決を山岸会に期待するようになる。

一九八〇年代に入ると、「子ども楽園村」という学校の休みに開かれる泊まり込みの合宿が人気になり、親たちはそれをきっかけに山岸会自体に興味を持ち、特講を受講するようになった。その結果、山岸会のコミューンに加わる人間が増え、山岸会の組織は飛躍的に拡大していく。最盛期において、コミューンで生活するメンバーの数は四〇〇〇人を超えた。また、幸福学園から発展した「ヤマギシズム学園」には、メンバー以外の子どもたちが二〇〇〇人近く在籍するようになった。一九八〇年代半ばから九〇年代中ごろまでのちょうどバブル経済の時代が、山岸会の運動の頂点であった。

しかし、山岸会の組織自体が急速な拡大についていけず、さまざまな問題を引き起こした。さらに、オウム真理教の事件が起こったことで、山岸会も似たような集団ではないかと考えられ、社会から強い批判を浴びることとなる。それによって、生産量は大幅に縮小され、ヤマギシズム学園も消滅した。二〇〇〇年前後には内部で分裂騒動もあり、メンバーの数も現在では一五〇〇名ほどに減っている。

ただ、現在の山岸会が農業の協同化において先駆的な運動である点は変わらない。規模も相当に大きく、農事組合法人としては実質的に日本一である。最近では、山岸会のことが注目されることは少なくなっているものの、私たちは、その社会的な意義を無視するわけにはいかない。社会が行き詰まりを見せるなか、ふたたび山岸会の運動がこれまでとは異なる形で注目される可能性は十分に考えられるのだ。

第八章　大衆的メディアの時代の宗教表象

姜竣

一　はじめに

この宗教史論は、敗戦後の新宗教の動向を歴史的かつ社会的文脈で把握しながら、高度経済成長の只中で大量消費が進んだメディアにおける宗教表象を通じて、近代と現代の狭間の時代の宗教史を捉える。その際、近代宗教史をメディア史の観点から問い直す視角を提示し、さらに、表象不可能性をめぐる視覚文化論から、不可視の存在の肖像という宗教にとって本質的な問題に踏み込むことで、歴史の記述を越えていく視野を開く。

近代という時代に国家神道の介入を余儀なくされた日本の宗教、なかんずく教派神道一三派の中で最も後れを取った天理教が、敗戦と同時に取り組んだ「復元」という名の脱神道化には、終戦後の時代相が色濃く表れている。同時期に芹沢光治良が、中山みきの生涯を描いた小説『教祖様』でキリスト教をパラフレーズしながら天理教の神観念を一神教として捉え直した歴史的背景も敗戦と占領にある。

芹沢は、『教祖様』の表現について、忠実な史実によって書く時に小説家の胸に残る映像を文字にしてみきの肖像をつくるのだといい、また、戦後の復元で明治教典が新教典に替わったことは散文の宿命であり、「おふでさき」や「みかぐら歌」の韻文こそ教典のあるべき姿だともいう。そこには、宗教のことばの要諦は意味《メッセージ》ではなく形《メディア》にこそある、というよりメディアが即ちメッセージであるという自覚がある一方で、言文一致が行き届き、声と文字の関係が限りなく透明なものとなった時代から遡行しつつ不可視の存在の声を求めるという修正主義的な態度がみられる。本章では新宗教の歴史をメディア史と照らし合わせ、声の文化と文字の文化の関係の中で捉えながら、宗教のことばの近代を問い直す。

胸に残る映像を文字にするといった小説家が、みきの神がかりを描く際にみせる、ロマン派的とも思える声への接近は、むろん声というメディアの絶対的不可視性に突き当らざるを得ない。しかしながら、神という指示対象のない存在の視覚表象は、一九四五年八月に経験された原子の光がもたらした視覚性の絶対的な変容を被り、いっそう厄介で深刻な局面に直面する。第二次世界大戦以降の視覚性は、それ以前の可視性と不可視性の物理的な境界を無化し、圧倒的に可視的なのに表象不可能な視覚性、過剰な視覚性、没視覚性なのである。未曾有の経験ゆえに宗教的に表象されることがある新しい視覚性について、戦後の映画史を踏まえつつ、宗教映画と黙示録的映画を通じて検討する。

ならば、指示対象をもたない不可視の存在の不可能なる肖像はいかにして可能か。天理教教祖の伝記を描いた二つのマンガで、神がかりしたみきの顔の描き方をめぐって生じた差異に着目し、イスラム教世界における偶像の禁止と預言者ムハンマドにまつわる不可視性の表象、そして、聖像の禁止と許容の間でキリストの肖像が生成した事情を取り上げて、不可能なる肖像の可能性について考える。

二　天理教と戦後という時代

天理教と紙芝居

第二次世界大戦が勃発した一九三九年、すべての教宗派を戦時体制に組み込む狙いで成立した宗教団体法は、「宗教団体ニ非ズシテ宗教ノ教義ノ宣布及儀式ノ執行ヲ為ス結社（以下宗教結社ト称ス）」に対して地方長官への届け出を義務づけたことで、不敬罪や治安維持法による取り締まりが非公認新宗教にまで及んだという意味で、近代宗教史上、最も苛烈な政治弾圧の時代を招いた。届出るべき内容は教義・儀式や奉斎主神から、代表者・布教者の履歴や信徒名簿、財務状況や施設に関する事項に至るまで実に細部に渡っており、一方で当時の宗教世界の末端を窺い知ることもできる。

筆者は、当時、東京市荒川区に所在のあった宗教結社が提出したすべての届を通覧したことがある。翌年、同法が施行された際に届出られた全二三六件の教宗派別の内訳は、御嶽教二二、神道天善教一〇、扶桑教八、神道修成派八、神道日正教八、神道実行教五、神習教四、神理教三、神道大教三、天理教布教所七五、その他の神道系六、真言宗三〇、日蓮宗二一、真宗一一、天台宗五、本門法華宗二、その他仏教系四、基督教五、心霊界教会五、生長の家二、解脱会一というものである。近代宗教史の一断面としてみた場合、教派神道の諸派が出そろっている点に国家神道体制下の時代相が窺えるが、一三派の中で一番後れを取っていた天理教の布教所が全体の約三分の一に達し、それに次ぐ御岳教の結社数を大きく引き離していることが目を引く。

周知のように明治期の新宗教は、神社神道や皇室神道が近代天皇制国家における祭＝政一致を担うがために、他の神道系宗教は憲法上の理念である信教の自由や政／教分離を担保しなければならないというねじれた理由により、新宗教の多くが教派神道なるものに編成されることで存立を保っていた。いわば教派神道とは国家神道の陰影に他ならない。天理教は、明治中期以来教派神道として独立を図り続けるもなかなか認められず、一九〇三年に神道学者を雇って国家神道に迎合する教典を作成したことで、五年後にようやく教派神道の一派に加わって神道事務局から独立を果たした。それからの天理教は、一九二〇年代に本部が打ち出した「ぢば」の拡張と教勢倍加運動の成功で大都市を中心に教勢が急伸し、一九三〇年には公称信者数が約四二三万人にまで上った（井上ほか、一九九四、二九頁）。

この教勢の伸張が東京市荒川区の宗教結社の状況にも現れたわけだが、逆に当地の地域性を通して、天理教という新宗教が大都市に広まった事情を具体的に知ることもできる。そもそも筆者が宗教結社届を調べたのは、長年従事した紙芝居の調査研究の延長上で、街頭紙芝居の最大の生産地で最も多くの業者が集住していた東京市荒川区の生活世界を、都市周縁という観点から捉えるためであった。荒川区は、近世には江戸の近郊農村地帯だった。明治期には東京の周縁部でスラムクリアランスにあった下層民たちがなだれ込み、関東大震災では下町から焼け出された住民が流入して宅地化が進んだ。また、東北本線、京成線、常磐線の要所で、水戸街道や日光街道に近接する荒川区には、東京以北の県からも人口が流入した。

そこに、荒川の水を求めて建設された大工場や、隣の北区の軍需産業の下請け業を営む小規模な町工場ができていった。ところが、時は昭和恐慌、不景気が底に達した一九三〇年頃に、二百数十万人ともいわれた失業者のなりわいの一つとして、東京の街に紙芝居が流行り出した。その製作者、貸出業者、営業者が最も多く住んだ町が荒川区である。時代の浮き沈みの煽りを受けやすい零細商工業者、村から出てきてのし上がろうとする次男三男たちが作った根の浅い家の寄り集まったその町で、天理教は信仰の種を蒔いていたのであった。

「復元」と脱神道化

天理教が「復元」という名のもとに、国家神道体制下で教派神道として刻んだ歴史の取り戻しに着手したのは終戦の翌年のことであった。一九四六年四月に発刊したその名も『復元』という雑誌の創刊号は、二代真柱中山正善の「すべてが元に復る旬が来ました」という一行から始まる。いまやGoogle Playのアプリでも読むことができるその目次を見ると、最初の数年間は、教祖の伝記資料の集約、教祖伝編纂史の整理、新しい教祖伝の稿案といった、教祖伝の編み直しに関わる話題が目立つ。そのさなか、一九五〇年に機関誌『天理時報』で芹沢光治良の「教祖様」の連載が始まる。神道指令にみられるごとく、敗戦と占領による時代のうねりが宗教界にも大きく影響する中で、この新宗教は復元の名のもとにいかなる変容を遂げたか、そして、「教祖様」という小説はその企図とどう響きあったか。

もともと天理教の教義では、全能の神である天理王命の十全の働きが十柱の神によって示されていたが、それには立教にまつわる事情があった。十柱の神名はいずれも古事記や日本書紀に登場するもので、幕末の立教期に周囲の宗教家からの迫害が後を絶たなかったために、中山みきの長男、秀司が吉田神祇官領に布教公認を願い出ると同時に、京都の吉田家に入門した際にその祖先神の血統から倣った神名だった（島田、二〇一七、七一〜七四頁）。

十柱の神は、入信の通過儀礼に相当する「別席」にとって大事な構成要素で、かつては親神の話を取り次ぐ（別席を運ぶ）人が別席の前に受ける「初試験」で、十柱の神名とその守護が問われていた。しかし、戦後、復元が始まって間もない一九四八年に二代真柱の意向で初試験は撤廃された。かわりに「別席の誓い」を定めたが、その「しおり」に登場するのは親神と教祖のみで、十柱の神名は一切出てこない。教団は変更の理由を、別席を運ぶ人の立場をかつての先達から入信して間もない一般信者へ拡げ、時代のニーズに応えるためだとした。確かに、一九〇〇年頃の別席台本には、組織の末端で宗教の拡大を支えていた各地の講元、周旋人、教会役員、それらの身内が別席の対象であること、さらには、医者も手放した重病人を助けるために別席を運ぶという現世利益的な目的まで記されていた（上田嘉太郎「別席はおたすけの心を養う場」『あらきとうりょう』二六〇号、天理教青年会発行、一九～二〇頁）。なるほど、初試験は別席を受ける者の資格を問い、オーソライズするものだったわけだ。

ところが、十柱の神名と守護について、その理を理解せずにただ丸暗記して列挙する場合が多いせいで、いかにも独立した十柱の神が存するかのような考え違いを起こしてしまう。試験を廃して誓いから十柱の神を除いた本質的な理由がそこにある。十柱の神は、吉田神道による公認から、やがて教派神道の一派として独立するに至るまで、天理教が国家神道体制を生き抜く上で肝要な部分だったはずだ。すると、敗戦後の復元は、多神教としての歴史を清算し、一神教として教義を組み直す過程であるという見方も成り立つ。一神教の自覚、それは天理教とゆかりの深い小説家、芹沢光治良が『天理時報』に連載した「教祖様」（一九五〇年一〇月～一九五七年九月、全三三八回）のライトモチーフでもある。

みきとイエス

芹沢光治良（一八九六～一九九三）は、一九二二年に東京帝大経済学部を卒業し、農商務省に奉職した後ソルボンヌ大学へ留学するも、結核に冒され、療養中の経験を基に書いた小説で作家に転身した人物である。太平洋戦争中に刊行した『巴里に死す』が、「教祖様」の連載開始直後に仏訳されてベストセラーとなり、一九六五年には川端康成の跡を継いで日本ペンクラブ会長になった。彼は、天理教に全財産と生涯を捧げた両親の元で、幼い頃から信仰に触れ、身近に感じる一方で、塗炭の苦しみに耐えながら孤児のように成長した。そういう環境が彼に神を書くというライフワークを形成させると同時に、天理教への批判精神をも育み、結局彼は信者にはならなかった。太平洋戦争の末期には、空襲下の絶望と疎開先での飢えの中で新約聖書の精読を生きる喜びに暮らしたらしいが、その時、おとぎ話のように聞いた中山みきに思い至り、天理教の神をキリスト教の神と比べながらふり返る経験をしたという（芹沢、一九九六、五六六〜五六七頁）。その彼に終戦直後、『天理時報』の道友社から教祖伝執筆のお鉢が回ってきた。連載開始までの数年間は難渋したというから、一九四七、八年頃のことだろう。戦争末期に絶望の淵で新約に関心を寄せていたことは、もしかすると、この作家が敗戦とキリスト教国のアメリカによる占領の時代を先取りしていたことを意味するかもしれない。

というのも、イエスになぞらえながら中山みきの「肖像」（芹沢、一九九六、五六七頁）をつくることが「教祖様」の目的だというからだ。それは同じ頃に本格化した教団の動向、つまり、一神教として教義を立て直すことと符合する。ならば、機は熟したのに、なぜ芹沢は難渋せねばならなかったのか。理由は、従来の伝記類は神がかりした以降のみきに関する記述が空白に等しく、天理教には預言者も福音書もなく、要するに、みきを通して不可視の存在を表現するための材料、キリスト教をパラフレーズする上での言説がないからだ。天保九（一八三八）年一〇月二四日、寄加持の加持台となったみきが突然神がかりし、二日後に夫善兵衛は、妻が神の社になることを引き受けた。この出来事は「二千年も前にイエスが預言者ヨハネの洗礼を受けた事件に匹敵していたのだろう。しかし、イエスは自らもとめて洗礼を受けたのだが、みきはもとめたことではなかっ」（芹沢、一九九六、六六五〜六六六頁）た。「悲しいかな神は言葉を持たない。人を通じて言わしめる。イエスはすでに神を知り、福音を述べるだけの準備があった。表現があった。しかし、みきにはその表現の準備もなかっ」（芹沢、一九九六、七八頁）たのである。

芹沢にとって、既存の教祖伝は作者の単なる信仰告白、信仰という光芒につつまれた伝説でしかなかった。両親が全財産と生涯を捧げ、父親は大教会の役員を務めたのに、教団からは新資料の提供が期待できそうにない。連載開始の年の正月には『天理時報』に予告を出し、広く信者たちに資料の提供を呼びかけるが、やはり集まらない。だが、たくさんの信者たちから届いた応援には、神がかり以降の教祖伝を書いてほしいという要請が多かった。芹沢が、みきが神憑りした日から初めて末女を大阪へにおいがけに出すまでの日々、つまりは天啓から福音の始まりに至る描写に心血を注いだのは、自らのモチーフだけでなく、信者たちの要請にもよる。果たして芹沢は、その一五年の歳月の歴史的空白をいかに描くのか。

みきは、神がかりした日から毎夜、天井から大音響の地響きがすると、恍惚とした顔つきでなにかと大きな声で問答をする。昼には土蔵に籠ってひたすら「なむてんりおうのみこと」を唱える。こうして元の神、実の神を知るために三年間を要した。そして、貧に落ちきれという神のせきこみに応えて財産を他人に施し、屋形を払った。しかし、施せば施すほど世間からは狐憑きと嘲笑われ、家族や親類からも罪人のように疎まれた。人類の母代として新しい家庭を築くために、近隣の子女に裁縫を教え、おびやのためしを行った。神のご守護こそ知らずとも、畏れを知ってみきを支えてくれた夫、善兵衛が死んだ時には、今こそ神の子としてわが家族を求めなければならないとの刻限を受けた。大地震と黒船来航で人心が世の末のように動揺したその年は、確かに刻限であった。ほどなくみきは心勇んで、末女のこかんを初めて大阪へにおいがけに出す。街に神名を流すだけの福音ではあったが、天啓の日から数えて「一五年間はそのために費やされたともいえよう。神を知るのに三年間を要したが、その表現の準備には、みき自身が親神のこころを体した生き方をするという、苦難が必要であった。目には見えない神の声を聞いて、その苦難を生きるのは、無を信じて生きるように空々漠々たることにも想像されるが、その一五年こそ、ただの農婦だったみきが、苦悩のなかをよじのぼって、イエスに到達したような歳月だっ」（芹沢、一九九六、七八頁）た、と芹沢は描く。

イエスの誕生を待ち望んだ神は、厳しく怖るべき神ではなく愛することのできる神、旧約の多数の神ではなく唯一の神であって、生きている間は習俗的な神に加護を願い、死後は仏に託するというような当時の日本の一般的な神観念からは知る由もない神である（芹沢、一九九六、七六頁）。終戦直後の復元の過程で「昭和二十四年に新教典がつくられ、はじめて唯一の神であることを知って、「これは私の聞かしてもらっている天理教ではない」と、驚きなげいた古い真剣な信者を、私は知っている。七十年祭を迎えようとする今日、天理教の信仰に一生をささげた敬虔な信者でもこれである。あわれなみきよ。存命中に集まった信者にも理解されなかったし、その夫や子供等にも理解されなかったのだ。ただ神と向きあっていたような孤独なみき！（中略）あの当時に人々が福音書のようなものを残してくれないから、みきの心のあとについては、私たちはあらゆる想像力を働かして、あぶなっかしく辿るより他にな」（芹沢、一九九六、八六頁）い。

声と文字

あらゆる想像力を働かして、あぶなっかしく辿るより他にないとは、いったいどういうことか。それは、敗戦後の歴史的文脈の中で、キリスト教をパラフレーズしながら天理教に新しい神観念を打ち出すことを目論む芹沢が、そうする上で最も重要視した神がかりから初の福音までの一五年間のみきの日常を知る伝記的資料が欠落していることによる遠慮を単に指しているわけでもない節がある。

芹沢は、パリ大学ではデュルケーム学派の社会学を学んだので、実証精神ということはいやになるほど叩き込まれたと断りながら、しかし、教団が正しい史実として採用する資料の他に、小説家が教祖の日常性を知る上で案外大切なものもあり得るから（芹沢、一九九六、一八頁）、「時報」の読者がみな知っている御伝は書くにあたらず、忠実な史実によって書く時に小説家の胸に残る映像を文字にしたいといいつつ「これは読者の知った教祖様でないかも知れません。しかし、私には、それが真の教祖様であ」（芹沢、一九九六、二八頁）るという。「あの運命的な日までのみきの伝記は、イエスの場合とちがって、詳しく伝えられているけれど」（芹沢、一九九六、七六頁）、それは、従来の伝記が史実に忠実であるというより、史実に拘泥する方法しか知らないからであるとして、内容の真正性ではなく集積の仕方に目を向けているのである。つまり、芹沢は、従来のような個々の信仰告白には還元されない次元で、「信仰という光芒につつまれた伝説」を集合表象として捉える方法を意識していたということだ。だからこそ、教典のメッセージのみならずメディアとして教典の形を読むという、当時にしては斬新な問題を提起するのだ。おふでさきが散文ではなく、韻文であることの意義についてこう述べる。

散文形式で何故書かれなかったかと、誰でも一応疑問をもつであろう。散文形式は内容を明瞭に規定するからわかり易いが、読む者にさとりの余地を残さないことに特長がある。人間の知識がすすむに従って、教えも無限に進展するであろうが、（進展しなければ教えは枯死する）その教えの基本となるべき「おふでさき」が散文でかかれてあれば、必ず進展を妨げるような場合が起きて来る。そのいい例が、みきの死後、天理教人が宗教学者などの智慧をかりて、さんざん苦心のあげく作製した経典である。天理教が律にしたがって公認を得るために、つくられた教典であるから、天理教を最も明瞭に示すもので散文で書かれてあるが、書かれた瞬間に、信仰の面では死文になった。それ故、人間の知識と信仰がすすむに従って、その教典は教えの発展の妨げになって、敗戦後、復元ということが唱えられて、その教典は廃止せられ、新しい教典がまた書かれた。散文というものは、そうした宿命を持つ表現技術である。〈中略〉その点、おふでさきが、歌という象徴的な形式をとり、人間の智慧と信仰の深浅によるさとりにまかせたことは、親神のはからいであるといってしまえばそれまでだが、みきが偉大な宗教的天才だったからであろう。それにつけても、敗戦後つくられた天理教教典は、天理教を伝えるために、すばらしく立派でこれほど解りいい天理教の教科書はないが、しかし大事なものは「おふでさき」と「みかぐら歌」である。この二つが教典となる日がやがて来るであろう。というのは散文で書かれた解説は、どんなにみごとでも、読者にとっては、一度読んでさとってしまえば、その人の精神にも知識にも、無縁なものになる運命を持つが、これに反し、教典というものは、恐らく信者にとって一生の伴侶でなければならないから（芹沢、一九九六、二四八〜二四九頁）

メディアは、物質的な基盤があるが故に必ず可視性をもつが、メッセージが十全に伝達されるためにはその存在が不可視化する必要がある。仮に夢中になって小説を読んでいる場合を想定しよう。黒いインクの線の痕跡（可視性）を目で追っていると、いつしか活字を意識しなくなって（不可視化）、情景を思い描きながら登場人物に自分を投影するようになる。その時、読者にとって文字というメディアは透明なものとなる。よく知られた新紙幣の例えでいうと、目新しいデザインが見慣れない内は、財布にしまったまま記念品のように扱われ、なかなか流通しない。貨幣というメディアは、商品との交換を繰り返しながら流通してはじめて価値を媒介できるにもかかわらず、人々は貨幣そのものを貯め込もうとする。即ち、マルクスのいう貨幣の物神崇拝《フェティシズム》は、貨幣が可視化して物との交換が滑らか（透明）に行われない状態をさす。

一度読んでさとってしまえば、その人の精神にも知識にも、無縁なものになる運命とは、散文における文字の不可視化を、歌という象徴的な形式をとり、人間の智慧と信仰の深浅によるさとりにまかせたこととは、韻文における音声の可視化をそれぞれ意味しよう。なるほど、「おふでさき」や「みかぐら歌」が一生の伴侶であるという発想を、物神崇拝において象徴性を発揮しつづけるという意味に解すれば、メディア論としては理に適っている。しかし、七〇歳を迎えたみきが突如歌を書き残し、手踊りを踊ったわけ、つまりは散文形式に書かれなかった理由が「偉大な宗教的天才」の選択であるかのように捉えるのは、メディア史にそぐわない倒錯と言わねばなるまい。

近代文体史上、言葉を話すことと文を書くことが一致する文体＝言文一致体の成立は、明治一五年に日本語の速記術が発明されてから、同二〇年代における帝国議会開設に伴う議事録速記の導入、大事件の公判傍聴筆記による新聞報道、講談速記本の流行などを経て、同三〇年代の文学史を待たねばならなかった。それ以前、みきが生きた時代は、無数の地域差としてある音声としての言葉と、漢文や雅文の書き言葉とを一致させるという技術もなければ意識もなかった。文字を音声の記録保存の手段として捉え、話し言葉に書き言葉を近づけるという発想自体が、近代の俗語革命を通じて書き言葉が世俗化した結果である。また、自由民権運動の盛んな明治前期、聴衆を前に声を張り上げ、熱弁を振るうという演説とよばれる形式が注目された時代に、西欧から輸入した演劇の教科書を流用したマニュアル本が流行り、街頭では政治的メッセージを音曲に乗せて歌う壮士演歌が出現していた。そのことは、声に出して述べる散文の形式が未だ確立していなかったことを意味する。

従って、「みかぐらうた」と「おふでさき」が韻文であるのは、宗教的天才の発明によるというよりメディア史上の帰結であって、散文で書かれなかった理由が選択によるためには、およそ次のような前提が必要だ。つまり、既に言文一致が成立した上で読み書き能力が伸長し、その結果文字という記号が暴力や異物のようにではなく、感覚的に捉えることのできる楽しいものとなり、そこで文字に拘らずに書物を読み飛ばし、その存在を忘却するうちに、行間や余白に人物や風景の反映を幻視するというような、文字の不可視化と幻視の可視化が弁証法的に生じる段階という前提である（姜、二〇〇七、二七〇～二七一頁）。みきが生きた時代、いや読み書きのできないみきにはそれが実現されていなかった。声を称揚する芹沢の認識は、文学史の上ではロマン派的でさえある。

芹沢は、天理教を一神教として思考する中で、預言者や福音書の不在、御伝の限界といった言説の問題に逢着し、宗教の言葉の形と表象の関係に目配りしたことで、近代新宗教の見方に奥行をもたらした。声をめぐる倒錯した意識は、確かにメディア史の上では不可能であるが、しかし、文字のメディアが寡占支配する近代において歴史的には不可避であった。そうした歴史的な不可避性の下で、教祖の声を近代のメディアに過剰に開いていったのが大本教である。

三　霊媒《ミディアム》からメディアへ

言霊から見世物《スペクタクル》へ

一八九二年、出口なおの肚の中に入り込んだ得体のしれない活物は、十数日の問答を経て「艮之金神」として彼女に憑依した。そして、目に一丁字もないなおも、みきと同様にお筆先を始める。しかも、みきが現身を隠した以降、後継者（本席）となって啓示を取り次いだ飯降伊蔵が口述によって「おさしづ」を書き留めたことと、なおのひらがなによる筆先を聖師王仁三郎が「神諭」に編み直したこととは、女教祖の声を男の共働者が文字に変換したという点が一致しており、それにはメディア論的に重要な意味がある。

大本教の場合、布教の媒体として活字のマスメディアを積極的かつ大胆に活用した。一九〇九年の『直霊軍』の創刊に始まった機関紙が、『敷島新報』に引き継がれた後に『神霊界』に改題され、なおのひらがなによる筆先を王仁三郎の漢字仮名まじり文に変換した「神諭」を公表すると大きな反響をよんだために、教団は『綾部新聞』を創刊して全国の市町村役場や教育機関に無料で頒布する一方、『大正日々新聞』の買収から『人類愛善新聞』『瑞祥新聞』の創刊に至るまで、地方紙の買収と再刊を繰り返しながら王仁三郎の口述筆記による『霊界物語』の刊行を始めた（井上ほか、一九九四、三一〇〜三一一頁）。してみると、大本教の二大教典の誕生は、先述したように新聞が声を文字に転写する技術である公判傍聴筆記を導入したことで言文一致の成立に占める位置、とにもかくにも口述筆記の前衛性によって、近代メディア史上の出来事を意味する。

芹沢の修正主義的な遡行を誘ったみきの声、また、王仁三郎の大胆な変革に駆り立てられたなおの声は、歴史的には未だ声の文化と文字の文化がせめぎ合う転換期の現象だった。もう一人、神が宿った肚からものをいう新宗教の女教祖がいる。敗戦直後に「無我の舞」で世間の耳目を集めた天照皇大神宮教の教祖、北村サヨの辛らつで風刺の効いた歌説法は、レコードとラジオの歴史とともに盛衰した浪曲と語り口が酷似しており、技術ないし電気メディアの洗礼を受けたと思しきその声は、みきやなおのそれとは質が異なる。

今度は全然新しい別国を建てるのじゃ。ちょうど汽車がすれ違うように、蛆の国が消えて行き、新国日の本神の国ができるのじゃ。（中略）ああ面白い世の中よ。蛆虫の世界で、学校、学校、学校と、かどのつくような学校に行って、しいら頭をひねりたて、万年筆やノートや、鉛筆いるような蛆の時代ははやすんだ。今度できたる神の世は、学ばずして悟る、不思議な不思議な神の世じゃ。（中略）三千年に一度咲く、優曇華の花咲き下がり、天なる神が天下り、おサヨの口を通して、道教えする時にゃ、なんにもいらぬ時がきた。経文、本もいりません。あらゆる偶像、祭壇もいりません。ただ、おサヨの口一本鎗の世ができる（天照皇大神宮教本部〔一九五一〕『生書』東京文化研究所出版部、一九二～一九七頁）

寄席芸として講談と落語に後れを取った浪曲は、講談と落語が言文一致運動の中で速記本に活路を見出したのとは対照的に、近代日本に蓄音機とレコードの普及を促し、敗戦後は相次いで開局した民放ラジオが浪曲番組を大量に制作したためにラジオ浪曲というものを流行らせていたが、一九五〇～六〇年代にテレビが普及しだすとブームが去る。浪曲は、近代の電気メディアに早くも身を委ね、戦中は時局を敏感に捉えること（愛国浪曲）で時代を席巻したが、即ちそれがサヨの声の質に影響したと考えられる。

とまれ三つの新宗教の女教祖が、神の宿った肚からものを言うときの力点である声は、印刷された活字となって消え、ラジオの電波と同調し、霊媒《ミディアム》の身体は技術メディアに取って代わられた。そうした近代における宗教史とメディア史の交差は、どうやら世界的な動向であるらしく、しかも技術メディアの介入が、宗教的なるもののよりいっそう直接的で感覚的な顕現をめぐってジェンダー化を生じさせていた。

ニューヨーク州ハイズヴィルに住むフォックス姉妹に近代スピリチュアリズム運動の発端となる心霊現象

が起きたのは、みきが神憑りした日から一〇年後の一八四八年のことである。それは、音を鳴らして霊の存在を示すラッピングに始まり、霊媒の身体が空中浮遊するポルターガイストへ徐々に激しさを増していった。その後姉妹が主催する交霊会は、近代スピリチュアリズム運動の中心になっていき、そこに、例えば電話を発明したベルの助手、トマス・ワトソンが交霊会で霊の発見装置として電話を用いるごとき、電気や電信、化学や生物学における新発見と自分たちの啓示を結びつける動きが現れたが、そうしたモダニティは、当時のスピリチュアリストたちが則っていた政治的立場の急進性と関わっていた（トム・ガニング、二〇〇三、一八七〜一八八頁）。奴隷制廃止と禁酒改革を支持し、コミューンを試みる彼らは、女性の選挙権の獲得から服装や結婚の改革までを主張する女性の権利の主たる擁護者であったのだ。

スピリチュアリズムと女性権の主張が結びついていた最初の一〇年間は、なによりメッセージの発信と聴覚上の現象に運動の基盤が置かれていた。アメリカ史上初めて広範な注目を集めた女性演説者たちは、しばしば社会改革を支持する演説を超自然的なものの霊媒として、トランス状態で語るスピリチュアリストであったという。ところが、南北戦争（一八六一〜一八六五年）の後に心霊写真が出現し、聴覚的メッセージから視覚的な顕現現象へ力点が移ったあたりから、スピリチュアリズムが帯びる社会的問題意識が色褪せ始めた。顕現現象とは、例えば物体や身体の空中浮遊、空間移動や、霊媒の身体から噴出する心霊体《エクトプラズム》が観察されることを指し、そういう場では視覚的証拠として心霊写真が重要な位置を占めた（トム・ガニング、二〇〇三、一九二〜一九三頁）。さらに、霊能者とも奇術師ともつかない多くの霊媒たちのパフォーマンスによって、交霊会は見世物と化した。同じ頃フランスでも、パリでイリュージョンを見世物にする劇場を経営しながら、自らステージ・マジックを演じていたメリエスが、リュミエール兄弟が発明したばかりのシネマトグラフに触発され、映画監督に転身しようとしていた。

大事なことは、スピリチュアルな体験のメディアが聴覚的なものから視覚的なものへ、その機能する場が社会運動から見世物へ移行する過程で、霊媒としての女性が心霊写真や心霊部屋のような装置にはめ込まれていき、それらはたいていマジシャンまたは技術者としての男性の支配下に従属するようになったという事実だ（トム・ガニング、二〇〇三、一九五頁）。さらにそうした配置は、例えば千里眼事件のように、心霊現象が科学者の目に晒されるときに極めて近代的なディスクールを形成する。一九一〇年、物体を透視する超能力者として世間を騒がせた御船千鶴子は、義兄のかける催眠術がきっかけで人の臓器を透視し、按手治療を施す能力に目覚めた。東京帝大の心理学者福来友吉がそれを認めると、新聞紙上で話題が沸騰し、物理学者をはじめとする十数人の錚々たる学者が真贋を定めるという実験を新聞が主催する事態となった。結局、実験は失敗に終わったが、しかし、透視の証明を写真の乾板に文字を感光させるという念写の実験を通じて試みようとしたこと、そして、千鶴子の能力を心霊現象ではないにしても当時発見されたばかりのX線や放射能とパラレルに捉える余地が一部の科学者にはあったことを考えれば、明治末年の千里眼事件は近代の科学や技術の存在を抜きには成立しえない。だからこそ、技術メディアの介入が見世物《スペクタクル》化した不可視のものをめぐる場のジェンダー化に加えて、事件後に帝大を辞した福来が目指すことになる心霊学や、古くはメスメリズムといった疑似科学が、新たに科学や技術と対峙するという編制《ディスクール》が生まれるのである。千鶴子は不幸にも実験の翌年に服毒自殺を図り、二四歳の短い生涯を閉じたが、一九九〇年代になって、観た者を七日後に呪い殺すというビデオをタネに一世を風靡したミステリーホラーの中に蘇るのだった。千鶴子と福来がモデルと思しき両親から生まれた主人公（？）の貞子は、怨霊としてビデオにとり憑いて観た者を呪い殺す。

霊はメディアに棲息し、視覚性として顕現する。

新しい視覚性と宗教映画

本章が対象とする時代、一九五〇〜六〇年代は、日本映画が全盛期のピークに達してから衰退期へ向かい、テレビが短期間でほぼ全世帯に普及したことで、視覚文化に関する大衆的メディアの環境が大きく変容した時代であった。この時代の映画史に変化を促した新しい視覚性は、宗教的なるものの表象と深い関わりがある。

映画史の曲がり角としての昭和三〇年代（一九五五〜一九六四年）の時代相を映画史の文脈で捉えてみると、敗戦後の廃墟を朝鮮戦争（一九五〇〜一九五三年）による特需景気で切り抜けてから、「もはや戦後ではない」（一九五六年）という流行語に始まり、東京オリンピック（一九六四年）の開催に至った一〇年間は、ちょうど東映の時代劇映画の全盛期にあたる時期で、生活の立て直しと豊かさの獲得を最優先に、努力すれば報われるということが信じられ、苦しいけれども明るい時代として記憶された時代だったが、一方でこの頃を境にチャンバラ映画の東映はヤクザ映画の東映に変わっていき、そのことが豊かさの陰に生じた時代の陰翳として映っていた（橋本、一九八八、七〇頁）。

映画史にそうした変化をもたらしたきっかけは、当時のいわゆる残酷物語のブームに触発されて登場した残酷時代劇映画にある。それまで時代劇に携わってこなかった社会派の巨匠たち、例えば、黒澤明（『用心棒』〔一九六一〕、『椿三十郎』〔一九六二〕）、小林正樹（『切腹』〔一九六二〕）、今井正（『武士道残酷物語』〔一九六三〕）といった監督たちが、典型的パターンを反復しながら近世由来の通俗を描く時代劇映画にリアリズムと芸術性を持ちこんだのが残酷時代劇で、彼らは、カラーワイドが主流を占める中で頑なに白黒画面に拘り、二本立て週替わりのプログラム・ピクチャーの大量生産が支えていたこのジャンルを一本立ての大作主義へ転じさせたことで、国内よりも海外の映画祭で軒並み高い評価を得たものの、その残酷時代劇は日本映画の凋落の象徴ともいわれる（橋本、一九八八、二〇二～二〇七頁）。他方、戦中に国策による映画産業の再編で日活、新興キネマ、大都を合併して成立し、従ってチャンバラ映画の大同団結を果たした大映は、社長の永田雅一が戦後の映画界で最初に大作主義を唱えつつ、自ら製作を手掛けた『羅生門』（一九五〇）『雨月物語』（一九五三）『地獄門』（一九五三）が国際映画祭でグランプリなどの賞を取るなどして、東映の通俗チャンバラ映画が全盛期を迎え、残酷時代劇が映画界に変調をきたす中にあって、独自な路線で時代劇を送り出し続けていた（橋本、一九八八、二五〇～二五七頁）。

独自な路線を歩んだ大映の時代劇と、映画の大衆的な人気に変調をきたした残酷時代劇は、主流の東映の時代劇が典型化していた形式に対抗または抵抗したという点で、全盛期のチャンバラ映画の周縁において響き合った。東映的形式とは、端的にいえば、歌舞伎の舞台や浮世絵の画面のように陰翳や奥行のないフラットさを、スタジオの照明やセットのカメラアングルによって光学的に再構成したものを指す。そうした東映的様式とは別に、永田率いる大映の大作主義時代劇や社会派の巨匠が挑んだ残酷時代劇が模索した映画の視覚性を明らかにしながら、それとの関連で日本映画が全盛期を過ぎようとした頃に作られた宗教映画と黙示録的映画の特徴を捉えることがここでの主題である。

大映の永田が一九五〇年代前半に手掛けた映画が、立て続けに国際映画祭で高評価を得た理由は、時代劇でありつつ映像に深みがあるという点にあった。スタジオのセット撮影で常に安定した視点を確保した映像が、破綻のない物語の反復と符合する東映の時代劇では、万遍なく当たる人工照明が太陽の光が作り出す影を消してしまい、例えば、表から光を当てた障子の色が不透明な真っ白であるのに対して、野外撮影に拘る大映の時代劇では、裏から光の当たった障子が透き通るような輝きを見せ、障子にも光の質感が表れるのであるが、実は残酷時代劇の巨匠たちが長らく白黒で撮り続けたわけも、カラー映像ではスタジオと野外のそうした差が歴然とするためだった（橋本、一九八八、二五八〜二六二頁）。人工的な光線によるフラットさにはなくて、自然の光が日本的な建築空間に作り出す影による色の深みにあるものはなにか。取りも直さずそれは、谷崎潤一郎が『陰翳礼賛』（一九三九）で美学化したごとき、近代の電気的な照明が伝統的日本家屋に持ち込んだ過剰な光が消去してしまった影、即ち陰翳の作用である。大映の時代劇映画が国際映画祭で高く評価された根底には、日本らしさに関する修正主義的な再解釈があると同時に、日本（的）映画に対するオリエンタリズムの眼差しがある。受賞作が軒並み時代劇であるのもそのためだ。

さて、永田雅一は、日活京都撮影所の庶務係から大映の社長に登りつめた立志伝的人物だが、外遊先のホテルでも日蓮の像に題目を唱えるほど熱心な日蓮宗信者らしい彼が、時代劇映画が未だ全盛を誇る頃に手掛けた宗教映画に『日蓮と蒙古大襲来』（一九五八）がある。当時の新聞広告、ポスター、パンフレットの類によると、洋画『十戒』（一九五六）を凌ぐ「日本映画始まって以来の最高最大のスペクタクル巨篇」という触れ込みのこの作品は、撮影所に東洋一と謳われた巨大プールを建て、電動の模型船を浮かべ、大馬力の送風機で作り出す風速六〇メートルの台風の中で戦われる海戦の特撮シーンが最大の売りだった。ポスターにも「雷鳴轟く大暴風雨、怒涛逆巻く玄界灘、蒙古数百万の大船団来襲、敵国降伏を絶叫する日蓮、今ぞ世紀の大決戦は迫る」という文句が踊っている。日蓮宗の信者がそのセットを見学しに全国から京都撮影所を訪れ、日蓮を演じる長谷川一夫が総本山の身延山久遠寺で剃髪したことも話題を呼んだらしい。

この作品を宗教映画として、光と影の表現に拘ってみた場合、かの龍ノ口法難のシーンで日蓮を斬首しようとした瞬間、鋭い雷光が刀を折り、月光がスポットで日蓮に差すというカットがとても印象的である。その視覚性は、特撮技術を総動員した玄界灘の大暴風雨や鎌倉を襲った正嘉の大地震のシーンと並んで、預言者にまつわる奇跡の光学的な顕現でありながら、物語論上では神への畏怖という古層の信仰を相変わらず表象するからだ。今も同日同場所で催される龍口寺法難会では、日蓮が法難を免れ得たのは老婆が差し出した砂まみれの握り飯を食べたお蔭だという俗信に因んで「ご難除けぼたもち」が人々に撒かれているが、ご利益を求める心性と神への畏怖は同じナラティヴの別の側面である。日蓮を描いた映画は、国産映画が誕生して間もない頃から実に十数本も製作されていたという事実を考えれば、案外この宗教映画は通俗的な時代劇の脈絡で観られた可能性がある。

ところが、時代劇の周縁で日本映画史に変調をきたした残酷時代劇は、黙示録的映画と交差するところで全く別次元の視覚性を胚胎する。それは、大映の時代劇映画に対する国際的評価におけるオリエンタリズムと、谷崎が陰翳論で美学化した日本的エートスとが表裏一体をなす水準の視覚性とは異なり、一九四五年八月に広島と長崎で起きた人類史上初めての事件によって経験された光がもたらした視覚性である。両者には、絶対的な差異がある。

黙示録的映画と没視覚性

大映が製作し、黒澤明が監督した『羅生門』(一九五〇)はヴェネツィア国際映画祭で日本映画として初めてにして最高の賞を取ったが、その五年後に黒澤は『生きものの記録』という黙示録的映画を東宝で撮った。黒澤が残酷時代劇の嚆矢とされる『用心棒』、次いで『椿三十郎』を手掛けるのは、さらに五年ほど後のことだ。『生きものの記録』が公開される前年、一九五四年は、米軍がビキニ環礁で行った水爆実験の放射性降下物に日本漁船第五福竜丸が被爆した事件から反核運動が巻き起こり、事件から着想を得た東宝が特撮映画『ゴジラ』を「水爆大怪獣映画」と銘打って公開した年である。海底に潜み、核実験で覚醒した巨大古生物の猛威が核兵器の脅威の隠喩であることは言うまでもないが、その命名が大戸島の伝説に登場する「呉爾羅」という神格に由来するというあたりは、記紀神話のヤマタノオロチが洪水による災害の形象化である如き、自然に対する畏怖の念のアニミズム的な表象の域を出ておらず、負の情念の説明原理として否定的に把握される妖怪と同様、ゴジラは人間の生活と地続きの存在である。

『生きものの記録』は、原水爆を恐れてブラジルへの移民を目論む老人が、反対する家族に準禁治産を申し立てられ、踏ん切りをつけさせようと一生かけて築いた鋳物工場に自ら火を放ち、精神病院に送られるという内容で、物語は終始うだるように暑い季節に展開する。光線の視覚性に着目すると、「死ぬのはやむを得ん、殺されるのはいやじゃ」という主人公が凄まじい稲光に怯えるシーンの反復、路面電車の架線がスパークするカットの挿入、そして、ラストシーンで精神病院をどこかの惑星だと思い込んだ主人公が太陽に向かって「地球が燃えとる」と叫ぶ場面が見所である。雷の閃光に怯える場面は、『日蓮と蒙古大襲来』の龍ノ口法難のシーンと同じく畏怖の念の視覚表象であり、灰燼と化した工場には燔祭における犠牲と似た意味があるとすると、この映画は古いテーマを新しいナラティヴで語り直していると思われるかも知れない。しかし、この話が古層の信仰と決定的に違うのは光線恐怖の視線構造だ。映画のラストで、病室の窓から過剰露光で映される太陽を注視しながら「地球が燃えとる」という主人公の視線は地球を外部から眺めており、雷光に怯える場合の視線とは逆に、内部へ差し込む光線と同じ方向にあるものである。

狂気によって経験されるこの視線の反転は、映画でもごく手短に言及されている一九四五年八月の原爆投下によって経験された原子の光が、それ以降の視覚表象にもたらし絶対的な変容、ないし、第二次世界大戦以降のスペクタクル性の条件（リピット、二〇一三、二〇七頁）の一つの表れかもしれない。即ち、「没視覚性」という新しい視覚性である。デリダのいう二つの不可視性、つまり、身体の内部の臓器や格納庫の核兵器のように可視的世界から隠されているものの「不－可視性」と、音や香りのようにそもそも視覚の帯域の外に属する「絶対的不可視性」とを、同時に帯びるが故にいずれにも還元されない没視覚性は、可視的なものの場所において何か別のものを示し、不可能で想像できない視覚性の特殊な様態を捉えるためのまことに斬新で問題提起的な概念である（リピット、二〇一三、八七～九〇頁）。歴史的には、X線によって視界から遠ざかる視覚性や、原爆が解き放つ過激な視覚性によって経験されるイメージを欠いた視覚性を指すのだが、本質的には、それまでの可視性と不可視性が作り出す内部と外部の境界を無化するという点が肝要で、なぜなら、X線の解剖学的な光は、身体に放射線を浴びせ、写真と結びつくことでその内部を外部の表面へと投影して外記するもので（リピット、二〇一三、一二四～一二五頁）、原爆の光は、物体の面を越え、境界を貫通するだけでなく熱を伴って物体を焼き尽くし、身体に痕跡を焼きつけるものだからだ（リピット、

図1　永井隆自筆画「原子雲」

図2　緑夫人のロザリオ

二〇一三、三七一～三七二頁）。そういう不可能な視覚性だからこそ、芸術家たちは敢えて原子の光を宗教的な恍惚の目で見たり贖罪的な態度で受け止めたりするのだ（リピット、二〇一三、二〇七～二〇九頁）。

一九四五年八月九日に勤務先の長崎医大診察室で被爆した永井隆は、壊滅状態の浦上天主堂で行われた原子爆弾合同葬で信者代表として臨んだ弔辞において、原爆が浦上に落ちたのは神の摂理によって、聖地浦上が犠牲の祭壇に屠られ燃やさるべき潔き小羊として選ばれたためであり、あの日焔をあな美し、あな潔し、あな尊しと仰ぎみたと述べた（永井隆「長崎の鐘」家永三郎ほか編（一九九一）『日本の原爆記録２』日本図書センター、九三～九五頁）。後に浦上燔祭説とよばれたこの信仰的態度には、当然ながら厳しい人道的な批判もある。しかしながら、没視覚性の表象という観点からすれば、永井が自宅で爆死した夫人の昇天するイメージを描いた一枚の絵の方が物深い。美術としてはまことに素朴なこの絵（図１）には、C・パースのいう三種の記号（象徴《シンボル》、類像《イコン》、指標《インデックス》）がすべて認められ、読み取るべき情報が実に多い。夫人が手に握っているロザリオは、遺骨の側に焼けただれてあったという実物（図２）が、今も彼女の象徴として記念館に展示されている（シンボル性）。もんぺをはいたその姿は、上着の十字の柄は別としても、おそらく被爆当時の服装をそのまま写しており、またマリア像や観音像に似ていなくもない（イコン性）。一風変わった台座は、「原子雲」と題されたこの絵の最大の見所で、なぜなら、爆心地付近の爆轟の中にいた永井には見えないはずのそれが、表しようがない刹那の過激な光と熱へ見る者を導く指標になるからだ（インデックス性）。放射線物理療法が専門の永井は、既に原爆投下以前からX線被爆による白血病と診断されていた。この絵の線と筆跡そのものが、彼の身体が帯びた放射能という不可能な視覚性の指標記号である。そして今、原爆投下の日の広島の被爆者たちが、国民服の下に着ていた焼けただれた衣服を接写し続ける石内都の写真から、被爆者の皮膚に焼き付かれたであろう痕跡を想像してみるときにも同じような指標性は発揮される。

四　不可能なる肖像をめぐって――結論にかえて

X線や原爆の放射能のように内面と外面の物理的な境界を無化することで、新たな不可視性の表象を我々に強いる過激な視覚性、即ち没視覚性という条件は、不可視のものの宗教的表象ではなく――テレパシーの量子力学的な理解の如き科学による超常現象の可視化でもなく――、宗教的なるものの不可視性の表象という問題に何を投げかけるだろうか。いよいよ、メディアと宗教表象という本章のテーマに引き寄せて考えてみたい。

芹沢の『教祖様』には、神がかりしたみきが神を知るのに要した三年間に、毎晩「眠ったまま、動きもせず、どこか恍惚とした顔つきで」「目には見えない神の声を聞いて」いるみきが、「誰と話したかと尋ねる善兵衛に、（中略）話そうと努力するが、実際聞いたことが言葉にならないもどかしさに苦しんだ」というような場面が何度もでてくる（芹沢、一九九六、七三〜七四頁）。それは、「全く聞きなれない声であり、聞いたこともない話の内容である。そこで、誰と話したかと尋ねる善兵衛に、神だと一口に答えられなかっ」た（芹沢、一九九六、六九頁）。さらに「みき、お前はその神様を見たのかね」と問われると、「神の姿を見たければ、外へ出て天を仰げ」そう聞こえるような気がして闇夜で神の出現を待った。「月も日も神の姿、風も神である」そう聞こえて、神は姿を現わさなかった（芹沢、一九九六、七九頁）。

胸に残る映像を文字にし、教祖の肖像を書くといった芹沢が、その時みきが抱いていた神の聴覚的または視覚的なイメージへ存在論的に迫ろうとする大事な場面である。しかし、声は嗅覚や触覚と同じく絶対的不可視性の閾に属するという前提に抗う術もなく、教典の声としての物質性——記号の可視性——を修正主義的に求めるという認識上の限界に漂着してしまう。実は同じことの別の側面が、教祖の伝記を絵にした二つのマンガで、神がかりしたみきの描き方の違いをめぐって生じている。一方は、一九五〇年代後半の貸本マンガ全盛期に劇画で活躍した平田弘史が、『天理時報』に掲載した「教祖絵伝」（一九八三〜一九八四）だが、親の代から天理教を信仰し、教団の依頼で執筆に至った彼は、教団との意見の相違から二五回目を最後に連載を打ち切り、信仰もやめてしまう。もう一方は、天理教修養科を出て、一九六〇年代後半にハードボイルドな劇画で人気を博した中城健雄が描いた『劇画教祖様物語』（一九八七）である。平田は、連載その七「月日のやしろ」の加持台のみきが神がかりするあの場面で（図3〜5）、御幣を握る手から血が滴るコマを凄惨でリアルなタッチで描くのに対し、中城はその瞬間のみきの顔を黒く塗りつぶしているだけである（図

6、7)。一説によれば、平田は作画のために建物の寸法まで測ったという。

平田は、残酷時代劇映画さながらに「下級武士の耐えに耐えた怨念が、血が吹き首が飛ぶといったすさまじい復讐譚として語られ」(石子順造〔一九九四〕『戦後マンガ史ノート』紀伊国屋書店、九一頁)る劇画(図8)で一世を風靡したが、そのマンガには歴史の影、時代の表情が窺える。それは、中国東北部の戦地から復員してきた千葉徳爾が柳田国男の門を叩き、狩猟伝承の研究を目指した文脈にも通じる。千葉は、刀で人を切る日本人(兵)が殊に野蛮とみられる疑問を解くべく、マタギの狩りが獣との一騎打ちの真剣勝負であり、その殺傷が生死の根源に触れながら技法や慰霊に結びつくことの考究から、切腹の精神史やたたかいの原像へと研究を進めた。その動機には、占領と冷戦体制の下で売れに売れたR.ベネディクトの『菊と刀』が、文化が鋳型のように人間の行動を成型するという極端な文化決定論で日本を捉えていることへ批判があった。即ち、平田のマンガが時代の影ならば、千葉の民俗学は時代への反論であった。

中城の描き方はどうか。偶像の造形と崇拝をハラームとして禁じるイスラム教世界において預言者ムハンマドの肖像が描かれる際に、歴史的には炎を模した光明で頭部のみを描いたり、現代のコミックでは何らかの光体やムハンマドのアラビア文字で全身をシンボリックに表したり、また眼球だけ空白に描くこととそれは似ている。神がかりした以降のみきの顔を一切映さない映画『扉はひらかれた』(一九七五)もしかりだ。イスラム教世界におけるそうした表現は、画像の禁止をめぐるハーディスの解釈の歴史と厳しい論争とを踏まえており、ときには風刺画による過剰な可視化が過激な事件を招くこともあった。果たして黒く塗りつぶされたみきの顔は、可視化を抑止せざるを得ないいかなる事情によるのだろうか。それとも、谷崎の影の礼賛のごとき不可視性の形而上学とみるべきだろうか。

図3　神がかりしたみき①

図4　神がかりしたみき②

図5　神がかりしたみき③

図6　神がかりしたみき④

図7　神がかりしたみき④

図8　みきに憑いた狐をはらう場面

というのも、イスラムと同じアブラハムの宗教として偶像崇拝を禁じたキリスト教は、にもかかわらず、キリストの見えない神性と見える人性をめぐる神学論議を経て肖像を描くことが公式化したが、しかし、長い間その顔貌の記録がなかったために東方と西方の間で肖像類型に揺らぎが生じ、さらにはイスラムに近い東方で聖像破壊運動が巻き起こった後、「人の手によらざる」真正な肖像、即ちキリスト自身の奇跡により現れる肖像について語る聖像譚が形成され、それがやがて一枚の布に残された救世主の顔の痕跡（マンディリオン）の出現を促して、そこから多くの聖顔布の伝統が生み出されたという歴史がある（水野、二〇一四、二二～七五頁）。

聖像の禁止と許容、破壊と擁護の間で、ことばと画像の纏綿とした関係が不可能なる肖像を生成したこと、さらには、ルネッサンス美術でその肖像が礼拝的価値のみならず、芸術的価値を帯びていったような（水野、二〇一四、二九六頁）、イメージの多様な展開を創出したことが肝心だ。しかし、残酷なまでにリアルな平田の絵と、虚ろな記号である中城の絵の間、さらに、芹沢がイエスをパラフレーズしつつ紡ぎ出したことばとそれらの間で、日本の新宗教の教祖の肖像は未だ途上にあり、そうである限り、不可視のイメージをめぐる宗教学は可能性を孕み続ける。

参考文献

井上順孝ほか編（一九九四）『縮刷版新宗教事典本文編』弘文堂
姜竣（二〇〇七）『紙芝居と〈不気味なもの〉たちの近代』青弓社
島田裕巳（二〇一七）『日本の新宗教』ＫＡＤＯＫＡＷＡ

芹沢光治良（一九九六）『教祖様』新潮社
トム・ガニング（二〇〇三）「幽霊のイメージと近代的顕現現象――心霊写真、マジック劇場、トリック映画、そして写真における無気味なもの」望月由紀訳、長谷正人・中村秀之編訳『アンチ・スペクタクル』東京大学出版会
橋本治（一九八八）『完本チャンバラ時代劇講座』徳間書店
水野千依（二〇一四）『キリストの顔』筑摩書房
リピット水田堯（二〇一三）『原子の光（影の光学）』門林岳史・明知隼二訳、月曜社

図の出典

図1：永井隆自筆画「原子雲」長崎市永井隆記念館所蔵
図2：「緑夫人のロザリオ」長崎市永井隆記念館所蔵
図3：平田弘史「教祖絵伝」連載その七『天理時報』一九八四年二月二六日
図4：平田弘史「教祖絵伝」連載その七『天理時報』一九八四年二月二六日
図5：平田弘史「教祖絵伝」連載その七『天理時報』一九八四年二月二六日
図6：服部武四郎・中城健雄［一九八七］『劇画教祖物語第1巻』天理教道友社、三三頁
図7：服部武四郎・中城健雄［一九八七］『劇画教祖物語第1巻』天理教道友社、三五頁
図8：平田弘史「教祖絵伝」連載その八『天理時報』一九八四年三月二五日

コラム⑦　カルト問題と関わった三〇年（一九八九〜二〇一九）

櫻井義秀

一　カルト問題とオウム真理教事件

カルト（cult）という英語はラテン語（cultus 儀礼・祭祀の意味）に由来する。アメリカでは二〇世紀前半から①主要な宗教伝統に属さないアメリカ発生の宗教（クリスチャン・サイエンス、ヴェーダンタ協会等）という意味で社会科学者に用いられ、次いで②異端的キリスト教（モルモン教、エホバの証人等）を指す保守的福音派が用いる呼称として広まり、③一九七〇年代以降、マスメディアによって社会問題化する新宗教を批判する文脈で用いられてきた。ヨーロッパでは、本来は分派という意味のセクト（sect）が③の意味で用いられる。

日本でカルト（cult）という言葉が使われ始めたのは、一九九〇年代に『週刊文春』が欧米の宗教事情を紹介し、創価学会がカルト視されていると批判的記事を掲載したのが嚆矢である。そして、一九九五年三月二〇日のオウム真理教による地下鉄サリン事件の四日後、共同通信はマーガレット・シンガーの「米教授に聞く、カルト流行は世界的傾向であり、オウムは危険。指導者の絶対視、法と衝突する」というコメントを報じた。その後、約二年の間に信者が逮捕され、実行犯の裁判が進行する過程においてオウムの教団特性や信者の精神状態を説明するために、心理学者やメディアがアメリカで用いられるカルト、マインド・コントロールの概念を使い出した。こうして「カルト問題」が構築されたのである。

一九九〇年代後半以降、日本の宗教界は「カルトは宗教ではない」と言いながら、宗教不信のあおりを受けて入信者が激減し、既成宗教、新宗教とも教勢を落とした。もちろん、地方の人口減少、信徒の高齢化、若者世代のオカルト好き・宗教嫌いといった人口変動や社会意識の変化も日本宗教の衰退には影響している。とはいえ、オウム真理教事件を契機として、現代宗教が存亡の危機に瀕するようになったという意味では、時代の画期であった。

オウム真理教がヨーガ・サークルとして誕生したのは一九八四年、宗教法人の認証を受けたのが一九八九年である。メディアや地域社会、元信者とのトラブルを頻発させていた時期でもオウム真理教は「新宗教」と呼ばれ、カルトとは呼ばれなかった。オウムの過激さに快哉を叫んだ宗教学者もいたくらいである。

その理由は、警察、メディア、学者たちが宗教性善説を捨てきれず、オウム真理教に対して踏み込んだ捜査や調査、批判ができなかったように、国民の多数も宗教的動機によって人を欺したり、殺害したりする宗教団体を想像できなかったことによるものである。特に、宗教人や研究者には、明治から太平洋戦争までの長期に及んだ国家権力による宗教管理と統制、メディアによる新宗教に対する淫祠邪教批判の記憶が鮮明に残っており、宗教は被害者であり、加害者になりうるという想定はなかった。他方で、左派知識人は労働者や零細な自営業者、主婦層を信者とする新宗教に対して戦後も批判的であり、社会の中下層に党員を拡大していた共産党は、現世利益で大衆動員に成功した戦後の新宗教、特に創価学会と公明党に批判的だった。しかし、新宗教とそれに対する批判的言説は、双方とも日本の経済成長と共に社会的影響力を減じた。一億総中流の夢の中に通俗道徳もイデオロギーも埋没したのである。さらに、行政と公教育では宗教団体に距離を置き、宗教的事柄を扱わないことをもって厳格な政教分離の方針とした。結果的に、行政と公教育、マスメディアは宗教的勢力を等閑視する曖昧な態度に終始し、日本人自身も七割方の人々が無宗教・無信仰を自認するくらいに世俗化していくなかで等身大の宗教が見えなくなっていったように思われる。

しかしながら、過激な宗教活動に巻き込まれた人たちの中には、オウム事件より早く現代のカルト問題に直面した者もいたのである。

二　カルト批判運動の展開とジレンマ

日本において特定教団の活動に反対する活動が開始されたのは、一九六七年に結成された「原理運動対策父母の会（一九七五年被害者父母の会に再編）」が最初である。世界基督教統一神霊協会（二〇一五年より世界平和統一家庭連合と改称）に入信した大学生が中退し、親とは絶縁状態で教団活動に邁進したので、親たちが洗脳疑惑を訴えた。その後、一九八七年に「全国霊感商法対策弁護士連絡会」が結成され、統一教会に対して損害賠償請求（霊感商法により購入させられた物品、正体を隠した違法伝道、合同結婚式の婚姻無効）を全国で展開した。同会によれば、被害金額は二〇一七年までで約一一九二億円に達し、国際合同結婚により渡韓した日本人女性信者は約七千人を超えている。

また、オウム事件以後、子供の入信に悩む親達とカウンセリングを行う宗教者やメンタルヘルスの専門家、弁護士が情報交換を行うネットワークを形成し、一九九五年に日本脱カルト研究会が結成され、二〇〇四年に日本脱カルト協会と名称変更してカルト問題の予防啓発に取り組んでいる。その他、既成宗教でもカルト相談の窓口を設けるなど対応がなされた。

これらのカルト批判運動は息長く続けられているものの、運動として隘路に直面している。すなわち、目標としてのカルト問題の解決に一世代かけても至らない。その根本的な理由が現代社会の人権概念や多文化主義とも関わっている。要点のみ列挙しよう。

①信教の自由　カルト視される団体の信者は、外形的には労力や資産を収奪されているように見える。それでも当人が自由意志による入信を主張した場合、パターナリズムによって棄教や離脱を促すことができるだろうか。他人はさておき、家族の場合どうするのか。

②宗教的寛容　正体を隠した勧誘や詐欺的行為、暴力行為については民事と刑事の法的規制と対応が有効である。しかし、個別事件の解決に留まらず、教団そのも

の解散を命じるフランスのセクト法のような法治の発想が日本にはない。オウム真理教の後継組織であるアレフやひかりの輪とどう共存していくのか。

③承認と居場所を求める人たちへの対応　人の不安を増幅させて救済を求める心理に追い込む心理操作（マインド・コントロールとも称される）の不当性は確かである。しかし、いま、ここに生きがいや居場所を見つけられないまま彷徨している人たちのワンストップとしてカルトが居場所を提供していることも認めざるを得ない。この種のケアをされる――することで安堵感や達成感を味わった信者たちに離脱を促し、その人をまるごと承認し、居場所を提供するようなケアを誰が提供できるのだろうか。

三　研究と教育の実践性

カルト問題は学問上の議論にとどまらず、法廷においてカルト側と批判側が数年かけて戦うので、実践的思考を要求する。どちらにも一理あるでは済まない。私はカルト問題の調査研究を一九八九年からやっている。その成果として書籍や論文を公刊してきた。批判的知見の対象となった教団から書籍やウェブ上、あるいは所属長宛の内容証明郵便で「信教の自由の侵害」と批判を受けたし、関連する裁判で証人尋問を受けた。

この手の研究には時間と労力が割かれるし、心理的ストレスもそれなりにある。それでも特定教団に対する批判をなしたのは、脱会信者や現役信者へのインタビュー、教団刊行資料や内部文書などを通じて具体的に調査した結果、社会的批判が相当と判断したからである。形式論理や教団刊行物だけ読んで問題なしとする一部研究者とは違うという自負がある。なにより、三〇年近く学生相談においてカルトに巻き込まれた学生や家族の相談を受けてきた経験から、教祖や指導者に対する従属を信仰と誤信させられた信者のメンタリティや家族の分断を座視できなかった。解決できない課題に取り組み続けるのがカルト問題対応の基本と考えるが、この現状は三〇年前と現在で劇的な変化が見られたわけではない。

編者紹介

島薗進（しまぞの・すすむ）
一九四八年生まれ、東京大学大学院人文科学研究科博士課程単位取得退学、東京大学名誉教授、上智大学教授。

末木文美士（すえき・ふみひこ）
一九四九年生まれ、東京大学大学院人文科学研究科博士課程単位取得退学・博士（文学）、東京大学名誉教授、国際日本文化研究センター名誉教授。

大谷栄一（おおたに・えいいち）
一九六八年生まれ、東洋大学大学院社会学研究科社会学専攻博士後期課程修了・博士（社会学）、佛教大学教授。

西村明（にしむら・あきら）
一九七三年生まれ、東京大学大学院人文社会系研究科基礎文化研究専攻宗教学宗教史学専門分野博士課程単位取得退学・博士（文学）、東京大学准教授。

本論執筆者紹介

西村明（にしむら・あきら）
一九七三年生まれ、東京大学大学院人文社会系研究科基礎文化研究専攻宗教学宗教史学専門分野博士課程単位取得退学・博士（文学）、東京大学准教授。

ヘレン・ハーデカ
一九四九年生まれ、シカゴ大学博士課程修了、ハーバード大学教授。

中野毅（なかの・つよし）
一九四七年生まれ、筑波大学大学院博士課程哲学思想研究科単位取得退学・博士（文学）、創価大学名誉教授。

中島岳志（なかじま・たけし）
一九七五年生まれ、京都大学大学院アジア・アフリカ地域研究研究科博士課程修了（学術博士）、東京工業大学リベラルアーツ研究教育院教授。

猪瀬優理（いのせ・ゆり）

一九七四年生まれ、北海道大学大学院文学研究科博士課程修了・博士（行動科学）、龍谷大学社会学部教授。

寺田喜朗（てらだ・よしろう）

一九七二年生まれ、東洋大学大学院社会学研究科博士後期課程修了・博士（社会学）、大正大学教授。

姜竣（かん・じゅん）

一九六六年生まれ、筑波大学大学院歴史・人類学研究科博士後期課程単位取得退学、文学博士（大阪大学）、京都精華大学教授。

コラム執筆者紹介

辻田真佐憲（つじた・まさのり）

一九八四年生まれ、慶應義塾大学文学部卒業、著述家。

齋藤知明（さいとう・ともあき）

一九八三年生まれ、大正大学大学院文学研究科宗教学専攻博士後期課程修了・博士（文学）、大正大学専任講師。

森島豊（もりしま・ゆたか）
一九七六年生まれ、聖学院大学大学院アメリカ・ヨーロッパ文化学研究科博士課程修了・博士（文学）、青山学院大学准教授。

オリオン・クラウタウ
一九八〇年生まれ、東北大学大学院文学研究科博士後期課程修了・博士（文学）、東北大学大学院国際文化研究科国際日本研究講座准教授。

萩原修子（はぎはら・しゅうこ）
一九六七年生まれ、九州大学大学院文学研究科博士課程単位取得退学、熊本学園大学教授。

島田裕巳（しまだ・ひろみ）
東京大学大学院人文科学研究科博士課程単位取得満期退学、作家、宗教学者、東京女子大学・東京通信大学非常勤講師。

櫻井義秀（さくらい・よしひで）
一九六一年生まれ、北海道大学大学院文学研究科博士課程中退・博士（文学）、北海道大学大学院文学研究院教授。

近代日本宗教史　第五巻
敗戦から高度成長へ——敗戦〜昭和中期
二〇二一年三月二十日　第一刷発行
編　者　島薗　進・末木文美士・大谷栄一・西村　明
発行者　神田　明
発行所　株式会社　春秋社
東京都千代田区外神田二—一八—六（〒一〇一—〇〇二一）
電話〇三—三二五五—九六一一　振替〇〇一八〇—六—二四八六一
https://www.shunjusha.co.jp/
印刷・製本　萩原印刷株式会社
装　丁　美柑和俊
定価はカバー等に表示してあります
ISBN 978-4-393-29965-4

近代日本宗教史［全6巻］

第1巻　維新の衝撃——幕末〜明治前期
明治維新による国家の近代化が宗教に与えた衝撃とは。過渡期に模索された様々な可能性に触れつつ、神道、仏教、キリスト教の動きや、西洋思想受容の過程を論じる。（第1回配本）

第2巻　国家と信仰——明治後期
近代国家日本として国際社会に乗り出し、ある程度の安定を得た明治後期。西洋文化の受容により生まれた新たな知識人層が活躍を見せる中で宗教はどのような意味を有したのか。（第3回配本）

第3巻　教養と生命——大正期
大正時代、力を持ってきた民間の動きを中心に、大正教養主義や社会運動、霊能者やジェンダー問題など新たな思想の流れを扱う。戦争に向かう前、最後の思想の輝き。（第2回配本）

第4巻　戦争の時代——昭和初期〜敗戦
天皇崇敬が強化され、著しく信教の自由が制限されるなかで、どのような宗教現象が発生したのか。戦争への宗教の協力と抵抗、そしてナショナリズムの思想への影響を考察する。（第5回配本）

第5巻　敗戦から高度成長へ——敗戦〜昭和中期
敗戦により新たな秩序が生まれ、焦土から都市や大衆メディアが立ち上がる。「神々のラッシュアワー」と表現されるほどの宗教熱の高まりとは何だったのか。新たな時代の宗教現象を扱う。（第4回配本）

第6巻　模索する現代——昭和後期〜平成期
現代の閉塞感のなかで、宗教もまた停滞するように思われる一方、合理主義の限界の向こうに新たなニーズを見いだす。スピリチュアリティや娯楽への宗教の関わりから、カルト、政治の問題まで。（第6回配本）